Kurs- und Übungsbuch

DaF kompakt neu A1

Birgit Braun
Margit Doubek
Nadja Fügert
Ondřej Kotas
Martina Marquardt-Langermann
Martina Nied Curcio
Ilse Sander
Nicole Schäfer
Kathrin Schweiger
Ulrike Trebesius-Bensch
Rosanna Vitale
Maik Walter

Ernst Klett Sprachen
Stuttgart

༘༘༘ Arbeiten Sie mit einem Partner / einer Partnerin oder in der Gruppe.
🔊 Sie hören einen Text von der MP3-CD.
❗ Hier steht eine Grammatikregel.
⚙ Hier lernen Sie eine Strategie kennen.
↗ Hier finden Sie eine passende Übung im Übungsbuch.
❗ Hier finden Sie eine Phonetikregel.

1. Auflage 1 ⁸ ⁷ ⁶ | 2022 21 20

© Ernst Klett Sprachen GmbH, Stuttgart 2016. Alle Rechte vorbehalten.
Internetadresse: www.klett-sprachen.de/dafkompakt-neu

Alle Drucke dieser Auflage sind unverändert und können im Unterricht nebeneinander benutzt werden. Die letzte Zahl bezeichnet das Jahr des Druckes. Das Werk und seine Teile sind urheberrechtlich geschützt. Jede Nutzung in anderen als den gesetzlichen zugelassenen Fällen bedarf der vorherigen schriftlichen Einwilligung des Verlags.

Autoren: Birgit Braun, Margit Doubek, Nadja Fügert, Ondřej Kotas, Martina Marquardt-Langermann, Martina Nied Curcio, Ilse Sander, Nicole Schäfer, Kathrin Schweiger, Ulrike Trebesius-Bensch (Phonetik), Rosanna Vitale, Maik Walter
Fachliche Beratung: Daniela Rotter, Universität Graz

Redaktion: Sabine Harwardt
Redaktionelle Mitarbeit: Simone Weidinger
Layoutkonzeption: Alexandra Veigel; Karin Maslo, Stuttgart
Herstellung: Alexandra Veigel
Gestaltung und Satz: typopoint GbR, Ostfildern
Illustrationen: Hannes Rall
Umschlaggestaltung: Silke Wewoda
Reproduktion: Meyle + Müller GmbH + Co. KG, Pforzheim
Druck und Bindung: Print Consult GmbH, München

978-3-12-676313-4

Zielgerichtet Deutsch lernen mit DaF kompakt neu A1

Sie wollen in Deutschland, Österreich, der deutschsprachigen Schweiz oder in Liechtenstein studieren oder arbeiten? Sie wollen die dortige Bildungs- und Berufswelt kennen lernen und möglichst schnell das Niveau B1 erreichen? Dann ist **DaF kompakt neu** genau das richtige Lehrwerk für Sie.

DaF kompakt neu orientiert sich eng an den Kannbeschreibungen des Gemeinsamen europäischen Referenzrahmens für die Niveaus A1-B1 und führt rasch und zielgerichtet zum Goethe-/ÖSD-Zertifikat B1. Es eignet sich besonders für Lernende, die schon eine andere Fremdsprache in der Schule oder im Studium gelernt haben oder bereits über Vorkenntnisse verfügen.

Aufbau

Die gründliche Bearbeitung baut das bewährte Konzept von DaF kompakt aus: In 30 Lektionen finden Sie den Lernstoff von A1 bis B1 in konzentrierter Form, verteilt auf drei inhaltliche Doppelseiten und eine weitere Doppelseite mit Überblick über den zentralen Lektionswortschatz, wichtige Redemittel und die in der jeweiligen Lektion behandelte Grammatik.

Die von Stufe zu Stufe steigenden Anforderungen des Gemeinsamen europäischen Referenzrahmens spiegeln sich im unterschiedlichen Umfang der einzelnen Teile wider: Der Band A1 umfasst 8 Lektionen, der Band A2 10 Lektionen und der Band B1 12 Lektionen.

Kursbuch

Die Lektionen im Kursbuch enthalten jeweils eine Lektionsgeschichte aus dem universitären oder beruflichen Umfeld und zeigen Kontexte, in denen Sie sich als Studierende oder Berufseinsteiger bewegen. Als Lernende finden Sie sich damit von Anfang an in einer für Sie relevanten Situation und bauen kontinuierlich den Wortschatz auf, der für Sie von zentraler Bedeutung ist. Durch diese situationsorientierte Herangehensweise entsprechen die Sprachhandlungen Ihren realen kommunikativen Bedürfnissen und bereiten Sie optimal auf Ihr Studium oder das Arbeitsleben in einem deutschsprachigen Land vor. Dabei werden Sie immer wieder auch zum kulturellen Vergleich aufgefordert.

Damit Sie klar erkennen können, welche Lernziele mit der jeweiligen Lektionsgeschichte verknüpft sind, sind die Lernziele jeder Doppelseite oben rechts in einer Orientierungsleiste aufgeführt.

Die Grammatikthemen in **DaF kompakt neu** ergeben sich aus dem Kontext der Themen, Texte und Sprachhandlungen; die Grammatik ist somit auf die Lernziele abgestimmt. Im Kursbuch werden die jeweiligen Grammatikphänomene so vorgestellt, dass Sie die Regeln zu Bedeutung, Form und Funktion zielgerichtet und in kompakter Form eigenständig erarbeiten können.

Übungsbuch

Das Übungsbuch ergänzt das Kursbuch und bietet die Möglichkeit, das im Unterricht Gelernte im Selbststudium zu vertiefen. Es folgt dem Doppelseitenprinzip des Kursbuchs und unterstützt den gezielten Aufbau aller Fertigkeiten von Anfang an. Als Abschluss und Ergänzung einer jeden Lektion bietet es unter der Rubrik „mehr entdecken" Lern- und Arbeitsstrategien zur Wortschatzerweiterung und -festigung, die Möglichkeit zur Sprachreflektion sowie Anregungen für passende Projekte über den Stoff im Kursbuch hinaus.

Der Zusammenhang von Übungs- und Kursbuch wird durch klare Verweise im Kursbuch verdeutlicht. Hier wird z. B. auf Aufgabe 1 im Teil A der jeweiligen Lektion im Übungsbuch verwiesen.

Den Abschluss jeder Übungsbuchlektion bildet ein ausführliches Trainingsprogramm zur Phonetik.

Im Anhang des Übungsbuchs finden Sie einen Modelltest zum Goethe-Zertifikat A1: Start Deutsch 1.

MP3-CD

Das Kursbuch enthält eine MP3-CD mit allen Hörtexten, die in Kurs- und Übungsbuch vorkommen. Bei den Hörtexten ist durchgehend die passende Tracknummer angeben.

Das Autorenteam und der Verlag wünschen Ihnen viel Spaß und Erfolg beim Deutschlernen und beim Eintauchen in die Universitäts- und Berufswelt der deutschsprachigen Länder mit **DaF kompakt neu**!

Inhaltsverzeichnis Lektionen

Lektion	Handlungsfelder	Grammatik
1 Ich und die anderen A Guten Tag! B Sprachen öffnen Türen C Buchstaben und Zahlen	› neu im Sommerkurs: Begrüßung und Vorstellung › Telefonnummern › Formulare	› regelmäßige Verben im Präsens › „sein" im Präsens › Personalpronomen im Nominativ › Wortstellung: Aussagesatz, W-Frage mit „Wie?", „Wo?", „Woher?"; Ja / Nein-Frage › Genus und Pluralformen von Nomen › Modalpartikeln „denn", „ja"
2 Menschen und Dinge A Früher und heute B Familiengeschichten C Wir gehen essen	› Technik: Abgrenzung früher und heute › Familie › Essen / Restaurant	› Artikelwörter: bestimmter, unbestimmter und Negativartikel im Nominativ und Akkusativ; › Possessivartikel im Nominativ › Akkusativergänzung › W-Fragen mit „Wer?", „Was?", „Wen?", „Wann?" › „haben" im Präsens und Präteritum › Konnektoren „aber", „oder", „und"
3 Studentenleben A Uni und Termine B Im Supermarkt C Endlich Wochenende!	› Alltag an der Universität › Termine an der Universität › private Verabredungen › im Supermarkt (jobben) › Reisen	› W-Fragen mit „Wann?" und „Wohin?" › W-Fragen mit „Wie viel?", „Wie viele?" › Personalpronomen im Akkusativ › „sein" im Präteritum › Modalpartikel „wohl"
4 Wirtschaft trifft Kultur A Hier kann man gut leben und arbeiten B Restaurant oder Picknick? C Im Beruf	› Arbeit und Beruf › geschäftliche Termine › private Verabredungen	› Modalverben im Präsens: „können", „müssen", „wollen", „dürfen", „möcht-" › Konnektor: „denn" › Präpositionen mit Zeitangaben
5 Spiel und Spaß A Das macht Spaß! B Hochschulsport C Gut gelaufen	› Freizeit › Hobbys › Sport	› Verben mit Vokalwechsel im Präsens › Verben mit trennbaren Vorsilben im Präsens › regelmäßige Verben im Perfekt
6 Endlich ein Zimmer A Zimmer gesucht – und gefunden B Zimmer eingerichtet C In der WG eingelebt	› Zimmersuche › Möbel › Leben in der Wohngemeinschaft	› unregelmäßige und gemischte Verben im Perfekt › Verben mit trennbaren Vorsilben im Perfekt › Verben mit untrennbaren Vorsilben im Perfekt › einen Ort angeben: Ortsangaben mit Dativ › W-Fragen mit „Wo?"
7 Kleider machen Freunde A „Café Waschsalon" B Pass auf, der läuft ein! C Neue Kleider – neue Freunde	› Kleidung › Farben › Materialien	› formelle Imperativsätze mit „Sie" › informelle Imperativsätze › Vorschläge mit „wir" › Vorschläge mit „Sollen / Wollen wir …?", „Soll ich …?" › Modalpartikeln: „doch", „mal", „doch mal"
8 Grüezi in der Schweiz A Neu in Bern B Es geht um die Wurst C Wie komme ich …?	› Sehenswürdigkeiten › Wegbeschreibung › Party › Interkulturelle Unterschiede › Kunst und Malerei	› eine Richtung angeben: Richtungsangaben mit Dativ / Akkusativ › Indefinitpronomen: „etwas", „nichts", „alle", „man" › Verwendung von Präsens für Zukunft

Sprachhandlungen		Seite
› sich begrüßen › sich und andere vorstellen: formell / informell › Zahlen von 1 bis 1 Milliarde und Telefonnummern verstehen und sprechen	› Namen buchstabieren und notieren › sagen, woher man kommt: Adresse, Land, Kontinent › nach Adresse, Telefonnummer, Studienfach fragen › kurze Magazintexte verstehen	8
› Zeitungsartikel über Dinge von früher verstehen › über die Familie sprechen › Zeitungsartikel über Patchworkfamilien verstehen › Telefongespräch über Verabredung im Restaurant verstehen	› Uhrzeiten verstehen und sagen: formell › Speisekarte verstehen › über Vorlieben beim Essen und Trinken sprechen › etwas im Restaurant bestellen	18
› Uhrzeiten verstehen und sagen: formell / informell › Tageszeiten verstehen und sagen › über Termine sprechen › über private Verabredungen sprechen › Bezeichnung für Lebensmittel und Verpackungsarten verstehen und notieren	› Verkaufsgespräch an der Fleischtheke verstehen › an der Frischetheke etwas einkaufen › eine Urlaubsmail verstehen und schreiben › über Kulturangebote sprechen	26
› Texte aus einem Stadtmagazin verstehen › ein Radiointerview verstehen › sich austauschen, was man kann oder muss › sich austauschen, was man darf, will oder möchte › Monate, Datum, Jahreszeiten und Jahreszahlen verstehen und nennen	› eine formelle E-Mail im Büro verstehen › private und geschäftliche Termine vereinbaren › Vorlieben begründen	34
› Freizeitanzeigen verstehen › über Freizeit, Hobbys und Sportarten sprechen › Anzeigen für Freizeitpartner schreiben bzw. darauf antworten › Vorlieben und Abneigungen ausdrücken	› Flyer über Sportangebote verstehen › über seine Woche / sein Wochenende sprechen › Zeitungsartikel über Sportveranstaltung verstehen › sich für eine Sportveranstaltung anmelden	42
› Informationen über ein Zimmer, eine Wohnung verstehen und weitergeben › über sein Wochenende sprechen › Möbelanzeigen verstehen › telefonisch einen Möbelkauf besprechen	› sein Zimmer schriftlich und mündlich beschreiben › Nachricht an den Wohnheimtutor verstehen › nach Anweisungen etwas suchen	50
› Webseite eines Waschsalons verstehen › über Waschsalons sprechen › schriftliche Anleitungen verstehen und formulieren › Vorschläge für Abendplanung machen	› Bezeichnungen für Kleidungsstücke und Farben verstehen › Anweisungen notieren und darauf reagieren › Ereignisse im Waschsalon nachverfolgen und in Mail beschreiben › Gedicht „Was die Waschmaschine sagt" lesen	58
› Informationen über Sehenswürdigkeiten verstehen › Wegbeschreibungen verstehen und machen › Mail über Erlebnisse in Bern verstehen und darauf antworten	› über Balkengrafik sprechen › Biographie über „Paul Klee" verstehen › Bildbeschreibung passendem Bild zuordnen und sagen, wie einem die Bilder gefallen	66

Inhaltsverzeichnis Arbeitsteil

Lektion	Sprachhandlungen / Wortschatz	
1 Ich und die anderen A Guten Tag! B Sprachen öffnen Türen C Buchstaben und Zahlen	› sich vorstellen › Begrüßung und Verabschiedung › auf Begrüßungen reagieren › Länder – Sprachen – Nationalitäten	› Internationalismen, Namen, Zahlen › Tätigkeit, Wohnort beschreiben › Namen buchstabieren › private Mail strukturiert schreiben
2 Menschen und Dinge A Früher und heute B Familiengeschichten C Wir gehen essen	› Wochentage › Wortschatz zu den Themen „Dinge", „Familie", „Restaurant / Essen" › über Vorlieben beim Essen und Trinken sprechen	› formelle Uhrzeiten › Gespräch im Restaurant verstehen › Redemittel: bestellen und bezahlen
3 Studentenleben A Uni und Termine B Im Supermarkt C Endlich Wochenende!	› Wortschatz zu den Themen „Universität", „Einkaufen", „Ausflüge" › Termine › Uhrzeiten › Studium und Job › Wortschatz zum Thema „Lebensmittel / Einkaufen"	› Mengenangaben und Verpackungen › Statistiken verstehen › Fragen stellen › Wetter › private Mail strukturiert schreiben
4 Wirtschaft trifft Kultur A Hier kann man gut leben und arbeiten B Restaurant oder Picknick? C Im Beruf	› Wortschatz zu den Themen „Arbeit / Beruf", „Freizeit / Kultur" › Jahreszeiten, Monate › Termine und Zeiträume festlegen › Gründe angeben	› Gründe angeben › Schlüsselwörter aus einem Informationstext verstehen
5 Spiel und Spaß A Das macht Spaß! B Hochschulsport C Gut gelaufen	› Wortschatz zum Thema „Sport und Freizeit" › Vorlieben und Abneigungen ausdrücken	› Anzeigen über Freizeitangebote verstehen und antworten › Abkürzungen verstehen und verwenden
6 Endlich ein Zimmer A Zimmer gesucht – und gefunden B Zimmer eingerichtet C In der WG eingelebt	› Wohnung und Zimmer › Möbel und Materialien › Redemittel zum Thema „Möbelkauf"	› über Vergangenes sprechen und schreiben › private Mail strukturiert schreiben
7 Kleider machen Freunde A „Café Waschsalon" B Pass auf, der läuft ein! C Neue Kleider – neue Freunde	› Aufforderungen (Anweisungen, Anleitungen, Vorschläge) verstehen und formulieren › Vorschläge und Bitten mit „doch", „doch mal" formulieren › Nachfragen formulieren und antworten › höflich bitten, fragen und antworten › Kleidung, Materialien und Farben	› „ein Paar" oder „ein paar" › Redemittel für positive / negative Reaktionen › Kurzbiografie über Friedl Hofbauer verstehen › Wortschatz Literatur
8 Grüezi in der Schweiz A Neu in Bern B Es geht um die Wurst C Wie komme ich …?	› Wegbeschreibungen erfragen, formulieren und verstehen › Reiseführertexte über Sehenswürdigkeiten in Bern verstehen › als Eingeladene / r passend reagieren	› über Balkendiagramm sprechen › Stimmungen ausdrücken › Farben Jahreszeiten zuordnen › Meinung zu Bildern äußern

P Modelltest Start Deutsch 1 | 140   **L** Lösungen – Übungsbuchteil | 146   **T** Transkriptionen | 154   **Q** Quellen | 166

Grammatik	Mehr entdecken	Phonetik	Seite
› regelmäßige Verben im Präsens › „sein" im Präsens › Personalpronomen im Nominativ › Wortstellung: Aussagesatz, W-Frage mit „Wie?", „Wo?", „Woher?"; Ja / Nein-Frage › Genus und Pluralformen von Nomen › Modalpartikeln „denn", „ja"	› Wortschatz: Wörter auf einer Website finden und kategorisieren › Reflexion: Verben und Personalpronomen › Projekt: berühmte Persönlichkeiten	› Satzmelodie in kurzen Aussagesätzen und Fragen	76
› Artikelwörter: bestimmter, unbestimmter und Negativartikel im Nominativ und Akkusativ; Possessivartikel im Nominativ › Komposita › Akkusativergänzung › W-Fragen mit „Wer?", „Was?", „Wen?", „Wann?" › „haben" im Präsens und Präteritum › Konnektoren „aber", „oder", „und"	› Wortschatz: Wörterbucheintrag › Reflexion: Artikelwörter › Projekt: Restaurants in unserer Stadt	› sch, -sp, -st	84
› W-Fragen mit „Wie viel?", „Wie viele?" › Personalpronomen im Akkusativ › „sein" im Präteritum › W-Fragen mit „Wann?" und „Wohin"?	› Wortschatz: Meine Mahlzeiten › Reflexion: Mengenangaben › Projekt: das Schulmuseum in Middelhagen	› Rhythmus in Wort und Satz	92
› Modalverben im Präsens › Wortstellung: Aussagesatz, W-Fragen mit „Wie?", „Wo?", „Woher?", Ja / Nein-Frage › Konnektor „denn"	› Wortschatz: Berufe raten › Reflexion: Modalverben und Wortstellung › Projekt: Wirtschaft trifft Kultur	› lange und kurze Vokale	100
› Verben mit Vokalwechsel im Präsens › Verben mit trennbaren Vorsilben im Präsens › regelmäßige Verben im Perfekt	› Wortschatz: Wortnetz zum Thema „Freizeit" › Reflexion: Vergangenes › Projekt: Sport- und Kulturangebot der Uni Münster	› „e" oder „i"	108
› unregelmäßige und gemischte Verben im Perfekt › Verben mit trennbaren Vorsilben im Perfekt › Verben mit untrennbaren Vorsilben im Perfekt › einen Ort angeben: Ortsangaben mit Dativ › W-Fragen mit „Wo?"	› Wortschatz: Bildbeschreibung › Reflexion: „zu" + Adjektiv › Projekt: Möbelsuche	› Verben mit trennbaren und untrennbaren Vorsilben	116
› formelle Imperativsätze mit „Sie" › informelle Imperativsätze › Vorschläge mit „wir" › Vorschläge mit „Sollen / Wollen wir …?", „Soll ich …?" › Modalpartikeln: „doch", „mal", „doch mal"	› Wortschatz: Kleider und ihre Materialien › Reflexion: Aufforderungen › Projekt: Gegenstände aus ungewöhnlichen Materialien	› „w" oder „f"	124
› eine Richtung angeben: Richtungsangaben mit Dativ / Akkusativ › Indefinitpronomen: „etwas", „nichts", „alle", „man" › Verwendung von Präsens für Zukunft	› Wortschatz: Redewendungen mit „Wurst" › Reflexion: Lebensmittel und Farben › Projekt: Planung Stadtrundgang	› R-Laute	132

1 Ich und die anderen

A Guten Tag!

1 Willkommen im Sommerkurs!

a Hören Sie die Gespräche. Welches Foto passt?

A 1–4

Gespräch 1: Foto ⎵   Gespräch 2: Foto ⎵

b Lesen Sie und ergänzen Sie.

Formelle Anrede:
Frau + Familienname
Herr + Familienname

1. ● _____ [1]. Ich bin Ihre Deutschlehrerin.
   Ich heiße Christiane Brandt. _____ [2]?
   ○ Ich bin Tarik Amri.
   ● Freut mich, Herr Amri. _____ [3]?
   ○ _____ [4] aus Marokko.
   ● Herzlich willkommen im Sommerkurs!

Guten Morgen |
Ich komme |
Und wie heißen Sie |
Woher kommen Sie

Informelle Anrede: **du**
(Familie, Studenten, Freunde)
Formelle Anrede: **Sie**
(Professor / Professorin, Lehrer / Lehrerin, Fremde)

2. ○ Hallo. Ich bin neu im Deutschkurs.
   ● _____ [1]. Ich bin Leyla. Ich lerne auch Deutsch.
   _____ [2]?
   ○ Ich heiße Tarik.
   ● _____ [3]?
   ○ Aus Marokko, aus Casablanca. Und du?
   ● _____ [4] aus der Türkei, aus Ankara.

Grüß dich |
Ich bin |
Wie heißt du |
Woher kommst du

c Hören Sie die Gespräche in 1a noch einmal und vergleichen Sie.

d Markieren Sie die Verben in 1b und ergänzen Sie.

W-Frage			Antwort		
Wie	heißt____	du?	Ich	heiß_____	Tarik.
Wie	heiß_____	Sie?	Ich	**bin**	Leyla.
Woher	komm_____	du?	Ich	komm_____	aus Marokko.
Woher	komm_____	Sie?	Ich	komm_____	aus der Türkei.

8 acht

A1–B1: 14

> häufige mündliche Formeln verstehen › auf Begrüßungen reagieren
> sich vorstellen und reagieren

1

e Fragen Sie Ihren Partner / Ihre Partnerin.

Guten Tag. Ich heiße … Und wie heißt du?

Ich heiße … / Ich bin … / Mein Name ist …

2 Woher? Aus …

Woher kommen die Autos? Ordnen Sie zu.

TÜ · IT 1024

↗ A 5

aus Deutschland | aus Spanien | aus Liechtenstein | aus Österreich | aus Kolumbien | aus Kamerun | aus Brasilien | aus Russland | aus Polen | aus Italien | aus **der** Schweiz | aus **dem** Libanon | aus **dem** Iran | aus **den** Niederlanden | aus **den** USA | aus **der** Türkei

aus + Land / Stadt

Aber:
Ich komme **aus** …
    der Schweiz
    der Türkei
    der Ukraine
    dem Oman
    dem Irak
    dem Senegal
    den Niederlanden
    den USA
    den VAE

(A) _____
(BR) _____
(CAM) _____
(CH) _____
(CO) _____
(D) _____
(E) _____
(FL) _____

(I) _____
(IR) _____
(NL) _____
(PL) _____
(RL) _____
(RUS) _____
(TR) _____
(USA) _____

3 Was studierst du?

a Lesen und hören Sie die Studienfächer. Wie heißen sie in Ihrer Sprache?

🔊 2

Architektur | Chemie | Elektrotechnik | Germanistik | Informatik | Jura | Physik | Mathematik | Kulturwissenschaften | Medizin | Philosophie | Wirtschaft

b Hören Sie das Gespräch. Was studieren die Studenten?

🔊 3
↗ A 6

Tarik: **Er** studier**t** _____.
Veronika: **Sie** studier**t** _____.
Rodrigo und Leyla: **Sie** studier**en** _____.

c Machen Sie eine Liste.
Fragen Sie die anderen Kursteilnehmer /
Kursteilnehmerinnen.

Wie heißt du?	Woher kommst du?	Was studierst du?
Enrique	Bolivien	Physik
…	…	…

ich studiere …
noch nicht. (Ana, 15)
schon. Ich studiere
Philosophie. (Louise, 17)

○ Was studierst du?
● Ich studiere Philosophie. Und du?

△ Ich arbeite **schon**.
    Ich bin Ingenieur.

▲ Ich studiere **noch nicht**.
    Ich bin Schüler / Schülerin.

ich arbeite …
noch nicht. Ich studiere
noch. (Jo, 17)
schon. Ich bin
Lehrerin. (Bea, 23)

Ich bin Lehrerin.
Ich arbeite **als** Lehrerin.

4 Stellen Sie die anderen Kursteilnehmer / Kursteilnehmerinnen vor.

Das ist Enrique. Er kommt aus Bolivien.
Er studiert Physik.

Das ist Josephine. Sie kommt aus Kamerun.
Sie arbeitet schon. Sie ist Ingenieurin.

A1–B1: 15

neun 9

1 Ich und die anderen

B Sprachen öffnen Türen

1 Ein Sprachgenie

a Lesen Sie den Zeitungsartikel. Unterstreichen Sie: Was verstehen Sie schon?

> **14 Sprachen – ein polyglottes Genie aus Großbritannien**
>
> Der Brite Alex Rawlings (23) spricht 14 Sprachen. Seine Muttersprachen sind Englisch und Griechisch. Er lernt in der Schule Französisch, Deutsch und Spanisch und privat lernt er Niederländisch, Afrikaans, Italienisch, Katalanisch und Hebräisch. In Oxford studiert er Deutsch und Russisch. Er lernt an der Universität auch Jiddisch. Alex wohnt jetzt in Budapest, in Ungarn. Dort arbeitet er als Sprachlehrer und lernt Ungarisch und Serbisch.
>
> nach: Unicum – Das bundesweite Campus Magazin, 3/2015, S. 8f.

b Welche Sprachen spricht Alex? Markieren Sie.

c Und Sie? Welche Sprachen sprechen Sie?

Welche Sprachen sprechen Sie?
Ich spreche Türkisch und Englisch.

Was sprichst du?
Ich spreche Russisch und **ein bisschen** Deutsch.

Sprachen enden fast immer auf -isch

sprechen:
ich spreche
du sprichst
er spricht
…

2 Was macht ihr hier?

a Ordnen Sie das Gespräch. Hören Sie dann und vergleichen Sie.

○ Auch gut. Das ist Mia. Wir studieren zusammen.
● Gut, und dir?
○ Hallo, Rodrigo. Wie geht es dir? — *1*
● Hallo, Mia. Was macht ihr denn im Sprachenzentrum?
● Ihr lernt Chinesisch – das ist ja super!
○ Oh … der Kurs beginnt. Tschüss, Rodrigo.
○ Wir lernen Chinesisch. Mia und ich machen im Sommer ein Praktikum in China.
● Tschüss. Und viel Spaß im Sprachkurs!

Partikel
„denn" (Frage):
viel Interesse;
„ja": Betonung

b Ordnen Sie zu.

Danke, gut. | Na ja, es geht. | Nicht so gut. | ~~Sehr gut, danke.~~

Wie geht es Ihnen, Frau Brandt?
Wie geht es dir, Rodrigo?

1. *Sehr gut, danke.* ☺☺
2. _____ ☺
3. _____ ☹
4. _____ ☹☹

c Fragen Sie im Kurs.

Wie geht es dir?
Sehr gut, danke. Und dir?
Danke, auch gut!

10   zehn   A1–B1: 16

> einfache Informationstexte verstehen > häufige mündliche Formeln verstehen > Internationalismen, Namen, Zahlen verstehen > einfache Fragen beantworten > auf Begrüßungen und Verabschiedungen reagieren

1

d Markieren Sie die Verben in 2a und ergänzen Sie.

Was macht _____ im Sprachenzentrum?   Leonie und ich lern _____ Chinesisch.
_____ mach _____ im April ein Praktikum.

Vergleichen Sie: Was macht **du** hier?   **Ich** lerne Deutsch.
Was macht **ihr** hier?   **Wir** lernen Deutsch.

3 Uni-Magazin: Ein Interview mit der Schweizer Studentin Mia Brunner

Lesen Sie das Interview und ergänzen Sie die Fragen.

B 4–6

Sprichst du auch Französisch? | Sprichst du Deutsch als Muttersprache? | Was studierst du hier? | Wo wohnst du jetzt? | Woher kommst du?

1 _____
Ich komme aus der Schweiz. Meine Mutter ist Schweizerin, mein Vater ist Deutscher.
2 _____
Ich wohne in Tübingen.
3 _____
Wirtschaft.

4 _____
Ja. Deutsch ist meine Muttersprache. Ich komme aus Zürich. Dort spricht man Deutsch.
5 _____
Ja. Ich spreche sehr gut Französisch. Aber Italienisch spreche ich nicht so gut. In der Schweiz spricht man vier Sprachen: Deutsch, Französisch, Italienisch und Rätoromanisch.

man = alle Personen (allgemein)

4 Grammatik kompakt: Verben

a Markieren Sie die Verben in den Aufgaben B 1 bis B 3. Ergänzen Sie dann die Tabelle.

	kommen	wohnen	heißen	arbeiten	sein
ich	komm-	wohn-	heiß-	arbeit-	
du	komm-	wohn-	heiß- ~~st~~	arbeit- **est**	**bist**
er/sie/es	komm-	wohn-	heiß-	arbeit-	
wir	komm-	wohn-	heiß-	arbeit-	**sind**
ihr	komm-	wohn-	heiß-	arbeit- **et**	**seid**
sie/Sie	komm-	wohn-	heiß-	arbeit-	

b Markieren Sie die Verben in den Fragen aus B 3. Ergänzen Sie die Tabelle und die Regel.

Position 1	Position 2		Position 1	Position 2	
	du	Deutsch als Muttersprache?	Ja. Deutsch		meine Muttersprache.
	du	auch Französisch?	Ja. Ich		sehr gut Französisch.
Wo		du jetzt?	Ich		in Tübingen.

Ja-Nein-Fragen: Verb an Position _____ . W-Fragen und Aussagesätze: Verb an Position _____ .

5 Fragen Sie die anderen Kursteilnehmer.

Wohnst du in Tübingen?   Ja.
Kommt Mia aus Österreich?   Nein. Sie kommt aus der Schweiz.

A1–B1: 17   elf   11

1 Ich und die anderen

C Buchstaben und Zahlen

1 Wie schreibt man …?

a Mia wie? Hören Sie: Wie ist der Familienname von Mia?

C1 Das ist Mia _____ .

b Das Alphabet: Hören Sie die Buchstaben und sprechen Sie mit.

Aa [a:]	Bb [be:]	Cc [tse:]	Dd [de:]	Ee [e:]	Ff [ɛf]	Gg [ge:]	Hh [ha:]	Ii [i:]	Jj [jɔt]
Kk [ka:]	Ll [ɛl]	Mm [ɛm]	Nn [ɛn]	Oo [o:]	Pp [pe:]	Qq [ku:]	Rr [ɛr]	Ss [ɛs]	Tt [te:]
Uu [u:]	Vv [faʊ]	Ww [ve:]	Xx [ˈks]	Yy [ʏpsilɔn]	Zz [tsɛt]	ß [ɛstsɛt]	Ää [ɛ:]	Öö [ø:]	Üü [y:]

ä = a Umlaut
ö = o Umlaut
ü = u Umlaut
a = kleines a
A = großes a
ß = scharfes s, sz (eszett)
tt = zwei t, Doppel-t

c Hören Sie das Gespräch und ergänzen Sie die Namen.

Familienname = Nachname

	Familienname	Vorname
1.	Brunner	Mia
2.		Alexander
3.		Lukas
4.	Möller	
5.		Leonie
6.		Kerstin

○ Wie ist **Ihr** / **dein** Familienname?
● **Mein** Familienname ist Brunner.

○ Und wie ist **Ihr** / **dein** Vorname?
● **Mein** Vorname ist Mia.

d Fragen Sie im Kurs und machen Sie eine Namensliste.

○ Wie ist dein Familienname? ○ Wie schreibt man das?
● Mein Familienname ist Giacometti. ● Das schreibt man …

2 Wie ist deine Telefonnummer?

a Ordnen Sie die Zahlen zu.

acht | drei | ~~eins~~ | fünf | neun | null | sechs | sieben | vier | zehn | ~~zwei~~

0 _____   3 _____   6 _____   9 _____
1 *eins*   4 _____   7 _____   10 _____
2 *zwei*   5 _____   8 _____

b Hören Sie die Zahlen und vergleichen Sie.

c Hören Sie das Gespräch und schreiben Sie die Telefonnummern.

Mia: _____   Maik: _____   Lukas: *0711/* _____

Jeder Ort hat eine Vorwahl, z.B.:
Berlin: 030
Stuttgart: 0711
München: 089

d Fragen Sie im Kurs und ergänzen Sie Ihre Namensliste aus 1d.

Wie ist dein**e** / Ihr**e** Telefonnummer?

Mein**e** Telefonnummer ist …

12 zwölf

A1–B1: 18

> einfache Formulare, Fragebögen ausfüllen › listenartige Darstellungen verstehen › andere vorstellen
> Zahlen verständlich sprechen › eigene Person, Tätigkeit, Wohnort beschreiben › einfache Fragen beantworten

3 Noch mehr Zahlen

a Hören Sie die Zahlen und sprechen Sie mit.

11 elf	18 achtzehn	60 **sech**zig	200 zweihundert
12 zwölf	19 neunzehn	70 **sieb**zig	1.000 eintausend
13 dreizehn	20 **zwanzig**	80 achtzig	10.000 zehntausend
14 vierzehn	21 einundzwanzig	90 neunzig	100.000 einhunderttausend
15 fünfzehn	30 drei**ß**ig	100 einhundert	1.000.000 eine Million
16 **sech**zehn	40 vierzig	101 einhunderteins	1.000.000.000 eine Milliarde
17 **sieb**zehn	50 fünfzig	193 einhundertdreiundneunzig	

13 ✕ dreizehn
21 ✕ einundzwanzig

b Fragen Sie einen Partner / eine Partnerin. — Wie alt bist du? — Ich bin 21 Jahre alt, und du?

4 Ich suche einen Sprachtandempartner

a Hören Sie das Gespräch und ergänzen Sie das Online-Formular.

EBERHARD KARLS UNIVERSITÄT TÜBINGEN

Dezernat III
Internationale Angelegenheiten
Studium und Studierendenaustausch
Abteilung Deutsch als Fremdsprache
und Interkulturelle Programme

Vorname: Rodrigo
Nachname: Alves Barbosa
Postleitzahl + Wohnort: _____ Tübingen
Straße + Hausnummer: Fichtenweg
Muttersprache: _____

Herkunftsland: _____
Zielsprache: _____
Telefon: _____
Handy: _____
E-Mail-Adresse: _____

b Fragen Sie im Kurs und ergänzen Sie die Namensliste aus 1d weiter.

Wie ist dein**e** / Ihr**e** Adresse? — Mein**e** Adresse ist Goethestraße 19.

Wie ist dein**e** / Ihr**e** E-Mail-Adresse? — Mein**e** E-Mail-Adresse ist …

E-Mail-Adressen:
- = minus
_ = Unterstrich
. = Punkt
@ = at [ɛt]

5 Das ist unser Deutschkurs

Fragen Sie einen Partner / eine Partnerin und schreiben Sie einen Text. Hängen Sie ihn im Kursraum auf.

Wie ist Ihr / dein Familienname / Vorname? — Mein Familienname / Vorname ist …
Wie ist Ihre / deine Nationalität? — Ich bin …
Welche Sprachen sprechen Sie / sprichst du? — Ich spreche …
Was machst du? — Ich studiere … / Ich arbeite als …
Wo wohnen Sie / wohnst du? — Ich wohne in … (Stadt)
Wie ist Ihre / deine Adresse? — Meine Adresse ist …
Wie ist Ihre / deine Telefonnummer / Handynummer? — Meine Telefonnummer / Handynummer ist …
Wie ist Ihre / deine E-Mail-Adresse? — Meine E-Mail-Adresse ist …

In Tübingen **studiere** ich Medizin.
Ich **studiere** Medizin in Tübingen.
Das Verb steht im Aussagesatz immer an Position 2.

Das ist Rodrigo Alves Barbosa. Er kommt aus Brasilien, aus São Paulo. Er ist 20 Jahre alt. Er spricht Portugiesisch als Muttersprache; er spricht auch Spanisch und Englisch. Er wohnt jetzt in Deutschland. In Tübingen studiert er Medizin. …

A1 – B1: 19

dreizehn 13

1 Alles auf einen Blick — Lektionswortschatz in Feldern

Formular
der Name, -n
　Vorname
　Familienname
　Nachname
die Straße, -n
die Hausnummer, -n
die Nationalität, -en
der Wohnort, -e
die Vorwahl, -en
die Postleitzahl (PLZ), -en
das Telefon, -e
die Telefonnummer, -n
die Handynummer, -n
das Handy, -s
die Adresse, -n
　E-Mail-Adresse

Sprachen lernen
das Sprachenzentrum, -en
das Gespräch, -e
der Kursteilnehmer, -
die Kursteilnehmerin, -nen
die Sprache, -n
　die Muttersprache
　die Zielsprache
der Tandempartner, -
die Tandempartnerin, -nen
die Sprachschule, -n
der Kurs, -e
　der Intensivkurs
　der Vorbereitungskurs
　der Sommerkurs
lernen
verstehen
sprechen
fragen
schreiben
buchstabieren

Universität und Studium
die Universität, -en
der Student, -en
die Studentin, -nen
der/die Studierende, -n
der Professor, -en
die Professorin, -nen
das Studienfach, ̈-er
die Architektur
die Wirtschaft(swissen-
　schaften) (Pl.)
die Chemie
die Elektrotechnik
die Germanistik
die Informatik
– Jura (Pl.) / die Rechts-
　wissenschaften (Pl.)
die Kulturwissenschaften
　(Pl.)
die Mathematik
die Medizin
die Philosophie
die Informatik
die Physik
der Sommerkurs, -e
studieren

Arbeit und Beruf
der Lehrer, -
die Lehrerin, -nen
　der Sprachlehrer
　der Deutschlehrer
der Ingenieur, -e
die Ingenieurin, -nen
der Schüler, -
die Schülerin, -nen
der Schriftsteller, -
die Schriftstellerin, -nen
das Praktikum, Praktika
arbeiten (als …)

Freizeit
das Hobby, -s

Kontinente
Afrika
Amerika
Asien
Australien
Europa

Sonstiges
Nomen
das Auto, -s
das Genie, -s
die Zahl, -en
der Nobelpreis, -e
die Million, -en
die Milliarde, -en
das Interview, -s
die Literatur, -en

Verben
heißen
kommen
vorstellen (sich)
wohnen
machen
beginnen
sein

Adjektive
gut
neu
polyglott
international
beliebt
nett
groß
sympathisch

interessant
alt

Adverbien
auch
noch
noch nicht
schon
dort
jetzt
ein bisschen
zusammen
hier

Fragewörter
Wie?
Wo?
Woher?

Präpositionen
aus (Rio / Brasilien)
in (Rio / Brasilien)

Partikeln
denn
ja

Redemittel / Ausdrücke
Herzlich willkommen!
Freut mich!
Viel Spaß!
Ich spreche …
… gut …
… nicht so gut …
… ein bisschen …
Was fällt auf?

Länder – Sprachen – Nationalitäten

Argentinien → Spanisch → der/die Argentinier/in
Brasilien → Portugiesisch → der/die Brasilianer/in
China → Chinesisch → der Chinese/die Chinesin
Deutschland → Deutsch → der/die Deutsche
Frankreich → Französisch → der Franzose/die Französin
Großbritannien → Englisch → der/die Engländer/in
der Irak → Arabisch → der/die Iraker/in
Italien → Italienisch → der/die Italiener/in
Japan → Japanisch → der/die Japaner/in
Kolumbien → Spanisch → der/die Kolumbianer/in
die Niederlande → Niederländisch →
　der/die Niederländer/in

Marokko → Arabisch → der/die Marokkaner/in
Polen → Polnisch → der Pole/die Polin
Portugal → Portugiesisch → der Portugiese/
　die Portugiesin
Russland → Russisch → der Russe/die Russin
Schweden → Schwedisch → der Schwede/die Schwedin
Serbien → Serbisch → der Serbe/die Serbin
Spanien → Spanisch → der/die Spanier/in
die Türkei → Türkisch → der Türke/die Türkin
Ungarn → Ungarisch → der/die Ungar/in
die USA → Englisch → der/die Amerikaner/in
…

In manchen Ländern gibt es mehrere Amtssprachen.

Redemittel / Grammatik

Mit Sprache handeln: sich begrüßen und vorstellen

	Person A	Person B
Begrüßung	Guten Morgen! Guten Tag!	Guten Morgen! Guten Tag!
	Hallo! Grüß dich!	Hallo! Grüß dich!
	Wie geht es Ihnen / dir?	Danke, gut. Und Ihnen / dir?
Reaktion	(Auch) gut. Danke.	Freut mich.
Name	Wie heißen Sie? / Wie heißt du?	Ich heiße / Ich bin / Mein Name ist Tarik Amri / Tarik.
	Wie ist Ihr / dein Vorname?	(Mein Vorname ist) Tarik.
	Wie ist Ihr / dein Nachname / Familienname?	(Mein Nachname / Familienname ist) Amri.
	Wie heißen Sie / Wie heißt du mit Vor- und Nachnamen?	Ich heiße Tarik Amri.
	Wie schreibt man das? Buchstabieren Sie das bitte!	A M R …
Land	Woher kommen Sie / kommst du?	(Ich komme) aus Marokko.
Nationalität	Wie ist Ihre / deine Nationalität?	Ich bin Marokkaner.
Sprachen	Welche Sprachen sprechen Sie? / sprichst du?	(Ich spreche) Arabisch und Französisch.
Adresse	Wo wohnen Sie / wohnst du?	(Ich wohne) in Tübingen. / Fichtenweg 11.
	Wie ist Ihre / deine Adresse?	(Meine Adresse ist:) Fichtenweg 11 in 72076 Tübingen.
Telefonnummer	Wie ist Ihre / deine Telefonnummer / Handynummer?	(Meine Telefonnummer / Handynummer ist) 0172/98354.
E-Mail-Adresse	Wie ist Ihre / deine E-Mail-Adresse?	(Meine E-Mail-Adresse ist) t.amri@xmu.de
Verabschiedung	Auf Wiedersehen. / Tschüss.	Auf Wiedersehen. / Tschüss.

Grammatik: Verben

Regelmäßige Verben im Präsens

	kommen	wohnen	heißen	arbeiten	sein
ich	komme	wohne	heiße	arbeite	bin
du	kommst	wohnst	heißt	arbeitest	bist
er / sie / es	kommt	wohnt	heißt	arbeitet	ist
wir	kommen	wohnen	heißen	arbeiten	sind
ihr	kommt	wohnt	heißt	arbeitet	seid
sie / Sie	kommen	wohnen	heißen	arbeiten	sind

Verbstamm auf „-t", „-d", oder (manchmal) „-n": extra „e" bei „du", „er / sie / es" und „ihr", z. B. „arbeiten".

Verbstamm auf „-s", „-ß", und „-z": kein „s" bei „du", z. B. „heißen".

Wortstellung in Aussagen, W-Fragen und Ja / Nein-Fragen

W-Fragen

Position 1	Position 2	
Woher	kommen	Sie?
Wo	wohnst	du?

Aussagen / Antworten

Position 1	Position 2	
Ich	komme	aus Marokko.
Ich	wohne	in Tübingen.

Ja / Nein-Fragen

Position 1	Position 2	
Kommen	Sie	aus Tunesien?
Wohnst	du	in Stuttgart?

Aussagen / Antworten

	Position 1	Position 2	
Nein.	Ich	komme	aus Marokko.
Nein.	Ich	wohne	in Tübingen.

A1 – B1: 21

fünfzehn 15

1 Alles auf einen Blick — Kurssprache

1 Arbeiten mit DaF kompakt neu

a Arbeitsanweisungen 1. Was passt? Schreiben Sie.

Hören Sie. | Lesen Sie. | ~~Sprechen Sie.~~ | Schreiben Sie.

1. _Sprechen Sie._   2. _____   3. _____   4. _____

b Arbeitsanweisungen 2. Ordnen Sie zu.

a. Markieren Sie.
b. Notieren Sie.
c. Antworten Sie.
d. Ergänzen Sie.
e. Fragen Sie.
f. Kreuzen Sie an.
g. Vergleichen Sie.
h. Sortieren Sie.
i. Ordnen Sie zu.

Er _kom_____ aus Japan.

2 Im Kurs

a Gegenstände im Kursraum: Schreiben Sie die Wörter vom Bild oben rechts und aus 2b in die Tabelle.

Maskulinum: der   _der Apfel,_ _____

Neutrum: das   _das Heft,_ _____

Femininum: die   _die Tafel,_ _____

16 sechzehn   A1 – B1: 22

Schreiben Sie die Namen von Gegenständen auf Zettel und heften Sie diese an die Gegenstände.

b Ein Stift oder zwei Stifte? Tragen Sie die Wörter in die Tabelle ein.

das Bild | das Buch | ~~das Heft~~ | das Tablet | der Projektor | der Ball | der Kugelschreiber | der Apfel | die Gruppe | die Lehrerin

Singular	Pluralzeichen	Plural	Singular	Pluralzeichen	Plural
das Heft	-e	die Hefte		-	die Kugelschreiber
	¨e	die Bälle		¨	die Äpfel
	-n	die Gruppen		¨er	die Bücher
	-en	die Projektoren		-er	die Bilder
	-nen	die Lehrerinnen		-s	die Tablets

Lernen Sie die Nomen immer mit dem bestimmten Artikel und dem Plural.

3 Wie heißt das auf Deutsch?

a Wie heißen die Gegenstände? Schreiben Sie. Wie heißt das auf Deutsch?

Das heißt …

1. _____ 2. der Radiergummi, –s 3. _____ 4. _____

b Arbeiten Sie mit dem Wörterbuch. Wie heißt das auf Deutsch?

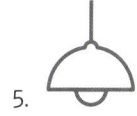

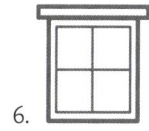

1. _____ 2. _____ 3. _____ 4. _____ 5. _____ 6. _____

c Sprechen Sie im Kurs.   Wie heißt das auf Deutsch?   Das heißt „…"   Das weiß ich nicht.

A1–B1: 23

siebzehn 17

2 Menschen und Dinge

A Früher und heute

1 Dinge kommen und gehen

a Kennen Sie die Gegenstände noch? Kreuzen Sie an. Das ist / Das sind …

1. a. ⏣ **ein** Plattenspieler.
   b. ⏣ **ein** Tablet.
2. a. ⏣ **eine** Schreibmaschine.
   b. ⏣ **ein** Telefon.
3. a. ⏣ **eine** Kamera.
   b. ⏣ **ein** Mobiltelefon / Handy.
4. a. ⏣ Videokassetten.
   b. ⏣ Disketten.
5. a. ⏣ D-Mark-Scheine.
   b. ⏣ Kreditkarten.
6. a. ⏣ Filme.
   b. ⏣ Akkus.

b Hören Sie das Gespräch von Jan und Felix. Welche Gegenstände aus 1a hören Sie? Markieren Sie.

c Hören Sie das Gespräch in 1b noch einmal. Was hören Sie? Kreuzen Sie an.

1. ⏣ Das ist **ein** Plattenspieler. **Der** Plattenspieler funktioniert noch.
2. ⏣ Das ist ein Telefon. Das Telefon ist sehr alt.
3. ⏣ Das ist eine Kamera. Die Kamera macht noch gute Fotos.
4. ⏣ Das sind Disketten. Die Disketten haben nur 1,4 Megabytes.

ø = Nullartikel

2 Grammatik kompakt: Der Artikel – unbestimmt und bestimmt

Lesen Sie die Sätze in 1c. Markieren Sie den unbestimmten und den bestimmten Artikel. Ergänzen Sie die Regel.

1. Die Information ist neu: unbestimmter Artikel (_____, _____) + Nomen.
2. Die Information ist nicht neu: bestimmter Artikel (_____, _____, _____) + Nomen.

3 Das ist keine Musikkassette!

Hören Sie Teil 2 vom Gespräch von Felix und Jan. Was hören Sie: **a** oder **b**?

a. ⏣ Das ist keine Musikkassette.
b. ⏣ Das ist kein Telefon.

a. ⏣ Das ist kein mp3-Spieler.
b. ⏣ Das sind keine Kreditkarten.

18   achtzehn   A1 – B1: 24

> Zahlen verständlich sprechen › aus kurzen informierenden Texten Angaben zu Personen und Orten entnehmen und Namen, Zahlen, Wörter, einfache Strukturen verstehen › einfache Fragen beantworten

4 Grammatik kompakt: Der Artikel – unbestimmt, bestimmt und Negativartikel

Ergänzen Sie die Artikel. Was fällt auf? Ergänzen Sie die Regel.

Nominativ	Maskulinum (M)	Neutrum (N)	Femininum (F)	Plural (M, N, F)
bestimmter Artikel	der Plattenspieler	das Telefon	die Kassette	die Kreditkarten
unbestimmter Artikel	ein Plattenspieler	_____ Telefon	_____ Kassette	_____ Kreditkarten
Negativartikel	kein Plattenspieler	_____ Telefon	_____ Kassette	_____ Kreditkarten

Unbestimmter Artikel und _____ haben im Singular die gleiche Endung.

5 Verschwundene Dinge

a Lesen Sie den Artikel von Jan. Markieren Sie: Was benutzt man heute?

Dinge kommen und gehen

Haben Sie noch **einen** Plattenspieler und Schallplatten, **einen** Kassettenrekorder und Kassetten? Oder **eine** Schreibmaschine oder sogar **ein** Telefon mit Wählscheibe? Meine Eltern hatten das früher. Und wir heute? Musik hören wir mit iPods oder mp3-Playern. Telefonieren? Wir benutzen Smartphones. Oder wir skypen. Lesen Sie Bücher aus Papier und gehen in Bibliotheken? Sie sind ja altmodisch! Es gibt E-Reader und Onleihe-Bibliotheken. Und ich? Ich brauche **den** Computer an der Uni, **das** Tablet, **die** Digitalkamera, **das** Smartphone und **die** Apps. Aber ich habe **kein** Navi im Auto – und ich brauche auch **keinen** E-Reader – ich bin ein bisschen altmodisch.

Präsens:
ich habe
du hast
er/sie hat
wir haben
ihr habt
sie/Sie haben

Präteritum:
ich hatte
du hattest
er/sie hatte
wir hatten
ihr hattet
sie/Sie hatten

b Was schreibt Jan? Kreuzen Sie an: Er benutzt …

a. ☐ nur moderne Technik.   b. ☐ nicht immer moderne Technik.   c. ☐ keine moderne Technik.

6 Grammatik kompakt: Nominativ und Akkusativ

a Lesen Sie die Sätze. Was passt? Kreuzen Sie an.

Ich habe einen Computer. Ich brauche den Computer für die Arbeit. Der Computer ist sehr praktisch.

Wer/Was ist/hat/benutzt …?   ☐ Nominativergänzung   ☐ Akkusativergänzung
Wen/Was hat/braucht/benutzt Jan?   ☐ Nominativergänzung   ☐ Akkusativergänzung

b Ergänzen Sie die Tabelle.

	Maskulinum (M)	Neutrum (N)	Femininum (F)	Plural (M, N, F)
Nom. bestimmt	der Computer	das Telefon	die Kamera	die Kassetten
Nom. unbestimmt / Negation	ein / kein Computer	ein / kein Telefon	eine / keine Kamera	ø / keine Kassetten
Akk. bestimmt	_____ Computer	_____ Telefon	_____ Kamera	_____ Kassetten
Akk. unbestimmt / Negation	____ / ____ Computer	____ / ____ Telefon	____ / ____ Kamera	____ / ____ Kassetten

7 Was hatten Sie als Kind? Und was haben Sie heute?

Sprechen Sie mit Ihrem Partner / Ihrer Partnerin.

Hattest du als Kind ein Handy?

Hast du einen Laptop?

Nein, ich habe ein Tablet.

A1–B1: 25

2 Menschen und Dinge

B Familiengeschichten

B1 1 Unsere Familie

a Wie heißen die Familienmitglieder? Ergänzen Sie.

der Urgroßvater | der Vater | der Bruder | die Großeltern | die Großmutter / Oma | die Kinder | die Tochter

	♂	♀
die Geschwister	_____	die Schwester
	der Sohn	_____
die Eltern	_____	die Mutter
	der Großvater / Opa	_____
die Urgroßeltern	_____	die Urgroßmutter

b Jan und sein Neffe Felix schauen ein Familienalbum mit alten Fotos an. Was glauben Sie? Wer sind die Personen?

Ich glaube, das hier sind Jans Eltern.

Ich glaube, der Junge ist Jan und das Mädchen ist die Schwester von Jan.

Jan**s** Mutter = die Mutter **von** Jan

14–17 c Hören Sie das Gespräch von Jan und Felix. In welcher Reihenfolge sprechen sie über die Fotos? Nummerieren Sie.

14–17 d Hören Sie das Gespräch in 1c noch einmal. Was ist richtig (r), was ist falsch (f)? Kreuzen Sie an.

	r	f
1. Jan hat zwei Geschwister.	☐	☐
2. Seine Mutter heißt Karolin.	☐	☐
3. Bastian ist 1995 geboren.	☐	☐
4. Oma Gisela hat einen Freund. Ihr Freund heißt Bernhard.	☐	☐
5. Opa Klaus und seine Frau leben in Österreich.	☐	☐
6. Oma Gisela hat eine Schwester.	☐	☐
7. Hanna und Fabian haben einen Hund.	☐	☐
8. Ihr Hund heißt „Big Ben".	☐	☐

verheiratet sein

≠ ledig / Single sein

geschieden sein

B2 2 Grammatik kompakt: Possessivartikel im Nominativ

a Markieren Sie die Possessivartikel. Was fällt auf? Ergänzen Sie die Regel.

Achtung: Jan hat zwei Geschwister:
Sein Bruder …
Seine Schwester …

Jan hat eine Schwester. Seine Schwester heißt Karolin.
Jan hat auch einen Bruder. Sein Bruder heißt Bastian.
Oma Gisela hat einen Freund. Ihr Freund heißt Bernhard.
Hanna und Fabian haben einen Hund. Ihr Hund ist ein Labrador.

Wer hat etwas (Besitzer)?
„er" / „es" → sein / seine
„sie" (F.) → _____ / _____
„sie" (Pl.) → _____ / _____

20 zwanzig

A1–B1: 26

› in mündlichen Texten Namen und Zahlen verstehen › über sich, andere und die direkte Umgebung sprechen
› einfache Informationstexte und listenartige Darstellungen verstehen

b Ergänzen Sie die Tabelle.

	Maskulinum (M)	Neutrum (N)	Femininum (F)	Plural (M, N, F)
ich	mein	mein	meine	meine
du	dein	dein	deine	deine
er + es / sie	sein / ihr			Söhne,
		Sohn	Kind	Tochter	Töchter,
wir	unser	unser	unsere	unsere	Kinder
ihr	euer	euer	eu**re**	eu**re**
sie / Sie	ihr / Ihr			

3 Neue Familienformen

B 3

a Lesen Sie den Text. Was ist richtig: **a** oder **b**?

PATCHWORKFAMILIE

Vater, Mutter und Kind – das ist die „normale" Kleinfamilie. Viele Familien leben so, aber es gibt auch neue Lebensformen. Man bekommt Kinder, aber man heiratet nicht immer. Viele Frauen und Männer sind ledig, haben keinen Partner und erziehen ihre Kinder allein. Andere sind geschieden und finden neue Partner: Sie heiraten noch einmal oder sie bleiben unverheiratet. Neue Partner und Kinder wohnen dann zusammen. Das ist eine Patchworkfamilie. Eine von 10 Familien in Deutschland ist eine Patchworkfamilie.

Patchworkfamilie:
a. ⊔ Neue Partner und Kinder leben zusammen.
b. ⊔ Neue Partner und Kinder leben nicht zusammen.

b Lesen Sie die drei Aussagen. Welches Kind lebt in einer Patchworkfamilie? Kreuzen Sie an.

Benjamin „Meine Mutter ist nicht verheiratet und sie erzieht meinen Bruder und mich allein." ⊔
Jonas „Meine Eltern sind geschieden. Mein Vater und seine neue Frau leben in Berlin.
Ich lebe mit Mama in Frankfurt. Sie hat einen Freund, aber er wohnt in Mainz." ⊔
Anna „Mamas Freund heißt Marius. Mama, Marius und ich leben zusammen." ⊔

4 Grammatik kompakt: Konnektoren „und" (Verbindung), „oder" (Alternative), „aber" (Gegensatz)

Ergänzen Sie Sätze aus 3a und b.

Pos. 1	Pos. 2		Pos. 0	Pos. 1	Pos. 2
Man	bekommt	Kinder,	aber	man	heiratet	nicht immer.
Meine Mutter	ist	nicht verheiratet	und			
Sie	heiraten	noch einmal	oder			

5 Familien aus aller Welt

B 4

Bringen Sie Familienfotos mit und berichten Sie im Kurs. Stellen Sie Fragen.

Das ist meine Mutter. Sie heißt …   Wie alt sind deine Brüder?
Und das hier sind meine Brüder: …   Sind deine Brüder schon verheiratet?

A1–B1: 27   einundzwanzig   21

2 Menschen und Dinge

C Wir gehen essen

1 Welches Restaurant?

a Lesen Sie die Anzeigen. Was ist was? Ordnen Sie zu.

das Restaurant
ein türkisches Restaurant

Karls Bio-Café-Restaurant

Testen Sie unsere Veggie-Burger und Salate. Wir haben auch vegane Gerichte.

Mittwoch ist Suppentag!

Öffnungszeiten:
Montag – Freitag:
11.30 – 15.00 Uhr
Samstag:
11.30 – 16.00 Uhr
Sonntagvormittag:
Brunch 10 – 13 Uhr

a

Topkapı
„Die" Adresse für Kebab + Köfte.

Menüs ab 5,40 Euro mit Vorspeise und Dessert.

Das Topkapı ist geöffnet:
Dienstag – Freitag:
11.30 – 14.30; 17.30 – 1.00 Uhr
Samstag, Sonntag,
Feiertage: 17.30 – 1.00 Uhr

Am Montag ist unser Restaurant geschlossen.

b

Brunnenstüberl

Wir servieren internationale Gerichte und Spezialitäten aus Österreich.

Freitag: Frischer Fisch!

Mo, Di, Mi, Fr:
12.00 – 15.30;
18.30 – 24.00 Uhr
Sa + So: 19.00 – 1.00 Uhr
Donnerstag Ruhetag

c

1. ⎵ ein österreichisches Restaurant   2. ⎵ ein türkisches Restaurant   3. ⎵ ein vegetarisches Restaurant

b Hören Sie das Telefongespräch. Was ist richtig: a, b oder c? Kreuzen Sie an.

Wochentag: **am**
Uhrzeit: **um**

1. Wer geht essen?
   a. ⎵ Jan und Stefanie.
   b. ⎵ Jan und Felix.
   c. ⎵ Jan, Felix und Stefanie.
3. Wohin gehen sie?
   a. ⎵ Sie gehen türkisch essen.
   b. ⎵ Sie gehen österreichisch essen.
   c. ⎵ Sie gehen vegetarisch essen.

2. Sie gehen essen …
   a. ⎵ am Montag.
   b. ⎵ am Dienstag.
   c. ⎵ am Donnerstag.
4. Um wie viel Uhr?
   a. ⎵ Um 18 Uhr.
   b. ⎵ Um 18 Uhr 30.
   c. ⎵ Um 19 Uhr.

c Die Woche hat sieben Tage. Wie heißen die Wochentage? Markieren Sie in den Anzeigen und ordnen Sie.

1. _Montag_   3. _____   5. _____   7. _____
2. _____   4. _____   6. _____

d Markieren Sie in den folgenden Sätzen das Verb rot und das Subjekt grün. Was fällt auf? Ergänzen Sie die Regel.

1. a. Am Montag ist das Topkapı geschlossen.
   b. Das Topkapı ist am Montag geschlossen.
2. a. Am Sonntag ist das Brunnenstüberl geöffnet.
   b. Das Brunnenstüberl ist am Sonntag geöffnet.

! Wortstellung Subjekt:
Beide Varianten sind möglich. Das Subjekt steht auf Position _____ oder **nach** dem Verb.

2 Was nimmst du?

a Lesen Sie die Speisekarte oben rechts. Welche Wörter verstehen Sie? Markieren Sie.

22 zweiundzwanzig   A1 – B1: 28

> öffentliche Anschriften verstehen › einfache Informationstexte und listenartige Darstellungen verstehen
> mündliche Zeit- und Ortsangaben verstehen › einfache Fragen beantworten

2

Brunnenstüberl

Hauptspeisen

Wiener Schnitzel mit
Pommes frites und Salat   14,90 €

Tafelspitz
(Rindfleisch mit
Kartoffeln und Salat)   19,90 €

Zanderfilet mit
Kartoffeln und Salat   17,90 €

Suppen

Kartoffelsuppe   4,50 €
Karottensuppe   4,00 €
Kürbissuppe   3,50 €

Desserts

Eis mit Sahne   4,20 €
Eis ohne Sahne   3,50 €
Apfelstrudel   4,50 €

Getränke

Mineralwasser 0.3 l   1,80 €
Cola/Limonade 0.3 l   2,10 €
Bier 0.3 l   2,40 €
Rotwein 0.2 l   3,80 €
Weißwein 0.2 l   3,80 €

D: Hauptgericht
A: Hauptspeise

b Hören Sie das Gespräch im Restaurant. Was nehmen Jan, Felix und Stefanie?
Markieren Sie in der Speisekarte.   🔊 19

3 Gespräche im Restaurant   ↗ C 4

a Was sagen die Gäste im Restaurant (G)? Was sagt der Kellner (K)? Kreuzen Sie an.

	G	K
Das geht natürlich. Das Mineralwasser mit oder ohne Kohlensäure?	☐	X
Ein Zanderfilet und einen Weißwein. Danke. Und was bekommen Sie?	☐	☐
Ich möchte auch ein Wiener Schnitzel mit Kartoffeln, aber ohne Salat.	☐	☐
Ich nehme ein Wiener Schnitzel und ein Mineralwasser. Aber ich möchte das Schnitzel nur mit Salat, ohne Kartoffeln. Geht das?	☐	☐
Ich nehme ein Zanderfilet und einen Weißwein.	☐	☐
Ich trinke eine Cola.	☐	☐
Ja gern. Was bekommen Sie?	☐	☐
Mit Kohlensäure bitte.	☐	☐
Und was möchtest du trinken?	☐	☐
Und was nimmst du?	☐	☐
Wir möchten gerne bestellen.	☐	☐

ich nehme
du nimmst
er nimmt
wir nehmen
…

ich esse
du isst
er isst
wir essen
…

ich nehme / esse / trinke
+ Akkusativergänzung

b Sortieren Sie das Gespräch und schreiben Sie. Hören Sie dann und vergleichen Sie.   🔊 20

die Gäste: Jan (J), Stefanie (S), Felix (F)   der Kellner

J: *Wir möchten gerne bestellen.*   *Ja gern. Was bekommen Sie?*
J: _____   _____
S: _____
S: _____
F: _____
F: _____

Ich möchte **ein Bier**.
„möchte" + Nomen

Wir möchten **bezahlen**.
„möchte" + Infinitiv

c „Wir möchten zahlen." Hören Sie das Gespräch und beantworten Sie die Fragen.   🔊 21

1. Wer bezahlt?   _____
2. Wie viel kostet das Essen?   _____
3. Wie viel Trinkgeld bekommt der Kellner? _____

4 Wir möchten bestellen

Spielen Sie ein Gespräch im Restaurant. Verwenden Sie die Redemittel aus 3.   ↗ C 5

A1–B1: 29   dreiundzwanzig   23

2 Alles auf einen Blick — Lektionswortschatz in Feldern

Technik / Geräte
die Technik, -en
der Plattenspieler, -
die Schallplatte, -n
das Tablet, -s
die Rechenmaschine, -n
das Telefon, -e
das Navigationsgerät, -e
die Kamera, -s
das Handy, -s
die Diskette, -n
der Akku, -s
die Kassette, -n
    Videokassette
    Musikkassette
der USB-Stick, -s
der Computer, -
der Laptop, -s
das Smartphone, -s
der Fotoapparat, -e
das Foto, -s
der mp3-Spieler, -

Familie
der Stammbaum, ¨e
der Partner, -
die Partnerin, -nen
geschieden
getrennt leben
der Single, -s
heiraten
verheiratet
unverheiratet
erziehen
die Familie, -n
    Kleinfamilie
    Patchworkfamilie
das Mitglied, -er
    Familienmitglied
die Eltern (Pl.)
    Schwiegereltern
der Vater, ¨
die Mutter, ¨
das Kind, -er
    Einzelkind
die Tochter, ¨
der Sohn, ¨e
die Großeltern
    die Großmutter, ¨
    der Großvater, ¨
der Urgroßvater, ¨
die Urgroßmutter, ¨
der Enkel, -
    Urenkel

die Enkelin, -nen
die Geschwister (Pl.)
    der Bruder, ¨
    die Schwester, -n
die Schwägerin, -nen
der Schwager, ¨
der Onkel, -
die Tante, -n
der Neffe, -n
die Nichte, -n

Restaurant / Essen
das Restaurant, -s
der Gast, ¨e
das Gericht, -e
das Menü, -s
die Vorspeise, -n
die Spezialität, -en
das Wasser (hier nur Sg.)
    Mineralwasser
die Kohlensäure (hier nur Sg.)
die Cola (nur Sg.)
die Limonade, -n
der Alkohol (nur Sg.)
das Bier, -e
der Wein, -e
    Weißwein
    Rotwein
der Salat, -e
die Suppe, -n
das Schnitzel, -
die Pommes frites (Pl.)
das Rindfleisch
der Burger, -
das Schnitzel, -
der Fisch, -e
das Zanderfilet, -s
die Kartoffel, -n
das Dessert, -s
die Sahne
das Eis
der Apfelstrudel, -
das Trinkgeld
servieren
bestellen
zahlen
kosten
essen
trinken
vegetarisch
vegan
geöffnet
geschlossen

Wochentage
der Montag
der Dienstag
der Mittwoch
der Donnerstag
der Freitag
der Samstag
    der Sonnabend
der Sonntag
das Wochenende, -n
der Feiertag, -e
der Ruhetag, -e

An der Universität
die Bibliothek, -en
    Onleihe-Bibliothek

Arbeit und Beruf
der Kellner, -
die Kellnerin, -nen

Sonstiges
Nomen
der Mensch, -en
das Ding, -e
der Gegenstand, ¨e
das Patchwork (nur Sg.)
die Kreditkarte, -n
die Telefonkarte, -n
das Foto, -s
der Film, -e
der Freund, -e
die Freundin, -nen
der Junge, -n
das Mädchen, -
der Alltag, -e
die Regel, -n
die Postkarte, -n
die Stadt, ¨e
die Musik (hier nur Sg.)

Verben
funktionieren
brauchen
bekommen
benutzen
leben
erzählen
es gibt + A
kennen
möcht-
haben
hören
lesen

schreiben
telefonieren
gehen
glauben
öffnen
schließen
nehmen

Adjektive
modern
    ≠ altmodisch
normal
allein
natürlich
unmöglich
traditionell
ziemlich
relativ
spät
getrennt
groß
klein

Adverbien
heute
früher
nur
sogar
mehr

Fragewörter
Wer?
Was?
Wen?
Wann?

Pronomen / Artikel
wenig ≠ viel
alles

Präpositionen
mit (Salat)
ohne (Pommes frites)
am (Montag)
um (14.00 Uhr)
von (Jan)

Redewendungen
Er schreibt einen Artikel
    über Technik / …

Redemittel / Grammatik

Mit Sprache handeln: Bestellen und bezahlen im Restaurant

Gast	Kellner	Gast	Kellner
Wir möchten gerne **bestellen**.	Ja gern. Was bekommen Sie?	Wir möchten bitte **zahlen**.	Zusammen oder getrennt?
Ich nehme ein / einen … und ein / einen …	Und was möchten Sie trinken?	Zusammen / Getrennt bitte.	Das macht …
Ich möchte ein / einen …	Ein / Einen … und ein / einen … Danke.	Bitte.	Danke.

Grammatik

Artikel und Artikelwörter

Bestimmter Artikel im Nominativ und Akkusativ

	Maskulinum (M)	Neutrum (N)	Femininum (F)	Plural (M, N, F)
Nominativ	der Computer	das Telefon	die Kamera	die Kassetten
Akkusativ	den Computer	das Telefon	die Kamera	die Kassetten

Unbestimmter Artikel und Negativartikel im Nominativ und Akkusativ

	Maskulinum (M)	Neutrum (N)	Femininum (F)	Plural (M, N, F)
Nominativ	ein / kein Computer	ein / kein Telefon	eine / keine Kamera	ø / keine Kassetten
Akkusativ	ein**en** / kein**en** Computer	ein / kein Telefon	eine / keine Kamera	ø / keine Kassetten

Possessivartikel im Nominativ

	Maskulinum (M)	Neutrum (N)	Femininum (F)	Plural (M, N, F)	
ich	mein	mein	meine	meine	
du	dein	dein	deine	deine	
er + es / sie	sein / ihr	sein / ihr	seine / ihre	seine / ihre	Söhne, Töchter, Kinder
wir	unser	unser	unsere	unsere	
ihr	euer	euer	eu**re**	eu**re**	
sie / Sie	ihr / Ihr	ihr / Ihr	ihre / Ihre	ihre / Ihre	

Spalten: Sohn, Kind, Tochter

Endungen vom Possessivartikel wie unbestimmter Artikel / Negativartikel. Plural beim unbestimmten Artikel: Nullartikel (ø).

Konnektoren „aber", „oder", „und"

Pos. 1	Pos. 2		Pos. 0	Pos. 1	Pos. 2	
Das	ist	die normale Kleinfamilie,	aber	sie	ist	heute nicht mehr die Regel.
Man	bekommt	Kinder,	aber	man	heiratet	nicht immer.
Meine Mutter	ist	nicht verheiratet	und	sie	erzieht	meinen Bruder und mich allein.
Sie	heiraten	noch einmal	oder	sie	leben	ohne Trauschein.

A1 – B1: 31   fünfundzwanzig   25

3 Studentenleben

A Uni und Termine

1 Studium und Freizeit

A 1a Was machen die Studenten / Studentinnen? Ordnen Sie die Tätigkeiten den Fotos zu.

a. ☐ eine Vorlesung besuchen
b. ☐ eine Klausur schreiben
c. ☐ ein Referat halten
d. ☐ in der Mensa essen
e. ☐ zur Sprechstunde gehen
f. ☐ Freunde treffen
g. ☐ im Supermarkt jobben
h. ☐ eine Übung / ein Tutorium haben

2 Wann hast du Zeit?

am Anfang / zu Beginn ≠ am Ende
im ersten Semester = am Anfang vom Studium

a 🔊 22 Hören Sie das Telefongespräch von Franziska und Niels. Hören Sie Teil 1. Was ist richtig (r), was ist falsch (f)? Kreuzen Sie an.

	r	f
1. Franziska ist im ersten Semester.	☐	☐
2. Sie hatte am Anfang keine Probleme.	☐	☐
3. Sie hat viel Arbeit.	☐	☐

b 🔊 23 Hören Sie Teil 2 vom Gespräch. Was macht Franziska diese Woche? Ordnen Sie zu.

A 1b–2

der Montag + der Vormittag = der Montagvormittag

1. Am Montagvormittag
2. Am Mittwochnachmittag
3. Am Donnerstagabend
4. Am Freitagmittag
5. Am Freitagnachmittag
6. Am Freitagabend
7. Am Wochenende

a. ☐ geht sie zur Sprechstunde.
b. _1_ besucht sie zwei Vorlesungen.
c. ☐ jobbt sie.
d. ☐ hat sie Übungen.
e. ☐ isst sie bei Oma.
f. ☐ hat sie Zeit.
g. ☐ schreibt sie ein Referat mit zwei Kommilitonen.

c Markieren Sie die Tageszeiten in 2b. Ordnen Sie die Tageszeiten den Uhrzeiten zu.

05.00 – 09.00 Uhr _am Morgen_
09.00 – 11.30 Uhr _am Vormittag_
11.30 – 14.00 Uhr _____
14.00 – 17.30 Uhr _____
17.30 – 22.00 Uhr _____
22.00 – 05.00 Uhr _in der Nacht_

26 sechsundzwanzig

> in mündlichen Texten Internationalismen, Namen, Zahlen verstehen > einfache Fragen beantworten
> Daten verständlich sprechen > einfache Notizen zu Zeit- und Ortsangaben machen

d Hören Sie das Gespräch in 2b noch einmal. Was hören Sie: **a** oder **b**? Kreuzen Sie an. 🔊 23

1. a. ☐ Hast du nächste Woche Zeit? b. ☐ Hast du nächste Woche keine Zeit?
2. a. ☐ Am Montag geht. b. ☐ Am Montag geht gar nicht.
3. a. ☐ Am Dienstagvormittag habe ich Zeit. b. ☐ Am Dienstagvormittag habe ich keine Zeit.
4. a. ☐ Am Mittwochnachmittag kann ich. b. ☐ Am Mittwochnachmittag kann ich nicht.
5. a. ☐ Samstagabend passt gut. b. ☐ Samstagabend passt nicht so gut.

e Markieren Sie die Verneinungswörter in 2d. Wie heißt die Regel? Ordnen Sie zu.

1. „kein-" verneint   a. ☐ einen ganzen Satz oder ein Adjektiv (z. B. gut).   b. ☐ ein Nomen.   ❗
2. „nicht" verneint   a. ☐ einen ganzen Satz oder ein Adjektiv (z. B. gut).   b. ☐ ein Nomen.

3 Um wie viel Uhr ist der Professor heute im Büro?

a Hören Sie das Gespräch. Welche Aussage ist richtig: **a** oder **b**? 🔊 24

a. ☐ Professor Jung hat heute keine Zeit für ein Gespräch.
b. ☐ Franziska spricht heute Mittag mit Professor Jung.

b Hören Sie das Gespräch in 3a noch einmal. Was hören Sie: **a** oder **b**? Kreuzen Sie an. 🔊 24

1. a. ☐ Um Viertel vor zehn hat Professor Jung Vorlesung.   *9.45 Uhr*
   b. ☐ Um Viertel nach zehn hat Professor Jung Vorlesung.
2. a. ☐ Um zwölf Uhr isst der Professor in der Mensa.
   b. ☐ Um ein Uhr isst der Professor in der Mensa.
3. a. ☐ Um halb zwei hat er einen Gesprächstermin.
   b. ☐ Um halb vier hat er einen Gesprächstermin.
4. a. ☐ Um fünf vor halb zwei hat er Zeit für ein Gespräch.
   b. ☐ Um fünf nach halb zwei hat er Zeit für ein Gespräch.
5. a. ☐ Von drei bis sechs ist der Professor im Büro.
   b. ☐ Von drei bis fünf ist der Professor heute im Büro.
6. a. ☐ Franziska kommt um zwanzig nach eins.
   b. ☐ Franziska kommt um zwanzig vor zwei.

Viertel vor zehn
Viertel nach zehn
fünf vor halb zwei
halb zwei

c Markieren Sie die Uhrzeiten in 3b. Schreiben Sie oben rechts die offiziellen Uhrzeiten neben die informellen Uhrzeiten links.

4 Mein Terminkalender

Schreiben Sie Termine in einen Terminkalender. Finden Sie mit den anderen Kursteilnehmern/ Kursteilnehmerinnen Termine für gemeinsame Treffen.

	Montag	Dienstag	Mittwoch	Donnerstag	Freitag	Samstag	Sonntag
8.00 – 10.00	Vorlesung		Klausur	Referat		jobben	
10.00 – 12.00		Übung					Oma
12.00 – 14.00		Vorlesung		Anne			Oma

Hast du am Sonntagvormittag Zeit?
    Tut mir leid. Am Sonntagvormittag kann ich nicht. Da besuche ich meine Oma.

Und am Mittwochmorgen?
    Von acht bis zehn schreibe ich eine Klausur. Aber um zehn passt gut, da habe ich frei.

Wie spät ist es?
Wie viel Uhr ist es?
Es ist zwölf (**Uhr**).
Es ist Viertel nach zwölf.
Es ist **ein Uhr** / **eins**.
Es ist **zehn nach eins**.

A1–B1: 33   siebenundzwanzig **27**

3 Studentenleben

B Im Supermarkt

Heumanns Frischemarkt

Heute im Angebot

Obst und Gemüse

- **Äpfel** 1 kg 2,49 €
- **Weintrauben** 500 g 2,19 € 
- **Bohnen** 1 kg 2,78 € 

Fleisch und Wurst

- **Rindfleisch** 1 kg 9,99 €
- **Hackfleisch** 500 g-Schale 3,99 € 
- **Bratwürstchen** 100 g 0,89 € 
- **Geflügelfleischwurst** 100 g 0,97 € 

Alles fürs Frühstück

- **Marmelade** 350 g-Glas 2,19 €
- **Müsli** 175 g-Packung 3,95 € 
- **Kaffee** 500 g-Packung 4,97 €

Milch und Käse

- **Gouda – holländischer Käse** 500 g-Packung 4,97 €
- **Joghurt** 125 g-Becher 0,39 € 
- **Milch** 1 l 1,09 € 
- **Butter** 250 g-Päckchen 1,39 € 

Brot und Brötchen

- **Vollkornbrot** 500 g 2,76 €
- **Brötchen** Stück 0,55 € 
- **Schwarzbrot** 250 g-Beutel 1,59 € 

Getränke

- **Wasser** 1,5 l-Flasche 0,79 €
- **Bier** Kasten 10,99 € 
- **Limonade** 0,33 l-Dose 0,39 € 

1 Jobben im Supermarkt

🔊 25 Hören Sie das Gespräch von Clara und Franziska. Was ist richtig: **a** oder **b**?

Franziska jobbt am Freitag
a. ⬜ von 14.00 bis 20.00 Uhr.　b. ⬜ von 14.00 bis 22.00 Uhr.

Der Supermarkt schließt
a. ⬜ um 20.00 Uhr.　b. ⬜ um 22.00 Uhr.

Am Freitagabend
a. ⬜ hat Franziska Zeit.　b. ⬜ hat Franziska keine Zeit.

D und A
1 Euro = 100 Cent
CH
1 Franken = 100 Rappen
Man schreibt
€ 1,30 / CHF 1,30.
Man sagt
1 Euro 30 (Cent)
1 Franken 30

2 Was ist heute im Angebot?

a Lesen Sie den Prospekt vom Supermarkt. Wie finden Sie die Preise? Welche Lebensmittel finden Sie teuer (€€€€), welche Lebensmittel finden Sie billig (€)? Sprechen Sie im Kurs.

> Ich finde, Bohnen sind teuer. In … kosten sie nur …

> Ich finde, Käse ist in Deutschland billig.

🔊 26 **b** Hören Sie Teil 1 vom Gespräch zwischen Franziska und Oma Martha.
B 1–2　Über welche Lebensmittel sprechen sie? Markieren Sie im Prospekt.

28　achtundzwanzig　　　　　　　　　　　　　　　　　　　　　　　　　　A1 – B1: 34

> in mündlichen Texten Internationalismen, Namen, Zahlen verstehen › Fakten und Daten in Stichpunkten aufschreiben › Zahlenangaben machen und verstehen › Zahlen, Mengenangaben verständlich sprechen

c Hören Sie Teil 2 vom Gespräch. Schreiben Sie den Einkaufszettel für Franziska. 🔊 27

6 Flaschen _____   300 g _____   2 Kilo _____
1 l _____   3 Becher _____   500 g _____
1 Päckchen _____   1 Glas _____   1 Beutel / 250 g _____
                             1 Kilo _____

d Bilden Sie Gruppen und schreiben Sie eine Einkaufsliste für höchstens 10 Euro. Berechnen Sie auch den Gesamtpreis. Lesen Sie dann Ihre Einkaufsliste im Kurs vor. Die anderen Gruppen schreiben mit und notieren die Preise. Wer rechnet zuerst den Gesamtpreis aus?

> Wir kaufen ein Glas Marmelade, ein Vollkornbrot, einen Liter Milch und eine Packung Müsli.

> Das macht 9 Euro 99.

3 Kunde und Verkäufer

a Franziska kauft um 20.15 Uhr noch Fleisch für ihre Oma.
Was sagt Franziska (K)? Was sagt der Verkäufer (V)? Notieren Sie.

B 3

_V_ Guten Tag. **Was darf es sein?** _1_
___ Möchten Sie sonst noch etwas?
___ Vielen Dank. Auf Wiedersehen.
___ Wie viele Bratwürstchen möchten Sie?
___ Wie viel möchten Sie?
___ Ich nehme ein Kilo.
___ Am Stück, bitte. Das ist dann alles.
___ Gerne. Darf es sonst noch etwas sein?

___ Geschnitten oder am Stück?
_K_ Guten Tag. **Ich hätte gern** Rindfleisch.
___ Vielen Dank.
___ 3 Bratwürstchen, bitte.
___ Dann bekomme ich noch Bratwürstchen.
___ Und ich hätte gern noch 200 Gramm Geflügelfleischwurst.

Mengenangaben
Ich kaufe …
  Wasser
  Limonade …

unbestimmte Menge =
Nullartikel (ø)

b Sortieren Sie das Verkaufsgespräch in 3a. Schreiben Sie die Zahlen hinter die Sätze.

c Hören Sie das Gespräch an der Fleischtheke. Vergleichen Sie mit Ihren Lösungen aus 3a und b. 🔊 28

d Markieren Sie in 3a typische Redemittel in einem Verkaufsgespräch und ergänzen Sie: Wer sagt was?

der Verkäufer / die Verkäuferin	der Kunde / die Kundin
Was darf es sein?	Ich hätte gern …

Wie viel Hackfleisch möchten Sie?
Ich nehme 250 Gramm.
→ Frage nach Menge

Wie viele Würstchen nehmen Sie?
Ich bekomme 3 Würstchen.
→ Frage nach Zahl

4 An der Frischetheke

Arbeiten Sie zu zweit. Eine/r jobbt im Supermarkt als Verkäufer/Verkäuferin an der Frischetheke, eine/r ist Kunde/Kundin.
Der Kunde/die Kundin schreibt einen Einkaufszettel (z. B. für die Bäckerei oder die Käsetheke im Supermarkt).
Spielen Sie mit Ihrem Partner/Ihrer Partnerin ein Verkaufsgespräch.
Tauschen Sie anschließend die Rollen.

3 Studentenleben

C Endlich Wochenende!

Seebrücke Sellin   Pfarrkirche Altenkirchen   Kreidefelsen   Hafen Sassnitz

1 Sehenswürdigkeiten auf Rügen

a Sehen Sie die Landkarte ganz vorne im Buch. Kreuzen Sie an.

Rügen ist a. ⊔ eine Stadt. b. ⊔ eine Insel. c. ⊔ ein Berg. d. ⊔ ein Fluss.

b Sehen Sie die Postkarten. Welche Sehenswürdigkeiten finden Sie schön / interessant?

Ich finde die Seebrücke Sellin schön.

2 Ein Wochenendausflug nach Rügen

a Was machen Sie am Wochenende? Sprechen Sie im Kurs.

Ich treffe Freunde.

b Hören Sie den Teil 1 von einem Telefongespräch zwischen Franziska und Clara. Was ist richtig: **a**, **b** oder **c**? Kreuzen Sie an.

Das lange Wochenende dauert a. ⊔ drei Tage. b. ⊔ vier Tage. c. ⊔ fünf Tage.

c Hören Sie Teil 2 vom Telefongespräch. Über welche Sehenswürdigkeiten auf Rügen sprechen sie?

d Hören Sie das Gespräch in 2c noch einmal. Ordnen Sie zu.

1. **Mein Bruder** arbeitet als Lehrer auf Rügen.
2. Mein Bruder hat **eine neue Freundin**.
3. Interessant ist auch der **Hafen Sassnitz**.
4. In Middelhagen gibt es **ein Schulmuseum**.
5. Ich spreche mit **Patrick und Nina**.
6. **Ich** habe eine andere Idee:
7. Bist **du** noch da?

a. ⊔ 1 Leider sehe ich ihn nur selten.
b. ⊔ Ich kenne sie aber noch nicht.
c. ⊔ Ihr besucht mich morgen.
d. ⊔ Ich höre dich ganz schlecht.
e. ⊔ Ich finde ihn sehr schön.
f. ⊔ Ich kenne es nicht, aber mein Bruder findet es toll.
g. ⊔ Ich sehe sie morgen in der Uni.

e Markieren Sie die Personalpronomen zu den fett markierten Wörtern links.

3 Grammatik kompakt: Personalpronomen im Akkusativ

Schreiben Sie die Personalpronomen aus 2d in die Tabelle.

Singular: Nominativ	Singular: Akkusativ	Plural: Nominativ	Plural: Akkusativ
ich	mich	wir	uns
du		ihr	euch
er / es / sie	/ /	sie / Sie	/ Sie

> mündliche Zeit- und Ortsangaben verstehen > Texten Angaben zu Personen und Orten entnehmen
> Vorlieben und Abneigungen einfach ausdrücken

4 Wie ist das Wetter?

a Was sagt man? Ordnen Sie zu.

1. 2. 3. 4. 5. 6. 7. 8.

Die Sonne scheint. ☐   Es schneit. ☐   Es ist windig. ☐   Es ist warm. ☐
Es regnet. ☐   Es ist bewölkt. ☐   Es ist kalt. ☐   Es sind 22 Grad. [1]

b Wie ist das Wetter auf Rügen? Hören Sie den Wetterbericht. 🔊 31

a. ☐ Es ist windig und bewölkt.   b. ☐ Es ist windig und sonnig.   c. ☐ Es ist sonnig und warm.

5 Eine E-Mail aus Binz

a Franziska, Patrick und Clara sind ohne ihre Freundin Nina auf Rügen.   *Sehenswürdigkeiten, …*
Clara schreibt Nina eine E-Mail. Was schreibt sie wohl? Vermuten Sie.

Fragen Sie vor dem Lesen
Welche Informationen erwarte ich? Was sagt der Text **wohl**?

b Lesen Sie jetzt die E-Mail. Vergleichen Sie mit Ihren Vermutungen.

Liebe Nina,
hoffentlich bist du wieder gesund. Grippe am langen Wochenende – das ist wirklich Pech. Wir sind jetzt auf Rügen, im Haus von Franziskas Bruder Sebastian. Am Donnerstag waren wir am Hafen Sassnitz. Leider war das Wetter nicht so gut. Es waren nur 12 Grad, es war windig … und wir hatten keinen Pullover. Brrr!! Heute Vormittag waren wir am Strand von Binz. Zum Glück ist es heute warm – fast 20 Grad. Heute Nachmittag fahren wir nach Middelhagen und besichtigen das Schulmuseum. Morgen besuchen wir die Kreidefelsen von Rügen. Ich habe meinen Fotoapparat dabei und mache viele Fotos für dich. Hoffentlich scheint die Sonne. Am Samstagabend gibt es ein Open-Air-Jazz-konzert. Open-Air-Konzerte finde ich einfach super. Am Sonntagmorgen fahren wir mit Sebastian nach Hiddensee – das ist auch eine Insel. Dort gibt es viele Sehenswürdigkeiten. Am Sonntagabend fahren wir wieder nach Hause. Wir besuchen dich am Montagabend. Gute Besserung ☺!
Viele Grüße (auch von Franziska und Patrick)
Clara

sein: Präteritum
ich	war
du	warst
er/es/sie	war
wir	waren
ihr	wart
sie/Sie	waren

c Lesen Sie die E-Mail noch einmal. Was passt zusammen? Verbinden Sie.

1. Im Hafen Sassnitz   scheint am Samstag die Sonne.
2. Zum Glück   war es sehr kalt.
3. Hoffentlich   findet Clara toll.
4. Jazzkonzerte   ist das Wetter heute gut.

6 Rockkonzerte finde ich …

Welche Kulturveranstaltungen mögen Sie? Markieren oder ergänzen Sie und fragen Sie dann im Kurs.

Musikfestivals | Theater | Rockkonzerte | Klassikkonzerte | Ausstellungen | Musicals | Lesungen |
Opern | Straßenmusik | Live-Rollenspiele | …

Wie findest du Open-Air-Konzerte?
Open-Air-Konzerte finde ich super.

☺☺ super / toll
☺ gut
😐 nicht besonders
☹ nicht gut
☹☹ schrecklich

3 Alles auf einen Blick
Lektionswortschatz in Feldern

Essen und Trinken
Obst / Früchte
der Apfel, ¨
die Weintraube, -n
die Orange, -n
die Erdbeere, -n
die Banane, -n

Gemüse
die Bohne, -n
die Karotte, -n
der Champignon, -s
die Gurke, -n

Fleisch / Wurst
das Fleisch (nur Sg.)
    das Hackfleisch
    das Bio-Fleisch
das Steak, -s
die Wurst, ¨e
    Geflügelfleischwurst

Fisch
der Thunfisch
    (hier nur Sg.)

Eier und Milchprodukte
das Milchprodukt, -e
der / das Joghurt, -s
der Käse, -
der Gouda, -s
die Milch (nur Sg.)
die Butter (nur Sg.)
das Ei, -er

Brot und Getreide
das Brot, -e
    Vollkornbrot
    Schwarzbrot
das Brötchen, -
die Teigwaren (nur Pl.)
das Mehl (hier nur Sg.)
der Reis (nur Sg.)

Süßigkeiten / Süßwaren
der Zucker (nur Sg.)
die Marmelade, -n
der Keks, -e
die Praline, -n
die Schokolade, -n

Getränke
der Tee (hier nur Sg.)
der Orangensaft, ¨e

Gewürze
das Salz (hier nur Sg.)
der Pfeffer (nur Sg.)

Sonstige
die Konserve, -n
das Müsli, -s
die Tiefkühlkost
die Mayonnaise (nur Sg.)
das Öl, -e
die Kartoffelchips (nur Pl.)
der Senf (nur Sg.)

Verpackungen
die Flasche, -n
das Glas, ¨er
der Becher, -
die Packung, -en
das Päckchen, -
die Schachtel, -n
die Tafel, -n
der Beutel, -
die Tüte, -n
die Tube, -n
die Schale, -n
das Stück, -e
    am Stück ≠ geschnitten

Mengenangaben
das Kilo / Kilo (kg) (Sg.)
das Gramm (g) (Sg.)
das Pfund (= 500 g) (Sg.)
der Liter (l) (Sg.)

Einkaufen
der Supermarkt, ¨e
das Lebensmittel, -
das Produkt, -e
die Theke, -n
    Frischetheke
    Käsetheke
    Fleischtheke
die Bäckerei, -en
der Prospekt, -e
das Angebot, -e
der Einkaufszettel, -
die Einkaufsliste, -n
der Kunde, -n
die Kundin, -nen

Sehenswürdigkeiten
der Hafen, ¨
das Museum, Museen
der Strand, ¨e
die Insel, -n
der Fluss, ¨e
der Berg, -e
die Kirche, -n
das Denkmal, ¨er
der Ausflug, ¨e
die Landkarte, -n
besichtigen

Tageszeiten
am Morgen / morgens
am Vormittag / vormittags
am Mittag / mittags
am Nachmittag / nachmittags
in der Nacht / nachts

Wetter
die Sonne scheint
es schneit
es regnet
es ist bewölkt
es ist windig
es ist sonnig
es ist kalt
es ist warm

An der Universität
die Vorlesung, -en
die Klausur, -en
die Mensa, -en
die Sprechstunde, -n
die Übung, -en
das Tutorium, Tutorien
das Referat, -e
das Semester, -
der Termin, -e
    Gesprächstermin
der Kommilitone, -n
die Kommilitonin, -nen
das Stipendium, -dien
der Stundenplan, ¨e
jobben

Arbeit und Beruf
der Verkäufer, -
die Verkäuferin, -nen
der Kassierer, -
die Kassiererin, -nen
die Bürokraft, ¨e
der Programmierer, -
die Programmiererin, -nen
der Sänger, -
die Sängerin, -nen
das Zeitmanagement (Sg.)
der Kalender, -
    Terminkalender

Sonstiges
Verben
treffen
duschen
frühstücken
schlafen
besuchen
planen
halten
finden
dauern

Nomen
die Zeit, -en
die Freizeit, -en
das Gespräch, -e
der Stress (nur Sg.)
die Grippe (nur Sg.)
das Pech (nur Sg.)
das Glück (nur Sg.)
der Pullover, -
die Mahlzeit, -en
das Frühstück, -e
das Mittagessen, -
das Abendessen, -

Adjektive
lecker
süß
natürlich
ausverkauft
billig ≠ teuer
stressig
langweilig ≠ interessant
krank ≠ gesund
toll (ugs.)
spät ≠ früh

Adverbien
wirklich
hoffentlich
leider
zum Glück
immer
meistens
oft
manchmal
selten
nie
morgen

Fragewörter
Wie viel? Wie viele?
Wohin?

Präpositionen
nach (Binz / Rügen / …)
am (Montag)

Partikel
wohl

Redemittel / Ausdrücke
Das ist schade.
Gute Besserung.
Ich habe viel zu tun.
Tut mir leid.
Ich habe … dabei.

Redemittel / Grammatik

Mit Sprache handeln: Termine vereinbaren

Hast du / Haben Sie am Montag um Viertel nach zwei Zeit?
Ja, da habe ich Zeit. / Nein, da habe ich keine Zeit.

Wann? am + Tag / Tageszeit, z. B. am Donnerstag, am Vormittag. Aber: in der Nacht.
um + Uhrzeit, z. B. um Viertel nach zehn.
von … bis + Uhrzeit, z. B. von Viertel nach zehn bis Viertel vor zwölf.

Mit Sprache handeln: Einkaufsgespräche

Das sagt der Verkäufer / die Verkäuferin

Was darf es sein? / Was hätten Sie gern?
Wie viele … bekommen Sie? /
Wie viel … bekommen Sie?
Geschnitten oder am Stück?
Das macht / kostet …
Darf es sonst noch etwas sein?

Das sagt der Kunde / die Kundin

Ich nehme / bekomme / hätte gern …
Ich hätte gern 5 … /
Ich nehme 500 Gramm.
Geschnitten / Am Stück bitte.
Was kostet das?
Gern. Ich nehme / bekomme / hätte gern noch …
Nein, vielen Dank.

Grammatik

Verben: „haben" und „sein" im Präsens und Präteritum

	haben Präsens	haben Präteritum	sein Präsens	sein Präteritum
ich	hab**e**	hatte	bin	war
du	ha**st**	hattest	bist	warst
er / sie / es	ha**t**	hatte	ist	war
wir	hab**en**	hatten	sind	waren
ihr	hab**t**	hattet	seid	wart
sie / Sie	hab**en**	hatten	sind	waren

Wortstellung Subjekt

Das Subjekt steht auf Position 1 oder nach dem Verb.

Am Sonntag **ist** das Brunnenstüberl geöffnet.
Das Brunnenstüberl **ist** am Sonntag geöffnet.

Das Wetter **war** leider nicht so gut.
Leider **war** das Wetter nicht so gut.

Verwenden Sie in Ihren Texten beide Möglichkeiten und arbeiten Sie mit Variation.

Personalpronomen im Akkusativ

Singular: Nominativ	Singular: Akkusativ	Plural: Nominativ	Plural: Akkusativ
ich	mich	wir	uns
du	dich	ihr	euch
er / es / sie	ihn / es / sie	sie / Sie	sie / Sie

A1 – B1: 39

dreiunddreißig

4 Wirtschaft trifft Kultur

> Ich mag meine Arbeit. Ich kann kreativ sein und die Kollegen sind nett. Ich arbeite in Künzelsau, aber ich wohne in Hall. Die Stadt ist alt und sehr interessant. Man kann viel machen, z. B. ins Theater, ins Museum gehen oder wandern.

Beatriz arbeitet bei Würth in Künzelsau als Webentwicklerin und Content Manager.

> Ich arbeite sehr gern in Hall. Die Stadt ist sehr schön und man kann viele Sehenswürdigkeiten besichtigen. Die Menschen hier sind sehr freundlich; man kann schnell Freunde finden.

Leopold ist Schauspieler. Hier ist er bei den Freilichtspielen in Schwäbisch Hall auf der Bühne.

A Hier kann man gut leben und arbeiten

1 Menschen in Schwäbisch Hall

A1 **a** Betrachten Sie die Fotos und lesen Sie die Texte aus einem Stadtmagazin. Beantworten Sie die Fragen.

1. Was sind Beatriz und Leopold von Beruf?   Sie ist _____; er ist _____.
2. Was können Beatriz und Leopold in Hall machen?   Leopold kann …   Beatriz kann …

b Arbeit und Wochenende – Was können, was müssen sie tun? Lesen Sie die Sätze und ergänzen Sie „sie" für Beatriz und „er" für Leopold.

1. _Sie_ muss oft früh im Büro **sein**.
2. Am Wochenende kann _____ lange schlafen.
3. _____ muss am Schreibtisch sitzen.
4. _____ kann gut Texte lernen.
5. Am Sonntag muss _____ oft arbeiten.
6. _____ kann am Wochenende wegfahren.

🔊 32 **c** Hören Sie einen Ausschnitt von einem Interview mit Beatriz und Leopold. Vergleichen Sie mit Ihren Lösungen in 1b.

2 Grammatik kompakt: Modalverben „müssen" und „können" mit Satzklammer

A2 **a** Markieren Sie in den Sätzen in 1 die Modalverben und ergänzen Sie die Tabelle und die Regeln.

	müssen	können
ich	muss	kann
du	musst	kannst
er/sie/es		
wir	müssen	können
ihr	müsst	könnt
sie/Sie	müssen	

❗ 1. Singular: 1. und ____ Person haben keine Endung.
    Können und müssen: Vokalwechsel: ____ → u, ö → ____
2. Plural: Die ____ und die 3. Person sind gleich.

34 vierunddreißig   A1–B1: 40

> in mündlichen Texten Internationalismen, Namen und Zahlen verstehen > einfache Fragen beantworten
> über sich, andere und die direkte Umgebung sprechen

b Unterstreichen Sie in den Sätzen in 1b die Infinitive. Ergänzen Sie die Tabelle und die Regel.

Pos. 1	Pos. 2		Satzende
Wann	muss	Beatriz im Büro	sein?
Sie		früh im Büro	
Am Wochenende		sie	
	kann		

> Satzklammer: Das Modalverb steht in Aussagesätzen und in W-Fragen auf Position ____ , der Infinitiv steht am _____ .

3 Warum ist das so?

a Was denken Sie: Was passt zusammen? Ordnen Sie zu.

1. Beatriz' Muttersprache ist Spanisch,
2. Sie wohnt jetzt in Schwäbisch Hall,
3. Sie arbeitet viel mit dem Computer,
4. Sie geht gern ins Theater,

denn

a. ⊔ sie liebt Literatur.
b. ⊔ sie ist Webentwicklerin.
c. ⊔ sie mag die Stadt.
d. 1 sie kommt aus Madrid.

b Hören Sie Teil 2 vom Interview mit Beatriz und kontrollieren Sie Ihre Lösungen in 3a.

🔊 33

4 Grammatik kompakt: Konnektor „denn" – einen Grund ausdrücken

Schreiben Sie zwei Sätze aus 3a in die Tabelle und ergänzen Sie die Regel.

1. Hauptsatz			Konnektor	2. Haupsatz	
Pos. 1	Pos. 2		Pos. 0	Pos. 1	Pos. 2
Sie	wohnt	jetzt in Schwäbisch Hall,	denn	sie	mag die Stadt.

Der Konnektor „denn" verbindet zwei _____ . Vergleichen Sie auch mit den Konnektoren „und", „oder" und „aber".

> „denn" hat zwei Bedeutungen:
> 1. Modalpartikel: Was macht ihr denn hier?
> 2. Konnektor (Grund): Leopold ist Schauspieler, denn er liebt das Theater.

5 Was machen Sie und warum?

a Was müssen Sie machen? Und was können Sie machen? Markieren oder ergänzen Sie in **A**.
Warum müssen oder können Sie das machen? Markieren oder ergänzen Sie in **B**.

A
(nicht) lange schlafen | jobben |
ins Theater gehen | im Restaurant essen |
in der Mensa essen | viel lernen |
zur Sprechstunde gehen |
einen Ausflug machen | Freunde treffen |
mit Kommilitonen lernen |
pünktlich im Büro sein |
in die Bibliothek gehen | viel lesen | …

denn

B
studieren | bald eine Prüfung haben |
frei haben | ein Referat halten |
eine Besprechung haben | arbeiten |
eine Klausur schreiben | teuer sein |
eine Übung / ein Tutorium haben |
keine Zeit haben | Geld verdienen |
nach der Arbeit entspannen |
krank sein | …

b Berichten Sie im Kurs.

Ich muss viel lernen, denn ich habe bald eine Prüfung.

Ich kann morgen lange schlafen, denn ich habe frei.

A1–B1: 41   fünfunddreißig   35

4 Wirtschaft trifft Kultur

B Restaurant oder Picknick?

1 Ein Picknick im Park: erlaubt oder nicht?

B1 Lesen Sie die Kurznachrichten. Was ist richtig: **a** oder **b**?

In SMS schreibt man oft keine Personalpronomen: „Möchte" = „Ich möchte".

> Hallo Leo, wie geht's? War in Madrid. Glaube, du magst Schinken und spanische Wurst. Möchte dich einladen. Wo darf man in Hall ein Picknick machen? Geht heute Abend? Gruß Bea

> Hallo Bea, das ist ja toll. Ich glaube, im Stadtpark darf man ein Picknick machen. Aber man darf nicht grillen. Ich muss jetzt zur Probe gehen, ich darf nicht zu spät kommen. Heute Abend 18 Uhr o. k.? ☺ Gruß Leo

> Ja, super! 18 Uhr! ☺

a. ☐ Beatriz und Leopold dürfen im Stadtpark ein Picknick machen.
b. ☐ Grillen im Stadtpark ist erlaubt.
a. ☐ Leopold darf heute Abend zu spät zur Probe kommen.
b. ☐ Leopold darf nicht zu spät zur Probe kommen.

2 Grammatik kompakt: Modalverb „dürfen"

a Ergänzen Sie die Tabelle und die Regel.

	dürfen
ich	darf
du	darf____
er / sie / es	
wir	dürf____
ihr	dürft
sie / Sie	dürf____

Die Formen im Singular wechseln den _____:
ü → _____ .

b Die Satzklammer: Schreiben Sie zwei Sätze aus 1 in die Tabelle.

Pos.1	Pos. 2		Satzende
	darf		

3 Darf man hier … ?

Was darf man im Büro oder an der Uni? Was darf man im Stadtpark? Markieren und ergänzen Sie.

rauchen | im Internet surfen | laut Musik hören | kochen | Fotos machen | Bier trinken | 10 Minuten zu spät kommen | ein Picknick machen | seinen Hund mitbringen | …

Darf man an der Uni rauchen?   Nein, das darf man nicht!

36 sechsunddreißig   A1 – B1: 42

> in mündlichen Texten Internationalismen, Namen und Zahlen verstehen › einzelne Wörter, kurze Wortgruppen aufschreiben › über sich, andere und die direkte Umgebung sprechen

4

4 Was willst du am Wochenende machen?

a Hören Sie das Telefongespräch von Beatriz und Leopold. Was planen sie: **a**, **b** oder **c**? Kreuzen Sie an.

1. a. ☐ heute Nachmittag   b. ☐ Freitag   c. ☐ das Wochenende
2. a. ☐ eine Fahrradtour machen b. ☐ ins Theater gehen   c. ☐ ins Kino gehen
3. a. ☐ zusammen den Text lernen b. ☐ in ein Restaurant gehen   c. ☐ ein Picknick machen

b Hören Sie das Telefongespräch in 4a noch einmal. Was ist richtig (r), was ist falsch (f)? Kreuzen Sie an.

	r	f
1. Beatriz und Leopold wollen heute ins Kino gehen.	☐	X
2. Leopold muss heute Abend ins Restaurant gehen.	☐	☐
3. Am Freitag muss Beatriz arbeiten.	☐	☐
4. Beatriz und Leopold wollen am Freitagvormittag eine Radtour machen.	☐	☐
5. Leopold will ein Picknick machen.	☐	☐
6. Leopold möchte Streuselkuchen essen.	☐	☐

5 Grammatik kompakt: „wollen", „möcht-"

a Unterstreichen Sie in 4b die Modalverben. Ergänzen Sie die Formen in der Tabelle.

wollen		möcht-	
ich + er / sie / es _____	wir + sie / Sie _____	ich + er / sie / es _____	wir + sie / Sie _____
du willst	ihr wollt	du möchtest	ihr möchtet

„Ich will … haben!": sehr fordernd
„Ich möchte … haben!": höflicher

b Wo steht der Infinitiv? Ergänzen Sie die Regel.

Das Modalverb steht in Aussagesätzen und in W-Fragen auf Position _____.
Der Infinitiv steht am _____.

c Mit und ohne Infinitiv – Lesen Sie die Beispiele und ergänzen Sie Verben in den Beispielen.

1. ohne Infinitiv: Leopold möchte ein Bier. / Leopold will ein Bier.
2. mit Infinitiv: Leopold möchte ein Picknick machen. / Leopold will ein Picknick machen.

Das Modalverb kann man auch wie ein Vollverb benutzen: ohne Infinitiv. (Man sagt ihn nicht, man denkt ihn.)
Ich möchte ein Bier (haben / bestellen / _____).
Auch: Ich kann Englisch (verstehen / _____).

6 Bald ist Wochenende

Sammeln Sie: Was möchten Sie am Wochenende machen? Sprechen Sie dann im Kurs.

lange schlafen | meine Eltern besuchen | Freunde treffen | lesen | Deutsch lernen |
nach … fahren | ins Kino gehen | in ein Restaurant gehen | …

Meine Freundin und ich möchten in ein Restaurant gehen. Und du?

Am Wochenende möchte ich lange schlafen. Und du?

A1–B1: 43   siebenunddreißig 37

4 Wirtschaft trifft Kultur

C Im Beruf

1 Der richtige Beruf für mich

a Hören Sie das Interview mit Leopold. Welcher Beruf ist für ihn richtig? Kreuzen Sie an.

1. ☐ Koch
2. ☐ Schauspieler
3. ☐ Gitarrist

b Was passt zusammen? Ordnen Sie zu.

1. Leopold war zuerst Koch,
2. Leopold mag die Arbeit als Koch nicht,
3. Dann war er Gitarrist,
4. Als Schauspieler ist man einmal König
5. Leopold spielt einen Koch,

a. ☐ aber nur in einem TV-Spot.
b. _1_ denn seine Eltern haben ein Restaurant.
c. ☐ aber die Band war nicht gut.
d. ☐ denn er findet sie langweilig.
e. ☐ und dann ist man Bauer.

c Hören Sie das Interview in 1a noch einmal und vergleichen Sie.

2 Berufe

Welche Berufe finden Sie interessant? Markieren und ergänzen Sie in **A**.
Warum finden Sie diese Berufe interessant? Markieren und ergänzen Sie in **B**. Sprechen Sie dann im Kurs.

A
Schauspieler / Schauspielerin |
Koch / Köchin | Sänger / Sängerin |
Arzt / Ärztin |
Informatiker / Informatikerin |
Lehrer / Lehrerin | …

denn

B
Menschen helfen | kreativ sein |
mit Menschen arbeiten |
viel Geld verdienen |
ein Star werden |
Formeln interessant finden | …

> Welchen Beruf findest du interessant?

> Ich finde die Arbeit als Lehrerin interessant, denn man kann kreativ sein.

3 Wann muss ich …?

Lesen Sie die Mail an Beatriz' Chefin und beantworten Sie die Fragen oben rechts.

Formelle Mails:
Anrede:
Sehr geehrter Herr …,
Sehr geehrte Frau …,

Gruß:
Mit freundlichen
Grüßen
…

Sehr geehrte Frau Danner,
im Juli muss der Webshop online gehen. Im März habe ich Zeit und kann eine Ideenliste machen. Kann ich mit Frau Kuhler zusammenarbeiten?
Ich habe noch zwei Fragen zum Thema Jahresplanung: Kann ich im Herbst Kollegen in Spanien treffen? In Barcelona ist ein Treffen für Webentwickler (vom 3.9. bis zum 5.9.) und ich möchte gern teilnehmen.
Vom 20. August bis 3. September möchte ich Urlaub machen, denn meine Schwester aus Madrid kommt im August nach Deutschland und wir wollen zusammen nach Berlin fahren.
Mit freundlichen Grüßen
Beatriz G.

---

38 achtunddreißig   A1–B1: 44

1. Wann muss der Webshop online gehen?   Im Juli
2. Wann ist das Treffen in Barcelona?   _____
3. Wann kommt Beatriz' Schwester nach Deutschland?   _____
4. Wann möchte sie Urlaub machen?   _____

4 Grammatik kompakt: Zeitangaben und Präpositionen

Unterstreichen Sie die Zeitangaben in Beatriz' Mail. Welche Präposition passt zu den Zeitangaben Uhrzeit, Tageszeit, Wochentag, Monat, Jahreszeit? Ergänzen Sie den Beispielsatz, die Regeln und die Tabelle.   C 3

Das Jahr:

Monat	Jahreszeit	Monat	Jahreszeit
Dezember		Juni	
Januar	Winter	_____	Sommer
Februar		_____	
März		September	
April	Frühling	Oktober	_____
_____		November	

Wann ist das Meeting?
Das Meeting ist _____ Montag, 17. April, _____ Vormittag _____ 10 Uhr.

Frage „Wann …?":
– Jahreszeit + _____:
im Winter, im April.
– Wochentag + _____:
am Mittwoch, am Nachmittag.
– Uhrzeit:
um 12 Uhr, um 22 Uhr 20.
Monatsnamen, Tageszeiten und Jahreszeiten sind maskulin: der April, …
Ausnahme: die Nacht

5 Am Wievielten?

a Hören Sie die Sprachnachrichten und ergänzen Sie die Zeitangaben.   36

1. Hallo Leopold, am Donnerstag, also am _____, ist der Kinostart von „Victoria".
2. Hi, am Samstag kann ich nicht, das ist der _____ – da ist Premiere!
   Aber wir können den Film am _____ ansehen.
3. Sorry, vom _____ bis _____ geht bei mir nicht! Aber am Freitag, also _____!?
4. Ja, da geht es! Aber wir sehen uns schon am Samstag bei der Premiere um _____!

b Lesen Sie die Regel und ergänzen Sie den Beispielsatz.

Ordinalzahlen:
1., 2., …19. → **-te**:
der **erste**, der zweite, der **dritte**, der vierte, der fünfte, der sechste, der **siebte**, … der neunzehnte
20., … → **-ste**:
der zwanzigste, der fünfundzwanzigste, …

Datum:
am 1., 2., 3., … → **-ten**: am ersten, am zweiten, …; am 2.8. → am zweiten Achten / am zweiten August.
10. – 21.06. → vom – bis (zum): Wir machen Urlaub vom _____ bis _____ Juni.

6 Wann hast du Geburtstag?

Am 15. Februar.

Wann haben Sie Geburtstag? Und wann Ihre Lernpartner?
Fragen Sie Ihren Lernpartner / Ihre Lernpartnerin.
Stellen Sie sich dann chronologisch in eine Reihe,
beginnen Sie bei Januar.

4 Alles auf einen Blick — Lektionswortschatz in Feldern

Arbeit und Beruf
der Webentwickler, -
die Webentwicklerin, -nen
der Schauspieler, -
die Schauspielerin, -nen
der Jurist, -en
die Juristin, -nen
der Betriebswirt, -e
die Betriebswirtin, -nen
der Informatiker, -
die Informatikerin, -nen
der Architekt, -en
die Architektin, -nen
der Arzt, ⸚e
   der Zahnarzt
die Ärztin, -nen
   die Zahnärztin
der Mediziner, -
die Medizinerin, -nen
der Chemiker, -
die Chemikerin, -nen
der Maschinenbauer, -
die Maschinenbauerin, -nen
der Werbefachmann, -leute
die Werbefachfrau, -en
der Koch, ⸚e
die Köchin, -nen
der Wirt, -e
die Wirtin, -nen
der Automechaniker, -
die Automechanikerin, -nen
der Bauer, -n
die Bäuerin, -nen
der Weltmarktführer, -
der Großkonzern, -e
der Mittelstand (hier nur Sg.)
das Unternehmen, -
   Mutterunternehmen
die Filiale, -en
das Logo, -s
das Büro, -s
der Schreibtisch, -e
der Job, -s
das Team, -s
der Kollege, -n
die Kollegin, -nen
das Netzwerk, -e
das Meeting, -s
die Besprechung, -en
das Treffen, -
telefonieren

Jahreszeiten
der Frühling, -e
der Sommer, -
der Herbst, -e
der Winter, -

Monate
der Januar, -e (Pl. selten)
der Februar, -e (Pl. selten)
der März, -e (Pl. selten)
der April, -e (Pl. selten)
der Mai, -e (Pl. selten)
der Juni, -s (Pl. selten)
der Juli, -s (Pl. selten)
der August, -e (Pl. selten)
der September, - (Pl. selten)
der Oktober, - (Pl. selten)
der November, - (Pl. selten)
der Dezember, - (Pl. selten)

Freizeit
die Fahrradtour, -en
das Picknick, -s
das Kino, -s
der Ausflug, ⸚e
wandern

Theater und Literatur
die Literatur, -en
die Bühne, -n
die Probe, -n
die Premiere, -n
die Sprechübung, -en
der TV-Spot, -s
die Band, -s
inszenieren

Sonstiges
Nomen
der Bus, -se
der Müll (nur Sg.)
die Kleidung (nur Sg.)
das Geld (hier nur Sg.)
die Party, -s
die Musik (hier nur Sg.)
das Treffen, -
die Website, -s
der Kalender, -
die Liste, -n
die Formel, -n
der Plan, ⸚e
die Absicht, -en
der Wunsch, ⸚e
der Streuselkuchen, -
der König, -e
der Patient, -en
die Patientin, -nen

Verben
mitnehmen
entspannen
liegenlassen
verdienen
rauchen
enden
malen
halten
reparieren
wegfahren
unterrichten
verkaufen
behandeln
spielen
   (Schauspieler: er spielt einen Koch
   ≠ er spielt Tennis)
müssen
können
dürfen
wollen

Adjektive
pünktlich
zeitlich
weltweit
korrekt
kreativ
innovativ
ganz
laut
erlaubt
freundlich

Adverbien
heute
morgen

Redemittel / Ausdrücke
Worüber sprechen wir?
Wir sprechen über …
zu spät zum Termin kommen
Ich kann lange schlafen.
Ich muss früh aufstehen.

Redemittel / Grammatik

Mit Sprache handeln: Termine und Zeiträume festlegen

○ Können wir am Samstag ins Kino gehen? Hast du Zeit?
● Nein, am Samstag geht nicht. Kannst du am Sonntag? / Ja, das passt. Um wie viel Uhr?

Wann ist das Meeting? (Das Meeting ist) **am** Montag, **am** 17. April, **am** Vormittag **um** 10 Uhr.
Wann muss der Webshop online gehen? (Der Webshop muss) **im** Juli / **im** Sommer (online gehen).

Grammatik

Modalverben

Modalverben im Präsens

	müssen	können	dürfen	wollen	mögen	
ich	muss	kann	darf	will	mag	möchte
du	musst	kannst	darfst	willst	magst	möchtest
er/sie/es	muss	kann	darf	will	mag	möchte
wir	müssen	können	dürfen	wollen	mögen	möchten
ihr	müsst	könnt	dürft	wollt	mögt	möchtet
sie/Sie	müssen	können	dürfen	wollen	mögen	möchten

Die Form „möchte-" ist der Konjunktiv II von „mögen". Man verwendet sie aber wie ein normales Modalverb im Präsens in der Bedeutung „etwas höflich wünschen".

Wortstellung in Aussagesätzen und W-Fragen

Position 1	Position 2		Satzende
Beatriz	muss	in der Woche früh	aufstehen.
Am Wochenende	kann	sie lange	schlafen.
Man	darf	im Bus nicht laut Musik	hören.
Beatriz und Leopold	wollen	heute ins Kino	gehen.
Wann	möchtet	ihr nach Hause	fahren?

Wortstellung in Ja / Nein-Fragen

Position 1	Position 2		Satzende
Darf	man	im Bus laut Musik	hören?

Konnektor „denn" (Grund)

1. Hauptsatz			Konnektor	2. Hauptsatz			
Pos. 1	Pos. 2		Pos. 0	Pos. 1	Pos. 2		Satzende
Beatriz	geht	gern ins Theater,	denn	sie	liebt	Literatur	.
Beatriz und Leopold	kaufen	Brot und Wurst,	denn	sie	wollen	ein Picknick	machen.

Vor „denn" steht ein Komma!

5 Spiel und Spaß

1. **Mountainbike-Fan!** Du fährst nicht gern allein? Wir machen tolle Touren am Wochenende. Interesse? E-Mail: Biker_Olli@tline.de

2. **Lesetreff** Liest du gern? Wir lesen zusammen und sprechen über Bücher. Jeden Donnerstagabend. Tel.: 0251/936787

3. Gehst du gern ins **Kino**? **Tanzt** du gern? Triffst du gern **Freunde**? Wir haben immer viel Spaß. Und du??? E-Mail: kino-tanz-spass@xpu.de

4. **Hallo Theaterfreund!** Wir (m. + w., 25 u. 23 Jahre) gehen regelmäßig ins Theater. Möchtest du mitkommen? Du bist herzlich willkommen. Kontakt: 0151-1565665

5. **Jogging am Morgen!** Wir (keine Langschläfer!) laufen immer am Sonntagmorgen von 8.00 – 9.00 Uhr. Und du? Läufst du gern oder schläfst du lieber? Tel.: 0170-4567839

6. **Fußballmannschaft** sucht noch Spieler. Keine Profis! ☺ Wir trainieren jeden Mittwochabend und Samstagvormittag. Kontakt: Funkicker@wew.de

A Das macht Spaß!

1 Blick auf das Schwarze Brett

a Lesen Sie die Anzeigen oben. Was passt: **a**, **b**, **c** oder **d**? Es gibt 2 Möglichkeiten. Kreuzen Sie an.

a. ☐ Sport   b. ☐ Reisen   c. ☐ Freizeit   d. ☐ Ferien

b Hören Sie das Gespräch von Tobias und Florian. Über welche Anzeigen sprechen sie? Kreuzen Sie an.

☐ Anzeige 1   ☐ Anzeige 2   ☐ Anzeige 3   ☒ Anzeige 4   ☒ Anzeige 5   ☒ Anzeige 6

c Hören Sie das Gespräch in 1b noch einmal. Was ist richtig: **a** oder **b**? Kreuzen Sie an.

1. Florian möchte   a. ☒ wieder Fußball spielen.   b. ☐ nicht wieder Fußball spielen.
2. Tobias liest gern Bücher. a. ☒ Florian weiß das.   b. ☐ Florian weiß das nicht.
3. Tobias   a. ☐ geht mit Florian ins Theater. b. ☒ geht allein ins Theater.
4. Florian läuft   a. ☐ am Samstagabend.   b. ☒ am Sonntagmorgen.
5. Tobias und Annika lernen a. ☒ am Sonntagvormittag.   b. ☐ am Sonntagnachmittag.

2 Grammatik kompakt: Verben mit Vokalwechsel

a Unterstreichen Sie die Verben mit Vokalwechsel in den Anzeigen und in 1c und ergänzen Sie die Tabelle.

	lesen	sprechen / treffen	fahren / schlafen	laufen	wissen
ich	lese		fahre / schlafe	laufe	weiß
du			/		weißt
er/sie/es			fährt / schläft		
wir	lesen		fahren / schlafen		wissen
ihr	lest		fahrt / schlaft	lauft	wisst
sie / Sie	lesen		fahren / schlafen	laufen	wissen

b Was fällt auf? Ergänzen Sie die Regel.

! Bei vielen Verben: Vokalwechsel (e → ie, e → i, a → ä, au → äu) vom Stammvokal: Bei der 2. und ___ Person Singular, z. B. lesen → du liest, er/sie/es liest. Bei „wissen" auch bei der 1. Person Singular: ich weiß.

42 zweiundvierzig   A1 – B1: 48

› in Freizeitanzeigen Namen, Zahlen, Wörter, einfache Strukturen verstehen
› Vorlieben und Abneigungen einfach ausdrücken › schriftlich persönliche Angaben machen und erfragen

5

3 Freizeit – Zeit für mich

a Ordnen Sie die Hobbys den Bildern zu.

Tennis spielen | Rad fahren | Fernsehen schauen | reiten | Gitarre spielen | im Internet surfen | tauchen | rudern | Musik hören | Fallschirm springen | Schach spielen | wandern

1. _Musik hören_    2. _Tennis spielen_    3. _Fernsehen schauen_    4. _Gitarre spielen_
5. _Fallschirm springen_    6. _Schach spielen_    7. _rudern_    8. _reiten_ 
9. _wandern_    10. _tauchen_    11. _im Internet surfen_    12. _Rad fahren_ 

b Welche anderen Freizeitaktivitäten kennen Sie? Sammeln Sie.

c Machen Sie zwei Listen: Was machen Sie gern, was machen Sie nicht gern?
Suchen Sie einen Partner / eine Partnerin und finden Sie heraus, was er / sie gern oder nicht gern macht.
Fragen Sie wie in den Beispielen:

○ Spielst du gern Fußball? ○ Liest du gern? ○ Tanzt du gern?
● Ja, sehr gern. ● Nein, nicht so gern. ● Nein, ich lese lieber.

d Stellen Sie nun Ihren Partner / Ihre Partnerin im Kurs vor.

> Nadia spielt gern Fußball und tanzt gern.
> Sie liest nicht gern und wandert nicht gern.

4 Anzeigen für Freizeitpartner

a Sie suchen Freizeitpartner. Schreiben Sie zu zweit eine Anzeige für das Schwarze Brett und befestigen Sie die Anzeige an einem Schwarzen Brett im Kursraum.

b Suchen Sie eine passende Anzeige und schreiben Sie eine Antwort.
Heften Sie Ihre Antwort unter die Anzeige. Welche Anzeige bekommt die meisten Antworten?

5 Spiel und Spaß

B Hochschulsport

1 Machst du mit?

a Was für ein Text ist das?
Kreuzen Sie an.

a. ☒ ein Flyer / Prospekt
b. ☐ ein Zeitungsartikel
c. ☐ ein Blog im Internet

b Beantworten Sie die Fragen.

1. Wer kann beim Hochschulsport mitmachen?
2. Welche Mannschaftssportarten gibt es? *Rugby, Handball*
3. Wann kann man keinen Sport machen? *Sonntag*
4. Gibt es Rabatt? *25%*

2 Tobias macht beim Lauftraining mit

B 2a–b Bringen Sie die Kurznachrichten von Tobias und Annika in die richtige Reihenfolge.

> Lieber Tobias, um 8? Nicht mit mir. *besides →* Außerdem habe ich um 10 einen Termin bei Professor Mertens. Rufe dich später mal an.
> A.

> Schade. ☹ Dann bis später.
> Tobias

> Lieber Tobias,
> du Sportmuffel willst laufen? Wann fängt das Training denn an? Hoffentlich nicht so früh, ich stehe nicht gern früh auf.
> LG Annika

> Liebe Annika,
> schon um 8 Uhr. ☺
> Tim kommt übrigens auch mit und kann uns im Auto mitnehmen. Dann kannst du 10 Minuten länger schlafen … ☺
> Gruß Tobias

> Hallo Annika,
> beim Hochschulsport gibt es ein gutes Sportangebot. Ich möchte *Absolutely →* unbedingt beim Lauftraining mitmachen. Ich probiere es aber zuerst mal aus. Man kann ein Probetraining machen. Das Training findet jeden Mittwoch statt.
> Viele Grüße
> Tobias *1*

---

hochschulsport münster

*Letzte Chance für alle Studierenden und Mitarbeiter der Hochschulen in Münster!! Ihr wollt gerne im restlichen Semester noch ein bisschen Sport treiben? Ab **sofort 25 % Rabatt** für alle Kurse. **Nur noch wenige freie Plätze!** Vielleicht wollt ihr ja auch mal etwas ganz Neues ausprobieren!! Macht ihr bei uns mit? Mannschaftssport oder Individualsport – wir haben für alle das richtige Angebot.*

Wo? *Sporthallen der Uni Münster,
Öffnungszeiten Mo.–Sa. 8.00–22.00.
Kontakt: hochschulsport@uni-muenster.de
Tel.: +49 251 / 731 24 56*

Es gibt noch freie Plätze für …

Handball
Di., Do. 16.00–18.00
Fr. 15.00–21.00

Badminton
Mo., Mi. 17.00–19.00
Sa. 9.00–12.00

Rugby
Di., Do. 16.00–18.00
Fr. 15.00–17.00

Laufen
Di., Do. 18.00–19.00
Mi., Sa. 8.00–9.00

Schwimmen
Mo. 18.00–20.00
Fr. 19.00–22.00

**Studi-Fit –
ein vielseitiger
Fitness-Mix**
Mo., Mi., Fr. 20.00–21.00
Di., Do. 9.00–10.00

Turnen
Mo., Mi., Fr. 18.00–19.00
Di.–Do. 9.00–11.00

**Pilates +
Wirbelsäulengymnastik
Kombinationstraining**
Di., Do. 18.30–20.00

---

44 vierundvierzig

> in einem Flyer und in Kurznachrichten Namen, Zahlen, Wörter, einfache Strukturen verstehen
> einfache persönliche Fragen stellen und beantworten

3 Grammatik kompakt: Verben mit trennbaren Vorsilben

a Markieren Sie in den Nachrichten aus 2 die trennbaren Verben und schreiben Sie die Sätze in die Tabellen. Ergänzen Sie die Regel.

↗ B 2c

	Position 1	Position 2		Satzende
anfangen	Wann	fängt	das Training	an?
aufstehen				
anrufen				
ausprobieren				
stattfinden				
mitkommen				

Verben mit trennbaren Vorsilben und Modalverben

	Position 1	Position 2		Satzende
mitmachen	Ich	möchte	unbedingt beim Lauftraining	mitmachen.
mitnehmen				

Die trennbare Vorsilbe steht am _____.
Mit Modalverben: Das Modalverb steht auf _____ und der Infinitiv steht am _____.

b Fragen Sie Ihren Partner / Ihre Partnerin.

Wann stehst du am Wochenende auf?

Wann findet dein Deutschkurs / Lauftraining / Fußballtraining … statt?

Wann fängt … an?

4 Sportmuffel oder Sportfreak?

a Was sind die Vor- und Nachteile von Sport? Markieren Sie Vorteile grün, Nachteile rot.

↗ B 3

sehr teuer sein | Muskelkater bekommen | fit bleiben | Freunde finden | gefährlich sein | anstrengend sein | gut für die Gesundheit sein | Kontakte knüpfen | in der Natur sein | mit anderen in einer Mannschaft spielen | stürzen

b Fragen Sie Ihren Partner / Ihre Partnerin.

Möchtest du gerne einmal Fallschirm springen?

Fallschirm springen ist nichts für mich, denn es ist gefährlich.

Und möchtest du mal rudern?

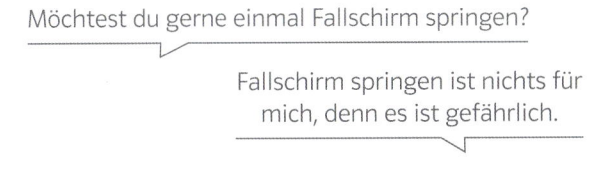

Auf keinen Fall, denn ich kann nicht schwimmen.

Möchtest du gerne einmal Rugby spielen?

Rugby finde ich gut, denn ich spiele gern in einer Mannschaft / denn ich mag Mannschaftssport.

5 Spiel und Spaß

C Gut gelaufen

1 Der Leonardo-Campus-Run

a Lesen Sie die Überschrift und schauen Sie das Foto an. Welche Informationen gibt uns wohl der Text?

Bei „haben" und „sein" Präteritum statt Perfekt.

Beate Langer gewinnt Campus-Run

Das dritte Mal war Beate Langer von der RWTH Aachen die Siegerin beim Leonardo-Campus-Run in Münster. „Ich bin sehr glücklich. Nach 2012 und 2014 bin ich wieder Siegerin. Meine Zeit war nicht super. Denn für die 10-km-Distanz habe ich dieses Jahr nicht sehr intensiv trainiert. Aber ich habe die Strecke in 39:02 Minuten geschafft. Das Wetter war optimal, das Publikum war einfach toll, und der Applaus hat mich total motiviert. Ich hatte immer ein gutes Gefühl und alles hat super geklappt." Die Triathletin ist schon beim „Ironman" auf Hawaii gestartet. Sehr zufrieden war Judith Noll mit Platz 2 (39:44).
Bei den Männern hat Axel Meyer (22) gesiegt. Sein Streckenrekord: 33:01 Minuten. Viele Fans haben ihn am Ziel begeistert gefeiert.

b W-Fragen beantworten. Lesen Sie den Text in 1a und beantworten Sie die Fragen.

1. Wo war der Leonardo-Campus-Run? _In Münster._
2. Woher kommt die Siegerin? _Aachen_
3. In welcher Zeit hat die Siegerin die Strecke geschafft? _39:02 minuten_
4. Wer war die Zweite auf der Distanz von 10 km? _Judith Noll_

39:02 = 39 Min., 2 Sek.

2 Grammatik kompakt: Perfekt – regelmäßige Verben

a Markieren Sie im Zeitungsartikel in 1a die Perfektformen. Schreiben Sie die Infinitive und die Perfektformen in die Tabelle. Was fällt auf? Ergänzen Sie die Regeln.

Endet der Verbstamm auf „-t", „-d", „-m" oder „-n", ist die Endung des Partizips „-et".
Wechsel von Ort oder Zustand: Perfekt mit „sein".
Alle anderen Verben: Perfekt mit „haben".

ge-[...]-(e)t	[...]-t
schaffen: habe **ge**schaff**t**	trainieren: habe trainier**t**
klappen: alles hat geklappt	motiviert: des Applaus hat motiviert
starten: Die triathletin ist gestartet	
siegen: Axel Meyer hat gesiegt	
feiern: Fans haben gefeiert	

1. Perfekt: „_haben_" oder „sein" + Partizip Perfekt vom Verb.
2. Regelmäßige Verben: Partizip Perfekt: Vorsilbe _ge_- + Verbstamm + Endung -_t/-et_
   z. B. schaffen: geschafft / starten: _gestartet_
3. Verben auf „-ieren": Partizip Perfekt ohne Vorsilbe; Verbstamm + -t, z. B. trainieren: trainiert

b Ergänzen Sie die Tabelle. Wo stehen die Perfektformen? Was fällt auf?

	Position 2		Satzende
Ich	habe	die 10 Kilometer in 39:02 Minuten	geschafft
Für die 10 km	habe	ich dieses Jahr nicht intensiv	trainiert.
Beate Langer	ist	schon beim „Ironman"	gestartet

„haben" und „sein" stehen auf _position 2_, das Partizip Perfekt steht am _Satzende_.

46 sechsundvierzig

› Texten Angaben zu Personen und Orten entnehmen › in einfachen Postkarten, E-Mails, Briefen Anlass oder Hauptinformation verstehen › einzelne Wörter, kurze Wortgruppen aufschreiben › einfache Fragen beantworten

5

3 Start beim Campus-Run

a Lesen Sie den Aushang. Was ist richtig: **a**, **b** oder **c**? Kreuzen Sie an.

> **Hallo Lauffreunde!**
> Am 24. Juni organisiert die Uni Münster wieder den Leonardo-Campus-Run. Die Laufgruppe vom Hochschulsport startet. Machst du auch mit? Wir sind auch 2015 gestartet. Es war super und wir hatten viel Spaß! Alles hat prima geklappt. Die Organisatoren haben den Lauf sehr gut organisiert.
> Startgeld: Erwachsene und Jugendliche ab 16 Jahren: 7,00 €;
> Studierende: 4,00 €; Schüler/innen: 3,00 €.
> Ihr könnt das Startgeld beim Start oder bei der Laufgruppe bezahlen.
> Anmeldung unter: 02 51 / 135 67 oder lauftreff@uni-muenster.de

a. ☐ Die Laufgruppe vom Hochschulsport hat den Campus-Run 2015 organisiert.
b. ☐ Die Laufgruppe will beim Campus-Run am 24. Juni starten.
c. ☐ Die Laufgruppe ist 2015 nicht beim Campus-Run gestartet.

b Sie möchten beim Campus-Run starten. Schreiben Sie eine Anmeldung.

mein Name ist … | Ich möchte … |
~~Hallo,~~ | … beim Leonardo-Campus-Run starten. |
… Das Startgeld bezahle ich … | … beim Start. |
Mit freundlichen Grüßen

> Hallo, …

4 Blöd gelaufen

Hören Sie das Telefongespräch von Tobias und Florian. Was ist richtig: **a**, **b** oder **c**? Kreuzen Sie an.

1. Warum telefoniert Florian mit Tobias?
   a. ☐ Florian will ins Kino gehen.
   b. ☐ Florian will zum Campus-Run gehen.
   c. ☐ Florian will ins Theater gehen.

2. Was ist passiert?
   a. ☐ Tobias ist beim Lesen vom Sofa gestürzt.
   b. ☐ Tobias ist beim Campus-Run gestürzt.
   c. ☐ Tobias ist im Theater gestürzt.

3. Was hat Tobias gemacht?
   a. ☐ Tobias hat nicht trainiert.
   b. ☐ Tobias hat einen Tag trainiert.
   c. ☐ Tobias hat viel trainiert.

5 Schon mal gemacht?

a Was haben Sie schon gemacht? Markieren und ergänzen Sie.

bei einem Campus-Run starten | Tennis spielen | Klavier spielen | für einen Lauf trainieren |
Musik machen | ein Instrument spielen | einen Blog organisieren | …

b Fragen Sie Ihren Partner / Ihre Partnerin.

Bist du schon mal bei einem Campus-Run gestartet?
   Nein, noch nie.

Hast du schon mal Klavier gespielt?
   Ja, in der Schule.

A1 – B1: 53   siebenundvierzig   47

5 Alles auf einen Blick — Lektionswortschatz in Feldern

Sport
der Sport (nur Sg.)
    Sport treiben
    Mannschaftssport
    Individualsport
die Mannschaft, -en
fit sein
die Fitness (nur Sg.)
der Fitness-Mix
das Fitness-Studio, -s
die Mannschaft, -en
    Fußballmannschaft
das Spiel, -e
der Spieler, -
die Spielerin, -nen
spielen
    mitspielen
der Profi, -s
der Fan, -s
das Training, -s
    Kombinationstraining
    Probetraining
    Fitnesstraining
trainieren
der Muskelkater (nur Sg.)
der Triathlon, -s
der Triathlet, -en
die Triathletin, -nen
der Start, -s
starten
das Startgeld, -er
das Ziel, -e
der Sieg, -e
der Sieger, -
die Siegerin, -nen
der (Strecken-)Rekord, -e
Platz 1, 2, 3

Sportarten
joggen
laufen
Rad fahren
Mountainbike fahren
Wirbelsäulengymnastik machen
Pilates machen
rudern
reiten
schwimmen
tauchen
Badminton / Fußball / Handball / Tennis / Tischtennis / … spielen
Fallschirm springen
Rugby spielen
turnen
wandern

Freizeit
das Hobby, -s
ins Theater / ins Kino / in die Oper gehen
Fernsehen schauen
fernsehen
Musik hören
im Internet surfen
Gitarre / Klavier spielen
Schach spielen
tanzen
die Tour, -en
eine (Rad-)Tour machen

Universität und Studium
der Hochschulsport (nur Sg.)
das Schwarze Brett (hier Sg.)

Arbeit und Beruf
der Mitarbeiter, -
die Mitarbeiterin, -nen

Sonstiges
Nomen
die Zeitung, -en
die Anzeige, -n
der Zeitungsartikel, -
der Flyer, -
das Buch, ¨-er
die Überschrift, -en
das Publikum (nur Sg.)
das Angebot, -e
    das Sportangebot
der Applaus (nur Sg.)
die Anmeldung, -en
der Rabatt, -e
die Sporthalle, -n
das Gefühl, -e
das Interesse, -n
der Kilometer, -
der Kontakt, -e
der Organisator, -en
die Distanz, -en
die Strecke, -n
der Platz, ¨-e
die Sache, -n
das Sofa, -s
der Vorteil, -e
der Nachteil, -e
der Langschläfer, -
die Langschläferin, -nen

Verben
anfangen
aufstehen
anrufen
ausprobieren
erlauben
fahren
feiern
klappen (gut / schlecht)
mitkommen
mitmachen
mitnehmen
motivieren
organisieren
passieren
schaffen
schauen
schlafen
sehen
stattfinden
stürzen
suchen
treffen
wissen
wünschen

Adjektive
anstrengend
begeistert
glücklich
zufrieden
    ≠ unzufrieden
intensiv
optimal
wunderbar
blöd
fit

Adverbien
allein
einmal
gern – lieber
ganz (gut)
jetzt
wieder

Präpositionen
nach 2008 / 2010 / …
per (Mail / Sms)
ab (Oktober / Montag)
beim (Sport / Training)

Redewendungen
Auf keinen Fall.
Ich lese / tanze / … lieber.
Ich kann 10 Minuten länger schlafen.

Redemittel / Grammatik

Mit Sprache handeln: Vorlieben und Abneigungen

Spielst du gern Fußball? — Ja, sehr gern.
Liest du gern? — Nein, überhaupt nicht gern.
Tanzt du gern? — Nein, nicht so gern.
Fährst du gern Fahrrad? — Nein, ich laufe lieber.

Grammatik

Präsens: Verben mit Vokalwechsel

	lesen	sprechen / treffen	fahren / schlafen	laufen	wissen
ich	lese	spreche / treffe	fahre / schlafe	laufe	weiß
du	liest	sprichst / triffst	fährst / schläfst	läufst	weißt
er / sie / es	liest	spricht / trifft	fährt / schläft	läuft	weiß
wir	lesen	sprechen / treffen	fahren / schlafen	laufen	wissen
ihr	lest	sprecht / trefft	fahrt / schlaft	lauft	wisst
sie / Sie	lesen	sprechen / treffen	fahren / schlafen	laufen	wissen

Präsens: Verben mit trennbaren Vorsilben

	Pos. 1	Pos. 2		Satzende
anrufen	Ich	rufe	dich	an.
aufstehen	Wann	stehst	du	auf?
anfangen	Nächste Woche	fängt	Tobias das Training	an.
ausprobieren	Wir	probieren	das Lauftraining	aus.
mitkommen	Ihr	kommt	zum Leonardo-Campus-Run	mit.
mitmachen	Annika und Tobias	machen	beim Lauftraining	mit.

Präsens: Verben mit trennbaren Vorsilben und Modalverben

mitmachen	Ich	möchte	unbedingt beim Lauftraining	mitmachen.
mitnehmen	Tim	kann	uns im Auto	mitnehmen.

Perfekt: regelmäßige Verben

	ge-[...]-(e)t		[...]-t	
ich	habe geschafft	bin gestartet	habe trainiert	–
du	hast geschafft	bist gestartet	hast trainiert	–
er / sie / es	hat geschafft	ist gestartet	hat trainiert	ist passiert
wir	haben geschafft	sind gestartet	haben trainiert	–
ihr	habt geschafft	seid gestartet	habt trainiert	–
sie / Sie	haben geschafft	sind gestartet	haben trainiert	sind passiert

A1–B1: 55

6 Endlich ein Zimmer

Antrag auf einen Platz im Studierendenwohnheim
(bitte in Druckschrift ausfüllen)

Studentenwerk Frankfurt am MAIN S WERK

Name: WAGNER　　　　　　　　　Vorname: OLIVER
männlich ☒　weiblich ☐　geboren am: 28.8.1993　in: FULDA
Heimatanschrift: BRÜDER-GRIMM-STRASSE 119, 36037 FULDA
E-Mail: OLIVER.WAGNER@STUD.UNI-FRANKFURT.DE
Semesteranschrift: WIE HEIMATANSCHRIFT　　Tel./Handy: 0159 345987
Hochschule: GOETHE-UNIVERSITÄT FRANKFURT　Studienfach: BIOCHEMIE　bisherige Semesterzahl: 4

Ich beantrage eine möblierte ☒　eine unmöblierte ☐　Wohneinheit frühestens zum: _____

Unterkunftsart:
Einzelzimmer bis 12 qm ☐　Einzelzimmer größer 12 qm ☐　Wohneinheit mit Küchenzeile ☐
Einzelzimmer in Wohngruppen ☒

A Zimmer gesucht – und gefunden

1 Ein Zimmer im Studierendenwohnheim

a Lesen Sie den Antrag und hören Sie dann das Gespräch. Was ist richtig: **a** oder **b**? Kreuzen Sie an.

Wer hat ein Zimmer gefunden?　a. ☑ Leon　　b. ☐ Oliver

b Hören Sie das Gespräch in 1a noch einmal. Was ist richtig: **a** oder **b**? Kreuzen Sie an.

a. ☑ Das Zimmer ist unmöbliert.　　b. ☐ Das Zimmer ist möbliert.
a. ☐ Leon wohnt alleine.　　b. ☑ Leon wohnt zusammen mit anderen.

c Lesen Sie die Nachricht von Leon an Vera. Was ist richtig (r), was ist falsch (f)? Kreuzen Sie an.

„Studierendenwohnheim": offizielle Bezeichnung;
„Studentenwohnheim": alte Bezeichnung, sehr häufig verwendet

	r	f
1. Leon ist morgen in Frankfurt.	☐	☑
2. Leon hat jetzt ein Apartment.	☐	☑
3. Sein Zimmer ist in einem Studentenwohnheim.	☑	☐
4. Küche und Bad sind für alle.	☑	☐
5. Sein Zimmer ist sehr hell.	☑	☐
6. Leons Zimmer ist möbliert.	☐	☑

> Hi Vera,
> bin jetzt mit Oliver in Frankfurt. Du, ich nehme das Zimmer!!! ☺ Es ist in einer Wohngruppe in einem Studentenwohnheim: Es gibt vier Zimmer, eine Küche für alle und ein Bad. Mein Zimmer ist 12 qm groß und sehr hell, aber jetzt brauche ich noch Möbel: Einen Tisch und eine Kommode habe ich schon, aber ich brauche noch ein Bett, einen Schrank, einen Schreibtisch, zwei Stühle, ein Regal und eine Lampe. Die Möbel finde ich sicher gebraucht.
> LG Leon

d Wie wohnen Studenten in Ihrem Heimatland? Was glauben Sie?

bei ihren Eltern | mit einem Elternteil | zur Untermiete | in einer Wohngruppe | zusammen mit anderen | mit zwei Leuten in einem Zimmer | bei Verwandten | im Studierendenwohnheim | in einer Wohngemeinschaft | in einem Einzelzimmer | allein in einem Apartment | …

e Ordnen Sie auf dem Pfeil an. Berichten Sie dann im Kurs.

0 ───→ 100
niemand　,　sehr wenige　　manche　　viele　,　die meisten

einem Apartment　　　　　　　　　　　　　　　　im Studierendenwohnheim

Ich glaube, bei uns wohnen die meisten Studenten bei ihren Eltern oder mit einem Elternteil.

50　fünfzig　　　　　　　　　　　　　　　　　　　　　　　　　　　　A1–B1: 56

> in Texten Namen, Zahlen, Wörter, einfache Strukturen verstehen > in einfachen Nachrichten Hauptinformation verstehen > in mündlichen Texten einfache Informationen verstehen > einfache Fragen beantworten

f Lesen Sie die Nachricht in 1c noch einmal. Was braucht Leon noch? Kreuzen Sie an.

1. ✓ 2. ✓ 3. ☐ 4. ✓ 5. ☐ 6. ✓ 7. ✓ 8. ✓

2 Grammatik kompakt: Das Perfekt

a Ordnen Sie die Kurznachrichten.

Ok, dann bis bald mal, LG Vera **7**

Sorry, war erst spät wieder zu Hause. Habe erst jetzt deine SMS gelesen. Bin doch gestern gleich mit Oliver nach Frankfurt gefahren und habe sogar schon die anderen Mitbewohner getroffen. Wir sind fast 6 Stunden geblieben. Wir haben in der Küche gesessen und lange geredet. Alle waren sehr nett. LG Leon **2**

Der Wohnheimtutor ist auch noch gekommen. Er heißt Julius. **4**

Echt? Cool! Und dann? **3**

Wohnheimtutor? Was macht der? **5**

Er hilft bei Problemen im Wohnheim. Habe das gar nicht gewusst! Wir sind noch in eine Kneipe gegangen, haben die Freunde von Julius getroffen und Pizza gegessen. ☺ Muss jetzt los, LG Leon **6**

Leon, wo warst du? Habe an euch gedacht!! LG V. **1**

b Markieren Sie alle Perfektformen von den Verben in den Kurznachrichten aus 2a.

c Schreiben Sie die Perfektformen aus 2a und die passenden Infinitive in die Tabelle und ergänzen Sie die Regeln.

↗ A 3–4

ge-[…]-(e)t	**ge-[meist Vokalwechsel]-en**	**ge-[Vokalwechsel]-(e)t**
reden: habe ge**red**et	fahren: bin ge**fahr**en	wissen: habe ge**wuss**t
	lesen: habe ge**les**en	
	essen: habe ge**gess**en	

Lernen Sie bei allen unregelmäßigen und gemischten Verben die Perfektform mit!

Verben auf „-ieren" sind auch regelmäßig. Aber ohne „ge-".

Ausnahme: essen – ge**g**essen

1. Regelmäßige Verben: ____ + Stamm + -(e)t, z. B. sagen → ich habe gesagt; reden → ich habe _____.
2. Unregelmäßige Verben: ge + (meist Vokalwechsel) + en.
3. Gemischte Verben: ge + Vokalwechsel + (e)t, z. B. wissen → ich habe _____.

3 Wie war dein Wochenende?

Was haben Sie am Wochenende gemacht? Sammeln Sie. Berichten Sie dann im Kurs.

Wie war dein Wochenende?

Prima! Ich bin am Wochenende Rad gefahren und habe Freunde getroffen. Das war sehr schön. Und du?

6 Endlich ein Zimmer

Der Schreibtisch ist zu groß und zu teuer

B Zimmer eingerichtet

1 Möbel gesucht

B 1a

a Leon sucht jetzt Möbel. Lesen Sie die Anzeigen. Welche Anzeigen passen? Kreuzen Sie an.

aus + Material, z. B: *search for*
aus Plastik
aus Metall
aus Holz

Leon sucht ein Bett, einen Schrank aus Holz, einen Schreibtisch und ein Regal. Er will nicht so viel Geld ausgeben und sein Zimmer ist nicht sehr groß (12 qm).

money

1 Hochschrank 3 m breit, 2,55 m hoch, schwarz 250,– € 0175 – 24574	**2** Schreibtisch Holz 1,20 × 0,90 m 30,– € 1069 / 48701 (ab 18.00)	**3** Bett, Matratze (neu) 70 × 170 cm 60,– € 0176 – 82379	**4** Schreibtisch von 1765, Kirsche 2 m × 1,50 m 1200,– € 069 / 458744
5 Stühle, auch einzeln, 10,– € / Stück 06917 – 2534	**6** Bett 1,00 × 2,20 m, keine Matratze 250,– € 069 / 69023	**7** Regal 1,83 × 2,00 m Metall 45,– € 10161 – 579007	**8** Kleiderschrank Kunststoff 1,00 × 2,00 × 0,60 m 80,– € 0154 / 34906

b Wählen Sie zwei Anzeigen. Schreiben Sie auf einen Zettel: Warum passen die Anzeigen, warum nicht? Verwenden Sie die Redemittel. Vergleichen Sie mit Ihrem Partner / Ihrer Partnerin.

B 1b

Anzeige … passt / passt nicht, denn … | … ist preiswert | … ist / sind billig | …ist (nicht) aus Holz | … hat (nicht) die richtige Größe (, aber …) | … ist zu groß / klein / hoch / niedrig / breit / schmal / teuer | … ist nicht groß / klein / … genug | …

zu = nicht akzeptabel:
zu groß = nicht klein genug

Der Hochschrank aus Anzeige 1 passt nicht, denn er ist zu groß. …

🔊 40

c Leon möchte den Schreibtisch kaufen. Hören Sie das Telefongespräch und notieren Sie.

B 2

Schreibtisch abholen
Wann: Donnerstag, Uhr: __18:00__
Wo: Frankfurt, __Wiesbadener St, 1286__
bei __Schmidt__ *, im* __2__ *. Stock.*

d Sie möchten Möbel kaufen. Spielen Sie Telefongespräche wie in 1c. Ein Partner / eine Partnerin hat Möbel, ein Partner / eine Partnerin sucht Möbel. Tauschen Sie auch die Rollen.

Möbelkäufer / Möbelkäuferin:
Guten Tag, mein Name ist … | Ist … noch da? | Wann kann ich … abholen? | Kann ich … am / um … abholen? | Wie ist die Adresse? | Entschuldigung, können Sie … noch einmal wiederholen? | Wie schreibt man das? | Danke, bis …

Möbelverkäufer / Möbelverkäuferin:
Sie können … kommen. | Ja, das geht. | Nein, das geht nicht. … sind wir / bin ich nicht da. | Sie können aber am … um … kommen. | Bis …, auf Wiederhören.

52 zweiundfünfzig
A1 – B1: 58

> einfache Informationstexte und listenartige Darstellungen verstehen > einfache Notizen zu Zeit-, Ortsangaben machen > in einfachen Nachrichten Anlass oder Hauptinformation verstehen > eigenen Wohnort beschreiben

2 Was ist das Problem?

Leon chattet mit Julius. Lesen Sie: Was ist das Problem?   Die Heizung ist _ausgefallen_.   ↗ B 3

> **Leon:** Hi Julius, du hast uns vergessen!? Hab dich heute 3x angerufen, aber nicht erreicht. Die Heizung ist ausgefallen. Wir haben das ganze WE ohne Heizung verbracht und kein Fenster aufgemacht. ☹ LG Leon
> **Julius:** Hallo Leon, oh! Hab erst jetzt eure Nachricht gesehen. Ich war unterwegs, ich habe meine Eltern besucht. Aber ich habe euch natürlich nicht vergessen! Was sagt denn der Hausmeister?
> **Leon:** Wir haben ihn nicht erreicht. Er hat auch nicht zurückgerufen. ← call back
> **Julius:** Ist er nicht im Haus?   ← go back
> **Leon:** Ich habe angeklopft und im ganzen Haus gesucht. Er war nicht da. Er hat auch keine Notiz hinterlassen. Was nun?
> **Julius:** O.k., ich komme vorbei.
> **Leon:** Uff! Danke!

3 Grammatik kompakt: Perfekt – trennbare / untrennbare Vorsilben

a Markieren Sie die Verben mit Vorsilben im Perfekt in 2.

b Schreiben Sie die Sätze mit den Verben aus 2 in die richtige Tabelle. Was fällt auf?   ↗ B 4–6
Ergänzen Sie die Regel.

Perfekt: Verben mit trennbaren Vorsilben, z. B. an-, aus-, auf-, zurück- …

	Position 2		Satzende
Ich	habe	dich heute mehrmals	an**ge**rufen.

! Verben mit trennbaren Vorsilben (Präfixen): Präfix + „ge-" + Verb + Endung [-(e)t oder -en].

Perfekt: Verben mit untrennbaren Vorsilben, z. B. er-, be-, ver-, hinter- …

	Position 2		Satzende
			ver**gessen**
Er	hat	keine Notiz	**hinter**lassen

! Verben mit untrennbaren Vorsilben haben im Perfekt kein _____.

4 Probleme im Studierendenwohnheim

Sie haben Probleme in Ihrer Wohneinheit. Schreiben Sie an Ihren Wohnheimtutor: Was ist passiert?   ↗ B 7
Verwenden Sie mindestens 4 Formulierungen aus der Auswahl unten.

Warmwasser ausfallen | nicht zurückrufen | Notiz hinterlassen | Dusche nicht funktionieren | das ganze Wochenende nicht duschen | seit Tagen kein Fenster aufmachen | Hausmeister nicht erreichen | Reparaturservice anrufen | …

Hallo Julius, wir haben ein Problem: Unser Warmwasser ist ausgefallen …

A1–B1: 59   dreiundfünfzig 53

6 Endlich ein Zimmer

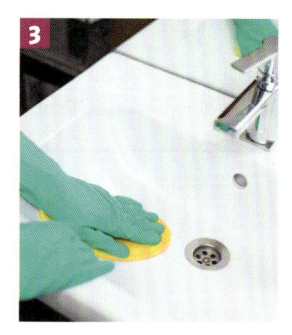

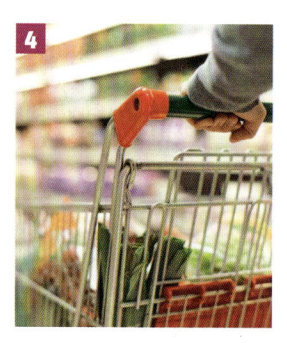

C In der WG eingelebt

1 Leben in der WG: Haushalt allein? – Zusammen!

a Welcher Ausdruck passt zu welchem Foto?

a. [2] die Küche aufräumen   c. [1] den Müll runterbringen
b. [4] im Supermarkt einkaufen   d. [3] das Bad putzen / wischen

b Was muss Leon nächste Woche alles machen? Welches Foto passt?
Hören Sie die Sprachnotiz von Leon an Vera und kreuzen Sie an.   1. ☐   2. ✓   3. ✓   4. ☐

c Lesen Sie den Putz-/Haushaltsplan in Leons WG. Welche Aufgaben muss er erledigen?

> Wir machen den Haushalt zusammen:
> – 1x in der Woche: in der Küche und im Bad nass wischen (Spiegel an der Wand inklusive). *Vacuum*
> – im Wohnzimmer aufräumen und staubsaugen (auch unter dem Sofa und zwischen den Regalen!).
> – Mittwoch: Einkauf für WG (Liste hängt neben dem Kühlschrank). ← *refrigerator*
> – jeden Morgen: Restmüll runterbringen und neue Mülltüte nehmen (liegen hinter dem Eimer).
> – jeden Abend Altglas runterbringen (Container stehen vor dem Haus). *stove*
> – jeden Abend Herd kontrollieren, nichts auf der Herdplatte lassen. *dishwasher*
> – plus: Geschirrspüler einschalten und ausräumen (abwechselnd – auch Leon!!!) *take out* *take turns*
> – bei Fragen: Julius, unseren Wohnheimtutor, anrufen (Nummer hängt an der WG-Pinnwand).

Leon muss in der Küche und im Bad nass wischen ...

d Bilden Sie Gruppen. Jede Gruppe ist eine WG. Notieren Sie die Aufgaben in Ihrer WG (wie im Plan oben); jeder wählt zwei Aufgaben. Fragen Sie: Wer erledigt was? Berichten Sie anschließend im Kurs.

○ Kaufst du heute ein?   ○ Bringst du heute den Müll runter?
● Nein, ich habe keine Zeit.   ● Ja, das erledige ich gern!

Antonio bringt heute den Müll runter
und räumt den Geschirrspüler aus.
Carla kontrolliert den Herd ...

2 Was ist wo?

Sehen Sie die Fotos rechts oben an und ordnen Sie zu.

neben dem Laptop | hinter dem Eimer | auf der Herdplatte | an der Pinnwand |
zwischen den Regalen | vor dem Haus | in der Tasche | unter dem Sofa

› in Texten Namen, Zahlen, Wörter, einfache Strukturen verstehen › in einfachen Texten Anlass oder Hauptinformation verstehen › in mündlichen Texten einfache Informationen verstehen › einfache Fragen beantworten

6

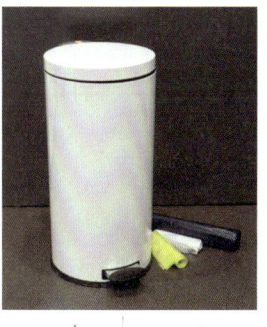

1. _zwischen den Regalen_   2. _an der Pinnwand_   3. _auf der Herdplatte_   4. _hinter dem Eimer_

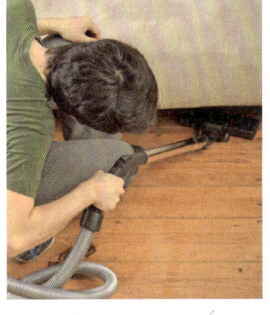

5. _unter dem Sofa_   6. _in der Tasche_   7. _vor dem Haus_   8. _neben dem Laptop_

3 Grammatik kompakt: einen Ort angeben – Wo ist …? Präpositionen mit Lokalangaben

Markieren Sie Präpositionen und die Nomen in 1c und ergänzen Sie die fehlenden Artikel.

… ist	auf / unter / an	**dem** Kühlschrank	der → dem
… liegt	neben / in	d____ Sofa	das → _____
… steht	vor / hinter	d____ Kommode	die → _____
… hängt	über / zwischen	**den** Regalen	die → den

C 2

in + dem = im
an + dem = am

4 Wo ist bloß …?

a Leon ruft seine Mitbewohnerin Kristen an. Was ist passiert?   _Leon hat seinen USB-Stick verloren._   🔊 42
                                                                            ↑ lost

b Hören Sie das Gespräch in 4a noch einmal. Wo sucht Kristen? Kreuzen Sie an.   🔊 42

unter dem Schreibtisch ☒   neben dem Mülleimer ☐   auf dem Kühlschrank ☒
im Regal ☒   hinter dem Fernseher ☒   vor dem Schrank ☐
zwischen den Zeitschriften ☒   unter dem Kissen ☐

C 3–5

c Wo liegt er?   _Auf dem Kühlschrank._
                           ↑ Fridge

5 Was hast du im Kühlschrank?

a Notieren Sie drei Produkte, die Sie immer im Kühlschrank haben. Suchen Sie einen Partner. Fragen Sie, was die anderen im Kühlschrank haben. Machen Sie Notizen.

○ Hast du Butter im Kühlschrank?   ● Nein, ich habe keine Butter im Kühlschrank.

b Berichten Sie: Welches Gericht können Sie mit den Zutaten in Ihren Kühlschränken kochen?

Wir haben Eier, Milch und Butter. Wir machen Omelette.

A1–B1: 61

fünfundfünfzig 55

6 Alles auf einen Blick — Lektionswortschatz in Feldern

Wohnen / Zimmersuche
das Haus, ⸚er
der Hausmeister, -
die Hausmeisterin, -nen
die Wohnung, -en
das Apartment, -s
die Gemeinschaft, -en
   Wohngemeinschaft (WG)
die Gruppe, -n
   Wohngruppe
der Bewohner, -
die Bewohnerin, -nen
   Mitbewohner
die Miete, -n
   Untermiete
der Mieter, -
die Mieterin, -nen
der Haushalt, -e
mieten
der Antrag, ⸚e
der Interessent, -en /
die Interessentin, -nen
der Schlüssel, -
das Zimmer, -
   Einzelzimmer
die Küche, -n
die Küchenzeile, -n
das Bad, ⸚er
das Fenster, -
der Quadratmeter, -
   (qm / m²)
einziehen
ausziehen
einrichten

Möbel
das Möbel, - (meist Pl.)
das Bett, -en
die Matratze, -n
die Kommode, -n
die Lampe, -n
das Regal, -e
der Schrank, ⸚e
   Kleiderschrank
   Kühlschrank
   Hochschrank
der Tisch, -e
   Küchentisch
   Schreibtisch

der Spiegel, -
der Sessel, -
der Stuhl, ⸚e
das Sofa, -s
der Herd, -e
die Herdplatte, -n
der Geschirrspüler, -
die Pinnwand, ⸚e

Materialien
das Holz, ⸚er
das Glas (hier nur Sg.)
der Kunststoff, -e
das Metall, -e

Universität und Studium
das Wohnheim, -e
   Studierendenwohnheim, -e
   Studentenwohnheim, -e
das Studierendenwerk, -e
das Studentenwerk, -e
der Wohnheimtutor, -en
die Wohnheimtutorin, -nen

Arbeit und Beruf
der / die Berufstätige, -n
der Grafikdesigner, -
die Grafikdesignerin, -nen

Sonstiges
Nomen
der / die Verwandte, -n
die Größe, -n
die Leute (kein Sg.)
die Nachricht, -en
die Rolle, -n
das Thema, Themen
die Überraschung, -en
der Müll (nur Sg.)
   Restmüll
die Mülltüte, -n
das Altglas (nur Sg.)
der Container, -
der Eimer, -
die Rhabarberschorle, -n
das Phänomen, -e
der Einkauf, ⸚e
die Tasche, -n

Verben
abholen
aufkleben
ausfüllen
ausgehen (Heizung)
anmachen
   ≠ ausmachen
ausschalten
   ≠ einschalten
ausräumen
   ≠ einräumen
aufräumen
anklopfen
zurückrufen
zumachen
   ≠ aufmachen
anschauen ← look at
nachschauen ← look up (dictionary)
aussehen ← look good
mitbringen ← bring along
mitfahren ← come along
wegfahren ← drive off
weiterfahren
beantragen ← to request
bekommen ← recieve
benutzen ← to use
beschreiben ← describe
einkaufen ← to buy
erreichen ← to reach
verbringen
vergessen ← to forget
hinterlassen
reden ← to talk
informieren ← to inform
bleiben ← to stay
dauern ←
denken ← to think
sitzen ← to sit
stehen ← to stand
liegen ← to lie
hängen ← to hang
wischen ← to wipe
putzen ← to clean
erledigen ← to do

Adjektive
möbliert
   ≠ unmöbliert
billig / preiswert
   ≠ teuer

gebraucht
   ≠ neu
klein
   ≠ groß
breit
   ≠ schmal
hoch
   ≠ niedrig
einzeln
frei
gebraucht
leer
richtig
schlimm
separat
verzweifelt

Adverbien
dann
endlich
lange
prima
sofort
vielleicht
abwechselnd
inklusive
zu (hoch / klein / teuer / …)
lieber (als)

Pronomen / Artikel
mancher
niemand

Präpositionen ✓ — made of
aus (Holz / Metall / Kunststoff / …)
bei (+ Name) ← with
an (der Pinnwand)
auf (dem Tisch)
in (der Tasche)
hinter (dem Eimer)
neben (dem Laptop)
über (der Kommode)
unter (dem Sofa)
vor (dem Fenster)
zwischen (den Regalen)

Redemittel / Ausdrücke
Die Miete beträgt 300,– €.
Auf Wiederhören!

Redemittel / Grammatik

Mit Sprache handeln: Nachfragen

Entschuldigung, können Sie den Namen / die Adresse / … noch einmal wiederholen?
Wie schreibt man das / Ihren Namen / …?

Grammatik

Perfekt: unregelmäßige und gemischte Verben

	unregelmäßige Verben				gemischte Verben		sein	
ich	habe	getroffen	bin	gefahren	habe	gewusst	bin	gewesen
du	hast	gefunden	bist	geblieben	hast	gedacht	bist	gewesen
er / sie / es	hat	geschlafen	ist	gekommen	hat	gewusst	ist	gewesen
wir	haben	gelesen	sind	gegangen	haben	gedacht	sind	gewesen
ihr	habt	geholfen	seid	gelaufen	habt	gewusst	seid	gewesen
sie / Sie	haben	gesprochen	sind	gefahren	haben	gedacht	sind	gewesen

Bei „haben" und „sein" meist Präteritum statt Perfekt!

„sitzen": Perfekt mit „haben", aber Süddeutschland und CH: Perfekt mit „sein".

Perfekt: Verben mit trennbaren Vorsilben (z. B. an-, aus-, auf-, mit-, weg-, runter-, vorbei-, zurück-)

	Position 2		Satzende
Ich	habe	dich heute mehrmals	angerufen.
Du	hast	leider nicht	zurückgerufen.
Er	hat	den Antrag vom Studierendenwohnheim	ausgefüllt.
Wir	haben	Leon nach Frankfurt	mitgenommen.
Ihr	habt	den Müll noch nicht	runtergebracht.
Sie	sind	heute Morgen	weggefahren.
Am Sonntag	bin	ich erst um 11.00 Uhr	aufgestanden.

Perfekt: Verben mit untrennbaren Vorsilben (z. B. er-, be-, ver-, hinter-)

	Position 2		Satzende
Ich	habe	euch nicht	vergessen.
Du	hast	den Hausmeister nicht	erreicht.
Er	hat	keine Notiz	hinterlassen.
Wir	haben	unsere Eltern	besucht.

Lokale Angaben

Auf die Frage „Wo?" antworten die Präpositionen mit Dativ. Man verwendet oft die Verben „stehen, sitzen, liegen, hängen".

Wo ist / liegt das Buch?

Das Buch	ist	auf / unter / an	dem	Tisch	(← der Tisch)
	liegt	neben / in	dem	Sofa	(← das Sofa)
		vor / hinter	der	Kommode	(← die Kommode)
		über / zwischen	den	Regalen	(← die Regale, Pl.)

A1 – B1: 63

siebenundfünfzig 57

7 Kleider machen Freunde

Café Waschsalon

Waschsalon, Copyshop, Internetcafé, Kulturveranstaltungen

Unser Angebot
- waschen, trocknen • kopieren • WLAN (surfen, mailen, chatten …) • kalte und warme Getränke, Snacks

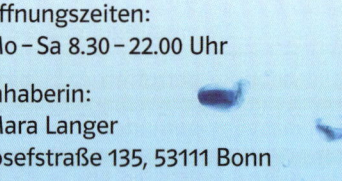

Kommen Sie zu uns:
Essen Sie, trinken Sie: Snacks, Säfte, Espresso, Milchkaffee, Tee und und und …

Treffen Sie Freunde im Internet und bei unseren Veranstaltungen (Konzerte, Theater, …)

Öffnungszeiten:
Mo – Sa 8.30 – 22.00 Uhr

Inhaberin:
Mara Langer
Josefstraße 135, 53111 Bonn

- Unser Angebot
- Wegbeschreibung
- Preisliste
- Kontakt

A „Café Waschsalon"

1 Wäsche waschen im Waschsalon

a Schauen Sie oben die Webseiten vom „Café Waschsalon" an. Welche Angebote gibt es? Was ist richtig (r), was ist falsch (f)? Kreuzen Sie an.

		r	f			r	f
1.	Man kann Wäsche waschen.	☐	☐	5.	Man kann sonntags waschen.	☐	☐
2.	Es gibt keine Trockner.	☐	☐	6.	Man kann fernsehen.	☐	☐
3.	Man kann Kopien machen.	☐	☐	7.	Es gibt kulturelle Angebote.	☐	☐
4.	Man kann ins Internet gehen.	☐	☐	8.	Es gibt keine Information über Preise.	☐	☐

b Wie ist es in Ihrer Heimat? Gibt es dort Waschsalons? Was kann man dort machen? Sprechen Sie im Kurs.

2 Waschen wie und wo?

a Lesen Sie die Situationsbeschreibung. Finden Sie eine Lösung für Max? Sammeln Sie in Gruppen und machen Sie Notizen.

Max Schneider hat bis jetzt bei seinen Eltern in Siegen gewohnt. Nun hat er einen Job in Bonn gefunden. In Bonn hat er nur ein kleines Apartment. Dort ist kein Platz für eine Waschmaschine. Und er fährt nicht oft nach Hause, nach Siegen. Was kann er tun?

die Wäsche in die Wäscherei bringen, …

b Hören Sie das Gespräch von Max und seiner Kollegin, Frau Wald. Wie ist die Atmosphäre? Kreuzen Sie an.

professionell ☐   freundlich ☐

58 achtundfünfzig   A1–B1: 64

> öffentliche Aufschriften verstehen > einfache schriftliche Anleitungen verstehen
> einzelne Wörter, kurze Wortgruppen aufschreiben > einfache Fragen beantworten

c Hören Sie das Gespräch in 2b noch einmal. Welche Vorschläge hören Sie?
Kreuzen Sie an.

1. Gehen Sie doch in einen Waschsalon! [X]
2. Schauen Sie doch im Internet nach! [ ]
3. Geben Sie doch mal „Wäscherei" ein! [ ]
4. Versuchen wir das doch mal! [ ]
5. Gehen wir ins Restaurant! [ ]

🔊 43

↗ A 4–5

Bei Vorschlägen verwendet man häufig die Modalpartikeln „doch", „mal", „doch mal". „Doch" betont den Vorschlag, „mal" macht ihn freundlich, z.B. Gehen Sie / wir doch ins Kino!

3 Grammatik kompakt: Imperativsätze mit „Sie" und „wir"

Schauen Sie die Sätze in 2c an. Was ist richtig: a oder b? Kreuzen Sie an.

1. In formellen Situationen gebraucht man
   in Imperativsätzen   a. [X] „Sie".   b. [ ] „wir".
2. Sie wollen zusammen mit anderen etwas tun,
   dann gebrauchen Sie   a. [ ] „wir".   b. [ ] „Sie".
3. Das Verb steht auf Position 1, „Sie" und „wir" stehen   a. [ ] auf Position 2.   b. [ ] am Satzende.
4. Bei Verben mit trennbaren Vorsilben steht die Vorsilbe   a. [ ] am Satzende.   b. [ ] auf Position 2.

4 Im Waschsalon – Anleitungen und Vorschläge

a Ordnen Sie die Anleitungen den Bildern zu.

Start drücken | die Waschmaschinentür schließen | das Waschprogramm wählen |
~~die Wäsche in die Waschmaschine füllen~~ | am Kassenautomaten bezahlen

1. _die Wäsche in die Waschmaschine füllen_
2. _____
3. _____
4. _____
5. _____

b Max ist im Waschsalon. Die Inhaberin, Frau Langer, informiert ihn.
Formulieren Sie für Frau Langer Anleitungen mit „Sie".

1. _Füllen Sie die Wäsche in die Waschmaschine._
2. _____
3. _____
4. _____
5. _____

5 Gehen wir doch mal ins Kino!

Sie sitzen mit einem Freund / einer Freundin im Waschsalon. Sie wollen abends zusammen etwas machen.
Formulieren Sie Vorschläge. Benutzen Sie auch „doch", „mal", „doch mal".

↗ A 6

ins Kino gehen | essen gehen | zusammen kochen | zusammen fernsehen | in ein Konzert gehen |
… treffen | Musik hören | tanzen gehen | …

Was machen wir heute Abend?

Ach nein, gehen wir doch tanzen!

Gehen wir doch ins Kino!

Das ist eine gute Idee.

A1–B1: 65   neunundfünfzig 59

7 Kleider machen Freunde

B Pass auf, der läuft ein!

1 Können Sie mir vielleicht helfen?

a Schauen Sie das Foto an.
Vermuten Sie: Was sagt wohl die Frau?

1. Sie müssen alles sortieren. ☐
2. Waschen Sie Baumwolle und Wolle zusammen! ☐
3. Haben Sie wirklich noch nie Wäsche gewaschen? ☐
4. Waschen Sie alles mit 90° Grad! ☐
5. Wollen wir nicht „du" sagen? ☐

b Hören Sie das Gespräch zwischen Max und Lena im Waschsalon.
Vergleichen Sie es mit Ihren Vermutungen in 1a.

c Max versteht nicht alles. Wie äußert er seine höflichen Bitten?
Hören Sie das Gespräch in 1b noch einmal. Kreuzen Sie an.

1. a. ☐ Entschuldigen Sie bitte, können Sie mir helfen?   b. ☐ Können Sie mir das bitte erklären?
2. a. ☐ Wiederholen Sie das doch bitte noch mal!   b. ☐ Können Sie das noch mal wiederholen?
3. a. ☐ Entschuldigung, ich muss noch mal nachfragen.   b. ☐ Darf ich noch mal nachfragen?

2 Kleider, ganz schön bunt!

a Ordnen Sie die Bezeichnungen den Kleidungsstücken zu.

Anzug | Bluse | Hemd | Kleid | Pullover | Hose | Socken | T-Shirt | Krawatte | Jeans | Rock | Unterhemd + Unterhose

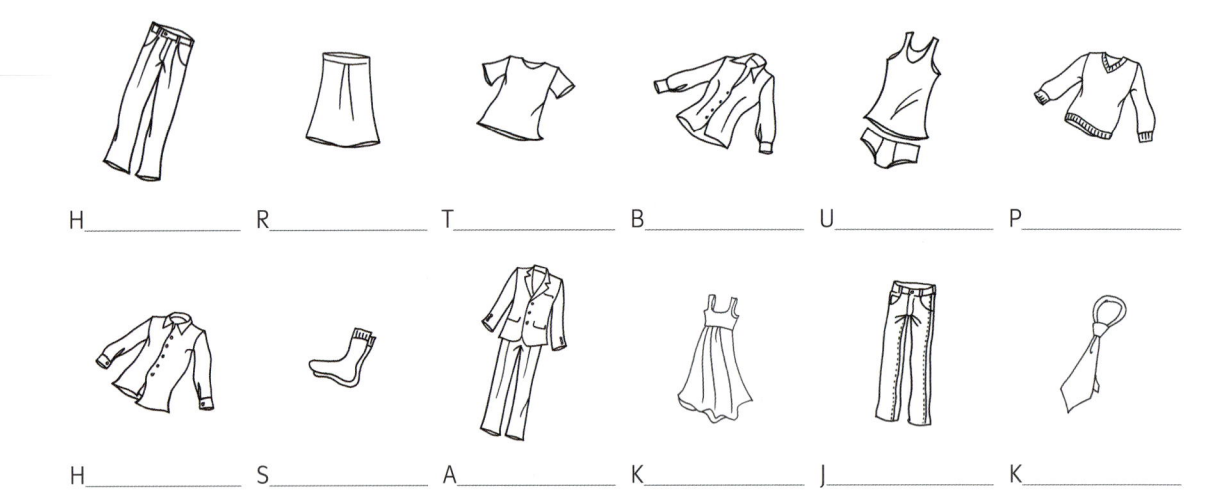

H_____ R_____ T_____ B_____ U_____ P_____

H_____ S_____ A_____ K_____ J_____ K_____

b Das Gespräch geht weiter. Welche Kleidungsstücke nennen Max und Lena? Kreuzen Sie in 2a an.

c Hören Sie das Gespräch in 2b noch einmal. Welche Farbe haben die Kleidungsstücke?
Markieren Sie sie in 2a mit der passenden Farbe.

blau | rot | schwarz | rosa | dunkelblau | lila | grün | braun | beige | gelb | hellblau | grau | türkis | weiß | orange

d Welche Farben haben Ihre Kleider? Sprechen Sie.

> Meine Hose ist blau.

60 sechzig   A1–B1: 66

7

› kurze Anweisungen verstehen › in mündlichen Texten Internationalismen, Namen, Zahlen verstehen
› in einfachen Mitteilungen Anlass oder Hauptinformation verstehen › einfache schriftliche Anleitungen verstehen

3 Das ist doch Wolle!

Hören Sie das Gespräch in 2b noch einmal. Welche Sätze hören Sie? Kreuzen Sie an.

🔊 45
↗ B 6

1. **Komm** doch bitte noch mal! [X]
2. Warte mal einen Moment! ☐
3. Mach die Maschine an! ☐
4. Schau mal hier! ☐
5. Nein, pass auf! ☐
6. Aber sei vorsichtig! ☐
7. Dreh sie um! ☐
8. Öffne schon mal die Maschine! ☐
9. Entschuldige die Arbeit bitte! ☐
10. Lade ihn ein! ☐

4 Kommt bitte bald!

Lesen Sie die Mail von Max an seine Freunde. Was ist richtig (r), was ist falsch (f)? Kreuzen Sie an.

	r	f
1. Max schreibt nur kurz, denn er hat keine Zeit.	☐	☐
2. Seine Freunde haben ihn angerufen.	☐	☐
3. Max möchte seine Freunde am Wochenende sehen.	☐	☐
4. Max möchte noch eine Freundin einladen.	☐	☐
5. Max mag Musik.	☐	☐

> Liebe Julia, lieber Tim,
> ganz schnell – ich muss gleich zur Arbeit. Danke für eure Mail. Ihr wollt mich besuchen. Super!
> Aber kommt schnell – ich habe Neuigkeiten …
> Geht es schon am Wochenende? Und ich habe eine Bitte: Könnt ihr wieder eure Gitarren mitbringen? Wisst ihr noch? Das letzte Mal hatten wir so viel Spaß! Ich will noch einen Bekannten einladen. Der macht auch Musik. Also wartet nicht so lange und seid herzlich gegrüßt – Max

5 Grammatik kompakt: Imperativsätze – informell

a Markieren Sie die Imperativformen in den Sätzen in 3 und der Mail in 4 und schreiben Sie sie in die Tabelle.

	Singular	Plural		Singular	Plural
kommen			war**t**en		
anmachen		Mach**t** an!	e**i**nla**d**en		La**d**e**t** ein!
schauen		Schau**t**!	ö**ff**nen		Ö**ff**n**e**t!
aufpassen		Pass**t** auf!	entschuld**ig**en		Entschuld**ig**t!
umdrehen		Dre**h**t um!	sein		

b Vergleichen Sie die Imperativformen mit dem Präsens. Was fällt auf? Ergänzen Sie die Regeln.

1. Informeller Imperativ: keine Personalpronomen: Komm (~~du~~)! / Kommt (~~ihr~~)!
2. Imperativ für „du": Endung „-_____" fällt weg: du geh~~st~~ → Geh!; du wart~~est~~ → Warte!
3. Imperativ für „ihr": identisch mit Präsensform: ~~ihr~~ geht → Geht!
4. Verben mit trennbaren Vorsilben: _____ am Satzende → Pass bitte auf!

❗ Verben auf „-d", „-t", „-n", „-ig": Imperativ für „du" → Endung „-e".
Z. B. du entschuldigst → Entschuldig**e**!

6 Spiel: Anweisungen und Wünsche

Jeder notiert zwei Anweisungen. Tauschen Sie die Zettel. Führen Sie dann die Anweisungen auf Ihrem Zettel aus. Die anderen raten die Anweisung.

↗ B 7

— Mach die Tür auf!
— Nein, anderes Verb und höflich.
— Öffne bitte die Tür!
— Ja, richtig.

A1–B1: 67   einundsechzig   61

7 Kleider machen Freunde

C Neue Kleider – neue Freunde

1 Was ist los im Café Waschsalon?

C1 **a** Lesen Sie die Aushänge am Schwarzen Brett. Was denken Sie: Was kann Max mit Lena machen?

A Neu in der Josefstraße!
„La Seconda"
Kleidung aus Italien – fast wie neu!
Nimm den Gutschein mit und lauf schnell zur Nummer 128!
Ein Geschenk und tolle Outfits warten auf dich! – Nur 2 Minuten von hier!!

GUTSCHEIN GUTSCHEIN GUTSCHEIN

B „Jazz meets Soul"
Liam Van de Velde im Café Waschsalon!
Bist du Gitarrenfan?
Vergiss nicht: Heute, 19 Uhr, kommt der Supergitarrist aus Belgien!
Eintritt: 10 Euro.
Bald hier: Mara
Hip Hop / Rap – mit DJ Finja

C !!! NEU !!!
Liebe Kundin, lieber Kunde!
Wir haben neue Waschmaschinen.
Unsere Bitte:
Sei vorsichtig: Lies zuerst die Anleitung!!
Aber: Hab keine Angst, wir helfen!

D Wir fahren nach Wien! Fahr mit!
Ein Platz frei: Samstag, 24.10.
Mobil: +490176 432005

b Lesen Sie die SMS von Max an Lena und Lenas Antwort. War Ihre Vermutung in 1a richtig?

Hallo Lena, kommst du heute ins Café Waschsalon? Es gibt ein Gitarrenkonzert. 19.00. Super Gitarrist aus Belgien: „Jazz meets Soul". Lade dich ein. Kaufe Karten. Hast du Lust? Liebe Grüße Max

Hallo Max, komme sehr gerne!! (Jazz & Soul ☺) Danke! Nimm auch deine Wäsche mit: Wir können wieder zusammen waschen ☺. Oder bist du schon Profi? Bis heute Abend! 18.00? Auch LG Lena

C2 **c** Lesen Sie die SMS noch einmal. Was macht Max? Was macht Lena?

1. __Max__ möchte in ein Konzert gehen.
2. _____ möchte zusammen waschen.
3. _____ kauft die Konzertkarten.
4. _____ mag Jazz und Soul.
5. _____ geht auch zum Konzert.
6. _____ mag Gitarrenmusik.

2 Grammatik kompakt: Imperativsätze – gemischt

C3-4 Markieren Sie die Verben in 1a und schreiben Sie sie in die Tabellen. Was fällt auf? Ergänzen Sie die Regeln.

Verben mit Vokalwechsel
e → (i)e

	Singular	Plural
du nimmst	Nimm!	Nehmt!
du liest		Lest!
du vergisst		Vergesst!

Verben mit Vokalwechsel
a → ä / au → äu / o → ö

	Singular	Plural
du fährst		Fahrt!
du läufst		Lauft!
du stößt	Stoß!	Stoßt!

„haben" und „sein"

	informell Singular	informell Plural	formell
haben		Habt keine Angst!	Haben Sie keine Angst!
sein		Seid vorsichtig!	Seien Sie vorsichtig!

❗ Nur die Verben mit Vokalwechsel „e" → „i(e)" haben auch im Imperativ Singular einen _____ .

62 zweiundsechzig

A1–B1: 68

› in einfachen Nachrichten Anlass oder Hauptinformation verstehen › kurze Anweisungen verstehen
› in mündlichen Texten Internationalismen, Namen, Zahlen verstehen › einfache Postkarten, E-Mails schreiben

7

3 Soll ich die anprobieren?

a Hören Sie Teil 1 vom Gespräch von Max und Lena und ordnen Sie die Antworten den Fragen zu. 🔊 46

1. Sollen wir jetzt erst die Wäsche machen? — Nein danke, das geht schon. ↗ C 5
2. Wollen wir unsere Sachen zusammen waschen? — Ja, fangen wir direkt an.
3. Soll ich helfen? — Wie du willst.

b Zwei Stunden später. Die Waschmaschine ist fertig. Hören Sie Teil 2 vom Gespräch. 🔊 47
Was ist passiert? Was sagen Max und Lena im Teil 3 vom Gespräch? Was vermuten Sie?

1. Prima, die Wäsche ist sauber. ☐   5. Kannst du nicht aufpassen! ☐
2. Schau mal, das weiße Hemd ist rosa. ☐   6. Probier mal das Hemd an! ☐
3. Die beige Jeans ist lila. ☐   7. Das sieht doch klasse aus. ☐
4. Dein blauer Pulli ist ganz kurz. ☐   8. So ein schrecklicher Abend! Ich gehe nach Hause. ☐

c Hören Sie Teil 3 vom Gespräch. Vergleichen Sie ihn mit Ihren Vermutungen aus 3b. 🔊 48

d Hören Sie das ganze Gespräch noch einmal und beantworten Sie die Fragen. 🔊 46–48

1. Wie haben Lena und Max ihre Wäsche gewaschen: zusammen oder getrennt? _Zusammen._ ↗ C 6
2. Wer hat die helle Wäsche gewaschen, wer die dunkle? _____
3. Warum ist das weiße Hemd rosa? _____
4. Warum ist die schwarze Jacke eingelaufen? _____
5. Was bekommt Lena von Max? _____

e Max ist glücklich und schreibt eine Mail. Was schreibt Max wohl an Julia und Tim?
Ergänzen Sie die Mail.

~~so glücklich sein~~ | ~~Lena im Waschsalon treffen~~ | Das toll sein |
Gestern dort in einem Konzert sein | Sie super aussehen |
und dort Wäsche waschen | Aber, oh Schreck: Mein Hemd rosa
sein und die schwarze Jacke ganz kurz | Bis bald, euer Max |
Aber ich tolle Idee haben: Lena nun das rosa Hemd,
die schwarze Jacke haben | Morgen wir ins Kino gehen | …

> Liebe Julia und lieber Tim, ich bin so glücklich. Ich habe Lena im Waschsalon getroffen. …

4 Was die Waschmaschine sagt

Was die Waschmaschine sagt

Wischiwaschi
Wäschewaschen
wischiwaschi wumm
Oben waschen
5 unten waschen
rundherum.
Hemden waschen,
Hosen waschen,
Tischtuch mit den
10 Rosen waschen,
wischiwaschi
Wäschewaschen
wischiwaschi wumm.

Und die vielen
15 Hosentaschen
drehn wir um.
Wischiwaschi
Wäschewaschen
wischiwaschi
20 Wäschewaschen
Wäschewaschen
wischiwaschi
wumm.

Friedl Hofbauer

a Lesen Sie das Gedicht „Was die Waschmaschine sagt" von Friedl Hofbauer. ↗ C 7

b Bilden Sie Gruppen. Lesen Sie das Gedicht laut.
Die anderen hören zu.
Hören Sie die Waschmaschine? Sehen Sie sie?

c Hören Sie das Gedicht. Vergleichen Sie es 🔊 49
mit Ihren Interpretationen.

d Lesen Sie das Gedicht „im Kanon".

– Gruppe 1 beginnt mit der 1. Zeile,
Gruppe 2 mit „Hemden waschen …",
Gruppe 3 mit „Wischiwaschi" – Zeile 17.

– Alle lesen weiter, bis der Kursleiter /
die Kursleiterin „Stopp" sagt.

A1–B1: 69   dreiundsechzig   63

7 Alles auf einen Blick — Lektionswortschatz in Feldern

Kleidung
das Kleidungsstück, -e
die Jeans (Pl.)
die Hose, -n
    Unterhose
    Strumpfhose
das Sweatshirt, -s
das T-Shirt, -s
der Mantel, ¨
die Jacke, -n
die Weste, -n
der Anzug, ¨e
    Jogginganzug
    Schlafanzug
    Badeanzug
die Badehose, -n
das Hemd, -en
    Nachthemd
    Unterhemd
die Bluse, -n
das Kleid, -er
der Rock, ¨e
die Socke, -n
der Strumpf, ¨e
der Gürtel, -
die Krawatte, -n
der Handschuh, -e
der Schal, -s
der Hut, ¨e
die Mütze, -n
die Tasche, -n

Farben
beige
blau
braun
gelb
grau
grün
lila
orange
rosa
rot
schwarz
türkis
weiß

hellblau / -rot / …
dunkelblau / -rot / …
bunt

Material
die Baumwolle (nur Sg.)
das Leder (hier nur Sg.)
das Polyester (hier nur Sg.)
die Seide (hier nur Sg.)
die Viskose (hier nur Sg.)
die Wolle (hier nur Sg.)

Waschen
die Wäsche
die Wäscherei, -en
der Waschkorb, ¨e
die Waschmaschine, -n
das Waschprogramm, -e
das Waschpulver, -
der Waschsalon, -s
waschen
der Trockner, -
trocknen
die Anleitung, -en
der Automat, -en
    Kassenautomat
anmachen (Maschine)
öffnen
schließen
sortieren
umdrehen
füllen in + A
wählen (Programm)
drücken (Start)
beenden
einlaufen

Literatur
die Erzählung, -en
das Hörspiel, -e
der Roman, -e
das Theaterstück, -e
die Lyrik (nur Sg.)
    Kinderlyrik
das Gedicht, -e
die Anthologie, -n

Sonstiges
Nomen
die Angst, ¨e
die Anweisung, -en
die Aufforderung, -en
der / die Bekannte, -n
die Beschreibung, -en
die Bitte, -n
der Copyshop, -s
der Espresso, -s / -ssi
der Tee, -s
der Schinkentoast, -s
der Milchkaffee, -s
der Schokoladenkuchen, -
das Gedicht, -e
der Inhaber, -
die Inhaberin, -nen
die Kasse, -n
die Kopie, -n
die Liste, -n
die Lösung, -en
die Neuigkeit, -en
die Notiz, -en
das Paar, -e
der Platz (hier nur Sg.)
    (keinen) Platz haben
die Situation, -en
der Snack, -s
die Tür, -en
die Veranstaltung, -en
die Vermutung, -en
der Vorschlag, ¨e
die Wegbeschreibung, -en
der Wunsch, ¨e

Verben
anprobieren
anstoßen
aufpassen
ausführen
bedeuten
bringen
klicken
eingeben
einladen
entschuldigen

festhalten
helfen
holen
kopieren
lächeln
mailen
nehmen
mitnehmen
sagen
träumen
vermuten
versuchen
warten

Adjektive
fertig
freundlich
herzlich
höflich
klasse
kulturell
kurz
langsam
nass
passend
professionell
sauber
vorsichtig
wirklich

Adverbien
nie
später

Partikeln
mal
doch

Präpositionen
bis (bald)

Pronomen / Artikel
alles
ein paar

Redemittel / Grammatik

Mit Sprache handeln: Höfliche Bitten / Vorschläge / Reaktionen

Höfliche Bitten / Nachfragen
Entschuldigen Sie, können Sie mir bitte helfen?
Können Sie mir das bitte erklären?
Wiederholen Sie das doch bitte noch mal!
Können Sie das noch mal wiederholen?
Entschuldigung, ich muss noch mal nachfragen.
Darf ich noch mal nachfragen?

Antworten
Ja, gern.
Was verstehen Sie denn nicht?
Natürlich.
Aber gern.

Grammatik: Imperativsätze

Regelmäßige Verben

informell Sg.	informell Pl.	formell
~~du~~ komm~~st~~ → Komm!	~~ihr~~ kommt → Kommt!	Sie kommen → Kommen Sie!
~~du~~ rede~~st~~ → Rede!	~~ihr~~ redet → Redet!	Sie reden → Reden Sie!
~~du~~ warte~~st~~ → Warte!	~~ihr~~ wartet → Wartet!	Sie warten → Warten Sie!
~~du~~ öffne~~st~~ → Öffne!	~~ihr~~ öffnet → Öffnet!	Sie öffnen → Öffnen Sie!
~~du~~ entschuldig~~st~~ → Entschuldige!	~~ihr~~ entschuldigt → Entschuldigt!	Sie entschuldigen → Entschuldigen Sie!
~~du~~ lächel~~st~~ → Lächle!	~~ihr~~ lächelt → Lächelt!	Sie lächeln → Lächeln Sie!
~~du~~ pass~~t~~ auf → Pass auf!	~~ihr~~ passt auf → Passt auf!	Sie passen auf → Passen Sie auf!

Verben mit Vokalwechsel

informell Sg.	informell Pl.	formell
~~du~~ fähr~~st~~ → Fahr!	~~ihr~~ fahrt → Fahrt!	Sie fahren → Fahren Sie!
~~du~~ liest → Lies!	~~ihr~~ lest → Lest!	Sie lesen → Lesen Sie!
~~du~~ läd~~st~~ ein → Lade ein!	~~ihr~~ ladet ein → Ladet ein!	Sie laden ein → Laden Sie ein!

„Haben" und „sein"

informell Sg.	informell Pl.	formell
~~du~~ has~~t~~ → Hab keine Angst!	~~ihr~~ habt → Habt keine Angst!	Sie haben → Haben Sie keine Angst!
~~du bist~~ → Sei vorsichtig!	~~ihr~~ seid → Seid vorsichtig!	Sie sind → Seien Sie vorsichtig!

Vorschläge mit „Sollen / Wollen wir ...", „Soll ich ... ?" und mit „wir"

Vorschläge mit „Sollen / Wollen wir ...?", „Soll ich ...?"
Sollen / wollen wir einen Kaffee trinken?
Soll ich helfen?

Bedeutung
Ich schlage das vor. Möchtest du das auch?
Ich kann helfen. Möchtest du das?

Vorschläge mit „wir"
Gehen wir doch ins Kino!
Kochen wir doch mal zusammen!

Bedeutung
Ich schlage vor, wir gehen ins Kino.
Ich schlage vor, wir kochen zusammen.

A1–B1: 71   fünfundsechzig   65

8 Grüezi in der Schweiz

A Neu in Bern

1 Sehenswürdigkeiten in Bern

a Hören Sie verschiedene Informationen zu Bern. Ordnen Sie jeweils zwei Beschreibungen den vier Sehenswürdigkeiten zu. (50–53, A 1)

1. das Münster
2. der Bärenpark
3. die Zytglogge
4. das Bundeshaus

- ⎵ ein großes Gebäude mit einer Kuppel
- ⎵ 1 ein 100 m hoher Turm
- ⎵ ein berühmtes Glockenspiel
- ⎵ war früher ein Stadttor
- ⎵ Blick über die Altstadt und die Berner Alpen
- ⎵ hier leben die „Mutzen"
- ⎵ Sitz von Parlament und Regierung
- ⎵ Symbol der Stadt Bern

b Welche Sehenswürdigkeiten gibt es in Ihrer Stadt / Ihrem Kursort? Machen Sie ein Wortnetz zum Thema „Sehenswürdigkeiten in …".

2 In der Touristeninformation

a Hören Sie das Gespräch in der Touristeninformation. Welche der vier Sehenswürdigkeiten möchte Melanie noch besichtigen? Markieren Sie diese in 1a. (54)

b Hören Sie das Gespräch in 2a noch einmal. Was ist richtig: **a** oder **b**? Kreuzen Sie an. (54, A 2)

1. a. ⎵ Melanie kann vom Bahnhof mit dem Bus und mit der Straßenbahn zum Bärenpark fahren.
   b. ☒ Melanie kann vom Bahnhof nur mit dem Bus zum Bärenpark fahren.
2. a. ⎵ Der Bus Nr. 11 fährt zum Bärenpark.
   b. ⎵ Der Bus Nr. 12 fährt zum Bärenpark.
3. a. ⎵ Melanie fährt mit dem Rad zum Bärenpark.
   b. ⎵ Melanie fährt mit dem Bus zum Bärenpark.
4. a. ⎵ Melanie geht zu Fuß zur Zytglogge.
   b. ⎵ Melanie geht zu Fuß zum Münster.
5. a. ⎵ Man kommt gut zu Fuß zu den Sehenswürdigkeiten.
   b. ⎵ Man muss mit dem Auto zu den Sehenswürdigkeiten fahren.

D – A – CH

D: die Straßenbahn, die Tram
A: die Straßenbahn
CH: das Tram

D/A: das Fahrrad, das Rad
CH: das Velo

66 sechsundsechzig   A1 – B1: 72

› mündliche Zeit-, Ortsangaben verstehen › kurze Anweisungen verstehen › einfache Fragen beantworten
› über sich, andere und die direkte Umgebung sprechen

8

3 Grammatik kompakt: Präpositionen mit Dativ

Lesen Sie die Sätze in 2b und ergänzen Sie die Ausdrücke.

Verkehrsmittel (Wie?)	der Bus → mit _dem_ Bus
	das Auto → mit _____ Auto
	die Bahn → mit _____ Bahn

Richtungsangaben (Woher / wohin?)	der Bahnhof → (von dem →) _____ B.	der Bärenpark → (zu dem →) _____ B.
	das Münster → (von dem →) _vom_ M.	das Bundeshaus → (zu dem →) _____ B
	die Zytglogge → von der Z.	die Zytglogge → (zu der →) _____ Z.

4 Entschuldigung, wie komme ich zu …?

a Melanie fragt nach dem Weg. Hören Sie zwei Wegbeschreibungen und zeichnen Sie die Wege in den Stadtplan ein, Standorte: A und B.

🔊 55–56
↗ A 3

↑ geradeaus   ⇻ über die Kreuzung   🚶 X hier
→ rechts   ← links   🚶 X dort
🏠 → 🏠 von … (bis) zu / zum / zur

D–A–CH

D: Auf Wiedersehen!
D / A: Auf Wiederschauen!
CH: Uf Wiederluege, Adieu!

b Hören Sie die Wegbeschreibungen in 4a noch einmal. Haben Sie die Wege richtig eingezeichnet? 🔊 55–56

5 Von der Amthausgasse zu …

Partner 1 und Partner 2 bekommen je 1 Kärtchen. Sie sind beide in der Amthausgasse, Standort: C. Fragen Sie und machen Sie Notizen. Sind Ihre Notizen richtig?

1
Münster, Münsterplatz 1
Kornhaus, Kornhausplatz 18

2
Einsteinhaus, Kramgasse 49
Käfigturm, Spitalgasse 4

Entschuldigung, wie komme ich …?   Gehen Sie …   Und wie komme ich …?

A1–B1: 73   siebenundsechzig   67

8 Grüezi in der Schweiz

B Es geht um die Wurst

1 Einladung zur Grillparty

a Was bringt man in Ihrer Heimat zu einer Einladung mit? Was bringt man nicht mit? Markieren Sie und ergänzen Sie.

Blumen | eine Flasche Wein | Wasser | Pralinen | Brot | Obst | einen Salat / eine Suppe | ein Geschenk | ein Dessert | …

b Sprechen Sie in Gruppen oder im Kurs.

Und was bringt man in deiner Heimat mit?

In … bringt man … mit.

Was bringt man in … nicht zu einer Einladung mit?

In … bringt man keinen / kein / keine … mit. Und in …?

c Hören Sie das Gespräch zwischen Melanie und Michael.

Was hat Melanie zur Grillparty mitgebracht? _____

d Hören Sie das Gespräch in 1c noch einmal. Beantworten Sie folgende Fragen.

1. Was hat Melanie nicht mitgebracht? _____
2. Was bringen Schweizer immer zu einer Grillparty mit? _____
3. Die Situation ist Melanie peinlich. Wie reagiert Michael? _____

e Hören Sie das Gespräch in 1c noch einmal. Welche Antwort von Michael ist richtig: a oder b? Hören Sie genau zu und kreuzen Sie an.

1. Vielen Dank für die Einladung.   a. ☐ Ja, danke.   b. ☒ Nichts zu danken.
2. Die Blumen sind für dich.   a. ☐ Oh, vielen Dank.   b. ☐ Bitte, bitte.
3. Oh, Entschuldigung.   a. ☐ Das ist ein Problem.   b. ☐ Das ist kein Problem.
4. Das tut mir echt leid.   a. ☐ Sehr gerne, danke.   b. ☐ Das ist doch nicht so schlimm.

2 Wie peinlich!

Lieber Alex,
jetzt bin ich schon drei Wochen hier und die Stadt gefällt mir sehr gut. Warst du schon einmal in Bern? Die Stadt ist nicht sehr groß (ca. 130.000 Einwohner), aber es gibt viele Sehenswürdigkeiten und Kulturveranstaltungen; ich habe schon das Münster, den Bärenpark, die Zytglogge und das Bundeshaus besichtigt.
Morgen gehe ich ins Paul-Klee-Museum. Du weißt, die Bilder von Paul Klee finde ich super. Im Einsteinhaus war ich noch nicht, aber das wollen meine Kollegen und ich nächstes Wochenende besuchen. Du siehst, ich habe ziemlich viel Stress! Freizeitstress ;-) Meine neue Arbeit gefällt mir wirklich gut und meine Kollegen sind total nett.
Gestern war ich auf einer Grillparty. Oh, das war echt peinlich, denn ich hatte keine Steaks oder Würstchen dabei. Mein Kollege Michael hat aber auch vorher kein Wort gesagt. Alle (!) haben etwas zum Grillen mitgebracht (das macht man in der Schweiz so), nur die liebe Melanie hatte nichts dabei!!! Ich habe nur Blumen mitgebracht. Peinlich! Alle hatten viel Spaß. Aber natürlich habe ich doch eine Wurst bekommen – eine original Schweizer Cervelat-Wurst. Die hat wirklich gut geschmeckt. Das nächste Mal bringe ich ganz bestimmt MEINE Wurst mit! ;-) Andere Länder – andere Sitten! Und wann kommst du nach Bern?
Viele liebe Grüße
Melanie

68 achtundsechzig   A1–B1: 74

› häufige mündliche Formeln verstehen › einfache Fragen beantworten › in einfachen E-Mails Anlass oder Hauptinformation verstehen › E-Mails schreiben › einige sprichwörtliche Redensarten verstehen und verwenden

8

a Lesen Sie die E-Mail von Melanie an Alex unten links. Wie beschreibt Melanie ihr Leben in Bern? Was ist richtig (r), was ist falsch (f)? Kreuzen Sie an.

B 2a–b

	r	f
1. Melanie bleibt nur drei Wochen in Bern.	☐	X
2. Melanie möchte das Paul-Klee-Museum besichtigen.	☐	☐
3. Melanie hat das Einstein-Haus schon besichtigt.	☐	☐
4. Melanie muss sehr viel arbeiten.	☐	☐
5. Melanie findet ihre Kollegen nicht sehr sympathisch.	☐	☐
6. Die Situation war Melanie peinlich.	☐	☐
7. Melanie will das nächste Mal eine Wurst mitbringen.	☐	☐

b Lesen Sie den letzten Abschnitt in der Mail in 2a noch einmal. Was bedeuten hier die Wörter „nichts", „etwas", „man", „alle"? Ordnen Sie zu.

B 2c

1. nichts   a. ☐ eine Sache, ein bisschen (hier: Fleisch oder Wurst zum Grillen)
2. etwas   b. ☐ jeder, die Gesamtheit (hier: die Gäste auf der Grillparty)
3. man   c. 1 keine Sachen (hier: zum Grillen)
4. alle   d. ☐ die Leute, eine bestimmte Gruppe (hier: die Schweizer)

c Waren Sie schon mal in Bern? Schreiben Sie an Melanie. Die Redemittel helfen.

~~vielen Dank für deine Mail~~ | Liebe Grüße | aber vielleicht im September nach Bern kommen | deine Geschichte „Ohne Wurst auf der Grillparty" echt lustig und peinlich sein | im Moment leider keine Zeit haben

A Ja, schon mal | … nicht gesehen haben | auch Cervelat-Wurst probiert haben | viele Sehenswürdigkeiten gesehen haben | das … war besonders schön | sie sehr gut geschmeckt haben | …

B nein, noch nie | was Zytglogge sein? | Bundeshaus das Parlament sein? | Paul-Klee-Museum und Einsteinhaus sicher sehr interessant sein | auch gerne Cervelat-Wurst probieren | …

> Liebe Melanie,
> vielen Dank für deine Mail. Nein, ich war …

3 Grammatik kompakt: Das Präsens und seine Verwendung

Markieren Sie in folgenden Sätzen die Zeitangaben und die Verbformen. Ergänzen Sie die Regel.

B 3

allgemeine Gültigkeit | Zukunft | Gegenwart

Das Präsens kann man verwenden für Situationen:
1. In der Schweiz bringt man etwas zum Grillen mit. _____
2. Melanie geht heute zur Grillparty. _____
3. Morgen besucht sie das Paul-Klee-Museum. _____

4 In der Schweiz leben und arbeiten?

a Lesen Sie die Grafik „Warum möchten Deutsche in der Schweiz leben oder arbeiten?" und sprechen Sie.

- man spricht Deutsch: 61%
- schönes Land: 68%
- man muss nicht so viele Steuern bezahlen: 78%
- man verdient mehr Geld: 79%

68% möchten in der Schweiz leben oder arbeiten, denn die Schweiz ist ein schönes Land.

© TNS Infratest 2008

b Und Sie? In welchem Land möchten Sie gerne leben und warum?

8 Grüezi in der Schweiz

C Wie komme ich ...?

1 Auf dem Weg zum Zentrum Paul Klee

a Hören Sie das Gespräch. Was ist richtig? Kreuzen Sie an.

Melanie möchte zum Einkaufszentrum
und fragt nach dem Weg. ☐
Melanie ist falsch gelaufen und fragt nach dem Weg. ☐
Melanie ist an der Information des Museums
und fragt etwas. ☐

b Hören Sie das Gespräch in 1a noch einmal. Welche Wegbeschreibung hören Sie? Kreuzen Sie an.

1. Gehen Sie hier um die Ecke. ☒
2. Gehen Sie um das Einkaufszentrum herum. ☐
3. Gehen Sie durch das Einkaufszentrum. ☐
4. Gehen Sie um das Museum herum. ☐
5. Gehen Sie auf der Giacomettistrasse weiter. ☐
6. Dann gehen Sie durch den Haupteingang. ☐

durch

um ... (herum)

c Wie muss Melanie gehen? Bringen Sie die Wegbeschreibung in die richtige Reihenfolge.

und dann links in die Giacomettistrasse. ☐
Sie müssen hier um die Ecke gehen, 1
bis zum Einkaufszentrum. ☐
und dann sehen Sie schon den Haupteingang. ☐
Gehen Sie auf der Giacomettistrasse weiter ☐
Gehen Sie durch das Einkaufszentrum ☐

In der Schweiz: „ss", nicht „ß", z. B. „Strasse".

d Hören Sie das Gespräch in 1a noch einmal und vergleichen Sie.

2 Grammatik kompakt: Richtungsangaben „durch" und „um ... (herum)"

Markieren Sie die Sätze mit „durch" und „um" in 1b. Was fällt auf? Ergänzen Sie die Regel.

durch + _Akkusativ_ , z. B. durch den Haupteingang
um + _____ (herum), z. B. um das Museum (herum)

Lernen Sie Präpositionen immer mit dem Kasus, z. B.: durch + Akk. mit + Dativ

3 Paul Klee – ein berühmter Berner

a Überfliegen Sie den Text auf der nächsten Seite. Was ist das? Kreuzen Sie an.

☐ ein Zeitungsartikel   ☐ eine Anzeige   ☐ eine Biografie

b Lesen Sie den Text auf der nächsten Seite noch einmal und beantworten Sie die Fragen.

1. Wann ist Paul Klee geboren? _Am 18. Dezember 1879._
2. Wo ist Paul Klee geboren? _____
3. Was studiert er in München? _____
4. Zu wem kommt er 1911? _____
5. Wer gehört noch zur Gruppe „Blauer Reiter"? _____
6. Was macht Paul Klee am „Bauhaus"? _____
7. Warum geht er 1933 in die Schweiz zurück? _____
8. Wann stirbt Paul Klee? _____

70 siebzig
A1–B1: 76

> kurze Anweisungen verstehen > Texten Angaben zu Personen und Orten entnehmen, Stichpunkte aufschreiben
> Eigenschaften (von Bildern) benennen > Vorlieben und Abneigungen einfach ausdrücken

8

Paul Klee (Maler, 1879–1940)

Paul Klee ist am 18. Dezember 1879 in Münchenbuchsee bei Bern geboren. 1898 beendet er in Bern die Schule und beginnt sein Kunststudium in München. 1901 reist er nach Italien und 1905 nach Paris. 1906 heiratet er die Pianistin Lili Stumpf. Das Ehepaar Klee wohnt ab 1906 in München. 1911 kommt er zur Künstlergruppe „Blauer Reiter". Zur Gruppe gehören auch die Künstler Wassily Kandinsky, Franz Marc, Gabriele Münter, Alfred Kubin und August Macke.
1914 reist Paul Klee mit August Macke und Louis Moilliet nach Tunesien. Von 1921 bis 1931 unterrichtet Paul Klee Malerei an der Kunstschule „Bauhaus" in Weimar und in Dessau. Von 1931 bis 1933 ist er Professor an der Kunstakademie in Düsseldorf. 1933 entlassen ihn die Nationalsozialisten, denn seine Kunst passt nicht in ihre Ideologie. Paul Klee geht in die Schweiz zurück. Am 29. Juni 1940 stirbt er in Muralto (Schweiz).

Für Biografien oder historische Berichte kann man auch das Präsens verwenden. Man nennt es dann „historisches Präsens".

4 Im Zentrum Paul Klee

a Welche Farben sehen Sie auf den beiden Bildern unten?   C 4a

gelb, ...

b Melanie geht mit einem Audioguide durch das Museum und hört sich gerade eine Bildbeschreibung an. 🔊 59
Hören Sie die Bildbeschreibung. Vor welchem Bild steht sie?

a. ☐ Farbtafel (auf maiorem Grau), 1930   b. ☐ Harmonie der nördlichen Flora, 1927

c Wie gefallen Ihnen die Bilder? Sprechen Sie mit einem Partner / einer Partnerin und begründen Sie Ihre Antwort.   C 4b–c

sehr gut | ganz gut | nicht gut | schön | nicht schön | interessant | langweilig | Es ist sehr einfach. | Es ist (zu) bunt. | Es ist (zu) abstrakt. | Es hat schöne / kalte / dunkle / helle / leuchtende ... Farben.

Wie gefällt dir das Bild?

Ich finde es ... / Mir gefällt es ... Denn ...
Und wie findest du es?

A1–B1: 77

einundsiebzig 71

8 Alles auf einen Blick — Lektionswortschatz in Feldern

Durch die Stadt
das Verkehrsmittel, -
die Bahn, -en
der Bus, -se
das Fahrrad, ⸚er (D)
das Velo, -s (CH)
die Straßenbahn, -en
die Tram, -s (D) / das Tram, -s (CH)
zu Fuß gehen
abbiegen
halten (der Bus hält)
aussteigen
umsteigen
der Bahnhof, ⸚e
die Fahrkarte, -n
der Automat, -en
    Fahrkartenautomat
die Tageskarte, -n
der Ort, -e
    Standort
die Ecke, -n
die Touristeninformation, -en
die Attraktion, -en
die Sehenswürdigkeit, -en
die Führung, -en
das Gebäude, -
die Glocke, -n
das Glockenspiel, -e
die Kuppel, -n
das Münster, -
das Parlament, -e
die Regierung, -en
das Tor, -e
der Turm, ⸚e
der Stadtplan, ⸚e
die Gasse, -n
der Weg, -e
die Kreuzung, -en
der Platz, ⸚e
besichtigen
einzeichnen

Wegbeschreibung
hier ≠ dort
(weiter) geradeaus
rechts ≠ links
bis zur Kreuzung
über die Kreuzung

Malerei / Kunst
die Kunstakademie, -n
die Kunstschule, -n
die Malerei (nur Sg.)

Sonstiges
Nomen
der Appetit (nur Sg.)
der Bär, -en
die Biografie, -n
die Blume, -n
der Dank (nur Sg.) für + A
das Ehepaar, -e
der Eingang, ⸚e
die Einladung, -en
das Einkaufszentrum, -zentren
das Ende (hier nur Sg.)
der Fehler, -
die Gegenwart (hier nur Sg.)
die Vergangenheit (hier nur Sg.)
die Zukunft (hier nur Sg.)
das Geschenk, -e
die Geschichte, -n
die Party, -s
    Grillparty
Haupt- (Haupteingang /
    Hauptsehenswürdigkeit / …)
die Ideologie, -n
das Leben, -
der Moment, -e
    im Moment
die Region, -en
die Reihenfolge, -n
die Reise, -n
der Reiseführer, -
die Sitte, -n
die Steuer, -n
die Stimmung, -en
das Symbol, -e
die Zukunft (hier nur Sg.)

Verben
beenden
dabeihaben
danken für + A
entlassen
erhalten
mitbringen
gehören (zu + D)
grillen
heiraten
schmecken
sterben
tippen
eintippen
zurückgehen

Adjektive
astronomisch
abstrakt
aggressiv
berühmt
bunt
direkt
einfach
fröhlich
lustig
original
peinlich
total
traurig
verärgert
voll
weit

Adverbien
bestimmt

Pronomen / Artikel
alle
etwas
nichts

Präpositionen
bei (dem / der)
für (den / das / die)
durch (den / das / die)
mit (dem / der)
um (den / das / die) … (herum)
von (dem / der)
zu (dem / der)
von … (bis) zu

Redemittel / Ausdrücke
das nächste Mal.
… gefällt mir gut / nicht gut /
    schlecht.

Redemittel / Grammatik

Mit Sprache handeln: Dank und Entschuldigung

Person A
Vielen Dank für …
Die Blumen / Das … sind / ist für dich.
Oh, Entschuldigung. /
Das tut mir (echt) leid.

Person B
Bitte, bitte.
Oh, vielen Dank.
Das ist kein Problem. /
Das ist doch nicht so schlimm.

Grammatik

Lokale Angaben

Richtungsangaben + Akkusativ

Beispiele

durch (den / das / die) — **durch den** Park / **durch das** Einkaufszentrum / **durch die** Stadt
um (den / das / die) … (herum) — **um den** Haupteingang / **um das** Haus / **um die** Ecke herum

Richtungsangaben + Dativ

Beispiele

von
vom (← von dem) — **vom** Bahnhof
von der — **von der** Zytglogge
zu
zum (← zu dem) — **zum** Park
zur (← zu der) — **zur** Zytglogge
von – (bis) zu — **vom** Münster (bis) **zum** Bahnhof
— **von der** Postgasse (bis) **zur** Kramgasse

bei
beim (← bei dem) — **beim** Bahnhof
bei der — **bei der** Zytglogge

Lokale Angaben + Akkusativ oder Dativ

in – **wohin?** (Akkusativ)		in – **wo?** (Dativ)	
in den	**in den** Park	im (← in dem)	**im** Bärenpark
ins (← in das)	**ins** Haus		**im** Haus
in die	**in die** Kramgasse	in der	**in der** Schweiz

„in" ist eine Wechselpräposition.
Wo? „in" + Dativ:
im Haus
Wohin? „in" + Akkusativ:
ins Haus

Präposition mit + Dativ

Ich fahre mit dem Bus.

Indefinitpronomen

nichts	keine Sachen	Ich bringe nichts zur Party mit (z. B. kein Geschenk, …).
etwas	eine unbestimmte Sache, ein bisschen	Ich bringe etwas zur Party mit. (Ich weiß noch nicht was.)
man	die Leute, eine bestimmte Gruppe	Man bringt zu einer Party ein Geschenk mit (das ist eine Regel).
alle	jeder, die Gesamtheit	Alle (hier: Gäste) haben einen Salat mitgebracht.

Verwendung von Präsens

| Gegenwart / allgemeine Gültigkeit | Verb im Präsens |
| Zukunft | Verb im Präsens + Zeitangabe für die Zukunft (z. B. morgen, in zwei Wochen): Morgen gehe ich ins Zentrum Paul Klee. |

A1 – B1: 79

Übungsbuchteil

DaF kompakt neu A1

1 Ich und die anderen

A Guten Tag

1 Willkommen im Sommerkurs!

a Schreiben Sie das Gespräch.

~~Guten Tag. Ich heiße Christiane Brandt. Und Sie?~~ | Herzlich willkommen im Sommerkurs! |
Guten Tag. Mein Name ist Tarik Amri. | Freut mich, Herr Amri. Woher kommen Sie? |
Ich komme aus Marokko.

1. ○ _Guten Tag. Ich heiße Christiane Brandt. Und Sie?_   ● _____
2. ○ _____   ● _____
3. ○ _____

b Schreiben Sie das Gespräch.

Aus Marokko, aus Casablanca. Und du? | ~~Hallo. Ich bin neu im Deutschkurs.~~ | Woher kommst du? |
Grüß dich. Ich bin Leyla. Wie heißt du? | Ich bin aus der Türkei, aus Ankara. | Ich heiße Tarik. |

1. ○ _Hallo. Ich bin neu im Deutschkurs._   ● _____
2. ○ _____   ● _____
3. ○ _____

c Schreiben Sie die Sätze.

1. neu | ich | bin | Deutschkurs | im   _Ich bin neu im Deutschkurs._ .
2. du | heißt | wie   _____ ?
3. Name | mein | Marie | ist   _____ .
4. kommst | du | woher   _____ ?
5. bin | ich | Italien | aus | du | Und   _____ . _____ ?
6. komme | ich | Brasilien | aus   _____ .
7. im | Deutschkurs | willkommen   _____ !

> Fragen:
> Am Ende steht ein
> **Fragezeichen (?)**.
> Antwort/Aussagesatz:
> Am Ende steht ein
> **Punkt (.)**.
> Exklamation (Ausruf):
> Am Ende steht ein
> **Ausrufezeichen (!)**.

2 Was kann man sagen?

Ergänzen Sie „Ich" oder „Ich bin".

1. _Ich bin_ aus Deutschland.
2. _____ komme aus Spanien.
3. _____ Student.
4. _____ Deutschlehrerin.
5. _____ Rodrigo.
6. _____ aus Ankara.
7. _____ heiße Anna.
8. _____ neu im Kurs.
9. _____ studiere Philosophie.

3 Du und Sie

Verbinden Sie.

1. Wie heißen Sie?   a. Aus Österreich. Und du?
2. Wie heißt du?   b. Ich bin aus Polen. Und Sie?
3. Woher kommst du?   c. Mein Name ist Martin Müller.
4. Woher kommen Sie?   d. Ich bin Annabel.

76 sechsundsiebzig   A1 – B1: 14

4 Begrüßen und verabschieden

Formell oder informell? Kreuzen Sie an.

	formell	informell			formell	informell
1. Grüß dich.	☐	☐	4. Tschüss.	☐	☐
2. Auf Wiedersehen.	☐	☐	5. Guten Tag.	☐	☐
3. Hallo.	☐	☐	6. Tschau.	☐	☐

5 Nobelpreise für Literatur

Woher kommen die Schriftsteller? Ergänzen Sie die Tabelle.

aus Deutschland | aus Frankreich | aus Großbritannien | aus Japan | aus Kanada | aus Österreich |
aus Polen | aus Portugal | aus Schweden | aus Ungarn | ~~aus den USA~~ | aus der Türkei | aus Italien |
aus China | aus Weißrussland | aus Peru

Schriftsteller	Land	Schriftsteller	Land
1. Toni Morrison (1993)	aus den USA	9. Harold Pinter (2005)	
2. Kenzaburo Oe (1994)		10. Orhan Pamuk (2006)	
3. Wisława Szymborska (1996)		11. Mario Vargas Llosa (2010)	
4. Dario Fo (1997)		12. Tomas Tranströmer (2011)	
5. José Saramago (1998)		13. Mo Yan (2012)	
6. Günter Grass (1999)		14. Alice Munro (2013)	
7. Imre Kertész (2002)		15. Patrick Modiano (2014)	
8. Elfriede Jelinek (2004)		16. Swetlana Alexijewitsch (2015)	

6 Studenten aus aller Welt

a Ergänzen Sie „er" oder „sie".

1. Piotr kommt aus Polen. _Er_ studiert Medizin.
2. Christine ist neu im Deutschkurs. _____ kommt aus Frankreich.
3. Enrique und Maria kommen aus Brasilien. _____ studieren Germanistik.
4. Paul, Mario und Enzo kommen aus Italien. _____ studieren zusammen Informatik.
5. Das ist Patrick. _____ kommt aus Kanada und studiert Physik.
6. Das sind Anne und Angela. _____ kommen aus den USA.

b Schreiben Sie die Sätze. Achten Sie auf die Satzzeichen.

1. Leylakommtausdertürkeiausankarasiestudiertmedizin
   Leyla kommt aus der Türkei, aus Ankara. Sie studiert Medizin.

2. tarikistneuimdeutschkurserkommtausmarokkoauscasablanca
   _____

3. veronikakommtausmoskausiestudiertchemie
   _____

4. patrickundpaulkommenausfrankreichsiestudierengermanistik
   _____

5. dasistthomaserkommtausösterreichundstudiertmaschinenbau
   _____

Satzzeichen

. = der Punkt
, = das Komma
? = das Fragezeichen
! = das Ausrufezeichen

Das 1. Wort im Satz, Namen und Nomen schreibt man groß.

A1–B1: 15   siebenundsiebzig   **77**

1 Ich und die anderen

B Sprachen öffnen Türen

1 Ein Sprachgenie

Lesen Sie den Text aus 1a aus dem Kursbuch noch einmal und ordnen Sie zu.

1. Das Sprachgenie heißt
2. Alex Rawlings kommt
3. Er spricht
4. Seine Muttersprachen sind
5. In der Schule lernt er
6. Er lernt auch
7. Er studiert in Oxford
8. Jetzt wohnt er
9. Er arbeitet als Sprachlehrer

a. ☐ Deutsch und Russisch.
b. ☐ Englisch und Griechisch.
c. ☐ Französisch, Deutsch und Spanisch.
d. ☐ 1 Alex Rawlings.
e. ☐ in Ungarn, in Budapest.
f. ☐ Niederländisch, Italienisch und Katalanisch.
g. ☐ aus Großbritannien.
h. ☐ und lernt Ungarisch und Serbisch.
i. ☐ 14 Sprachen.

lernen und studieren:
Ich **lerne** Deutsch im Sprachenzentrum.

Ich **studiere** Deutsch (= Germanistik) an der Universität.

2 E-Mail aus Tübingen

a Markieren Sie alle Verben in 1 und schreiben Sie die Infinitive.

1. *heißen*   3. _____   5. _____   7. _____
2. _____   4. _____   6. _____   8. _____

b Ergänzen Sie die Sätze. Verwenden Sie die Verben aus 2a.

> Lieber Daniel,
> ich _wohne_ [1] jetzt in Tübingen und _____ [2] Deutsch. Der Deutschkurs im Fachsprachenzentrum ist super. Die Deutschlehrerin _____ [3] Christiane Brandt. Sie _____ [4] aus Köln. Im Deutschkurs _____ [5] 15 Studenten. Sie _____ [6] aus aller Welt: aus China, aus Spanien, aus der Schweiz, aus der Türkei. Rodrigo _____ [7] aus Brasilien und _____ [8] Medizin – er ist sehr sympathisch. Rodrigo _____ [9] ein Sprachgenie: Er _____ [10] Portugiesisch, Englisch, Französisch, Spanisch, Russisch und er _____ [11] jetzt Deutsch. Annabel _____ [12] aus Spanien. Sie _____ [13] Ingenieurin und _____ [14] schon. Sprachen sind ihr Hobby.
> Viele Grüße
> Tarik

3 Du und ich – ihr und wir

Ordnen Sie Fragen und Antworten zu.

1. Wie heißt du?
2. Wie heißt ihr?
3. Woher kommst du?
4. Woher kommt ihr?
5. Was lernst du?
6. Was lernt ihr?
7. Was sprichst du?
8. Welche Sprachen sprecht ihr?
9. Wo wohnst du?
10. Wo wohnt ihr?

a. ☐ Wir wohnen in Berlin.
b. ☐ Wir sprechen Französisch und Spanisch.
c. ☐ Wir lernen Italienisch.
d. ☐ Wir kommen aus den USA.
e. ☐ Ich wohne in München.
f. ☐ Ich spreche Deutsch und Englisch.
g. ☐ Ich lerne Japanisch.
h. ☐ Ich komme aus Österreich.
i. ☐ Ich bin Mia, und das ist Leonie.
j. ☐ 1 Ich heiße Karolin.

4 Hier sind noch Fehler ...

Lesen Sie noch einmal das Interview im Kursbuch B 3. Korrigieren Sie die Fehler und schreiben Sie den Text neu.

Mia kommt aus der Schweiz, aus Bern. Die Mutter ist Schweizerin. Der Vater kommt aus Italien. Mia wohnt in Bonn und studiert Chemie. Sie spricht Französisch als Muttersprache. Sie spricht auch sehr gut Italienisch.

Mia kommt aus der Schweiz, aus Zürich. ...

5 Fragen und Antworten

a Ordnen Sie Fragen und Antworten zu.

1. Arbeiten Sie an der Universität?
2. Kommst du aus Tunesien?
3. Lernst du Russisch?
4. Sind Sie Deutschlehrer?
5. Sind Sie Schweizer?
6. Sprechen Sie Deutsch?
7. Sprichst du Englisch?
8. Studierst du Philosophie?

a. ☐ Ja, Deutsch ist meine Muttersprache.
b. ☐ 1 Ja, ich bin Professor für Mathematik.
c. ☐ Ja, sehr gut. Meine Mutter ist Engländerin.
d. ☐ Nein, aus Marokko.
e. ☐ Nein, Deutscher. Ich komme aus München.
f. ☐ Nein, Englischlehrer.
g. ☐ Nein, Psychologie.
h. ☐ Nein, Ungarisch.

b Schreiben Sie die Fragen.

1. *Kommst du aus Berlin?* — Ja, ich komme aus Berlin.
2. *Woher kommst du?* — Aus Frankreich.
3. _____ — Ich wohne in München.
4. _____ — In Leipzig? Nein, ich wohne in Dresden.
5. _____ — Ja, ich spreche gut Spanisch.
6. _____ — Ich spreche Englisch und Niederländisch.
7. _____ — Ja, ich arbeite hier.
8. _____ — Ich studiere Wirtschaftswissenschaften.
9. _____ — Ja, ich bin neu im Deutschkurs.

6 Nationalitäten im Deutschkurs

a Lesen Sie den Text und markieren Sie die Nationalitäten.

Der Deutschkurs ist international: Tarik kommt aus Marokko, aus Casablanca. Er ist Marokkaner. Rodrigo ist aus Brasilien. Er ist Brasilianer. Leyla ist Türkin und Jan ist Pole. Michèle ist aus Paris. Sie ist Französin. Die Lehrerin kommt aus Köln – sie ist Deutsche.

b Ergänzen Sie die Tabelle. Was fällt auf? Ergänzen Sie die Regel.

Land	Nationalität: männlich ♂	Nationalität: weiblich ♀	Sprache
Marokko		Marokkanerin	Arabisch
Brasilien		Brasilianerin	Portugiesisch
die Türkei	Türke		Türkisch
Polen		Polin	Polnisch
Frankreich	Franzose		Französisch
Deutschland	Deutscher		Deutsch
...			

Oft:
Männlich: Endung -er / ____
Weiblich: Endung ____

Aber:
Michèle ist Französin.
Christiane ist Deutsche.

A1–B1: 17

neunundsiebzig 79

1 Ich und die anderen

C Buchstaben und Zahlen

1 Von A bis Z

a Ergänzen Sie die Buchstabiertafel. Hören Sie dann und lesen Sie mit.

A _A_	Anton	Gustav	Otto	Theodor
Ä _Ä_	Ärger	Heinrich	Ökonom	Ulrich
	Berta	Ida	Paula	Übermut
	Cäsar	Julius	Q _Q_ Quelle	Viktor
Ch _Ch_	Charlotte	Kaufmann	Richard	Wilhelm
	Dora	Ludwig	Siegfried / Samuel	Xanthippe
	Emil	Martha	Sch _Sch_ Schule	Ypsilon
	Friedrich	Nordpol	ß _ß_ Eszett	Zeppelin / Zacharias

b Buchstabieren Sie die Wörter rechts wie im Beispiel.

○ Entschuldigung, wie ist Ihr Name bitte?
● Alves.
○ Buchstabieren Sie bitte!
● A – L – V – E – S.
○ Entschuldigung, ich verstehe nicht.
● Anton – Ludwig – …

~~Alves~~ | Meixner | Jäckels | Wirtz | Caermerlynck | Römer | Courtois | Düchting | Quast | Dräxler | Bäßler | Schwarting | Vascotto | Hildebrandt

2 Zahlen

a Schreiben Sie die Zahlen.

1. dreizehn _13_
2. einunddreißig _____
3. vierundfünfzig _____
4. fünfundvierzig _____
5. einundsiebzig _____
6. siebzehn _____
7. einundvierzig _____
8. vierzehn _____
9. neunundzwanzig _____
10. zweiundneunzig _____
11. achtundsechzig _____
12. sechsundachtzig _____

b Welche Zahlen hören Sie? Kreuzen Sie an.

1. ☒ 16 ☐ 60
2. ☐ 67 ☐ 76
3. ☐ 48 ☐ 84
4. ☐ 113 ☐ 131
5. ☐ 335 ☐ 533
6. ☐ 2120 ☐ 2121
7. ☐ 3335 ☐ 3353
8. ☐ 6667 ☐ 6676
9. ☐ 9889 ☐ 9998

Sie hören oft „zwo" für „zwei", „hundert" für „einhundert" und „tausend" für „eintausend".

c Schreiben Sie die Zahlen.

a. 99 _neunundneunzig_
b. 33 _____
c. 45 _____
d. 58 _____
e. 61 _____
f. 747 _____
g. 828 _____
h. 994 _____
i. 1213 _____
j. 2562 _____
k. 3833 _____
l. 45480 _____
m. 552355 _____
n. 676621 _____

d Welche Telefonnummern hören Sie? Notieren Sie.

1. _307511_
2. _____
3. _____
4. _____
5. _____
6. _____

80 achtzig

A1–B1: 18

3 Beliebte Studienfächer in Deutschland

Wie viele Studenten studieren welche Fächer? Ergänzen Sie die Zahlen.

1. Betriebswirtschaftslehre _____ 209724
2. Maschinenbau _____
3. Rechtswissenschaft _____
4. Medizin _____
5. Wirtschaft _____
6. Informatik _____
7. Germanistik _____
8. Elektrotechnik _____

(im Wintersemester 2013 / 14. Quelle: Statistisches Bundesamt)

4 Sich und andere vorstellen

Interview im Unimagazin: Schreiben Sie die Fragen an Mia.

1. Wie ist Ihr Familienname? — Brunner.
2. _____ — Aus der Schweiz.
3. _____ — In Tübingen.
4. _____ — Wirtschaftswissenschaften.
5. _____ — Deutsch, Französisch, Italienisch und ein bisschen Chinesisch.
6. _____ — 07071 /43 49 08.
7. _____ — mia.brunner@xmu.de
8. _____ — Goethestraße 28.
9. _____ — 19 Jahre.

5 Zu guter Letzt: eine E-Mail schreiben

a Was schreibt man groß? Markieren Sie die Fehler und schreiben Sie die E-Mail noch einmal korrekt in ihr Heft.

> liebe martina,
> ich bin jetzt in tübingen. tübingen ist super!!! der sprachkurs ist interessant. die lehrerin heißt frau brandt und ist sehr nett. wir sind 15 studenten im sprachkurs. fünf studenten kommen aus china. sie sprechen schon sehr gut deutsch. leyla kommt aus der türkei. tarik ist aus marokko und studiert informatik. antoine kommt aus der schweiz. er ist aus genf und spricht französisch als muttersprache. mein tandempartner heißt tim und kommt aus münchen. er studiert auch in tübingen und lernt portugiesisch. wir sprechen deutsch und portugiesisch zusammen – das macht viel spaß.
> viele grüße
> rodrigo

b Schreiben Sie eine E-Mail über Ihren Deutschkurs in Ihr Heft.

Lieber … / Liebe …,

ich bin jetzt in … | Der Sprachkurs ist (sehr) … | Der Lehrer / Die Lehrerin … | … studiert … |
Die Studenten kommen aus … | Mein Tandempartner / Meine Tandempartnerin … | …

Viele Grüße …

Eine E-Mail schreiben:
Anrede:
„Lieber Lukas, …" oder
„Liebe Mia, …"
Gruß:
„Viele Grüße" oder
„Liebe Grüße" +
Unterschrift

1 Ich und die anderen

DaF kompakt – mehr entdecken

1 Wortschatz lernen und erweitern

a Was verstehen Sie schon? Markieren Sie und vergleichen Sie im Kurs.

DSH = Deutsche Sprachprüfung für den Hochschulzugang

der/die Studierende offizielle Bezeichnung;

der Student/ die Studentin: umgangssprachlich; oft gebraucht.

> Die Welt in Tübingen: Deutsch lernen im Haus der Sprachen
> Abteilung „Deutsch als Fremdsprache und Interkulturelle Programme"
>
> **HERZLICH WILLKOMMEN IN TÜBINGEN!**
>
> Die Universität Tübingen wurde 1477 gegründet und ist eine der deutschen Spitzenuniversitäten.
> Traditionsreichtum trifft hier auf Innovation und Kreativität.
>
> Aktuell studieren 28.700 Studierende in Tübingen, verteilt auf 8 Fakultäten.
> Wir bieten Ihnen eine herzliche Atmosphäre und individuellen Service.
> Unser Kurs bietet Unterricht auf den Sprachstufen von A2 – C1 an.
>
> Termine: Anmeldung Intensivkurse: 12. – 15. Oktober 2015
> Vorbereitungskurs DSH: 26. Oktober – 17. November 2015

b Machen Sie Kategorien.

Organisieren Sie neue Wörter in Kategorien.

Internationale Wörter: Programm, …
Zahlen: 1477, …
Termine: 12. – 15. Oktober, …

Geographie: Welt, Deutsch, …
Universität: Studierende, …
andere: …

c Spielen Sie „Stadt-Land-Fluss".

Spielregel: Spielen Sie in Gruppen. Ein Spieler sagt im Kopf das Alphabet. Die anderen sagen „Stopp". Der Buchstabe bei „Stopp" ist der Anfangsbuchstabe. Alle schreiben für jede Kategorie ein Wort mit dem Buchstaben. Wer ist zuerst fertig und hat alle Wörter richtig? Das ist der Gewinner/die Gewinnerin.

	Stadt	Land	Fluss	Name	Nationalität	Sprache	…
A	Ankara	Argentinien	Amazonas	Alonso	Amerikaner	Afrikaans	…

2 Über Sprache reflektieren

Ergänzen Sie die Tabellen. Wie heißen die Wörter in Ihrer Sprache? Vergleichen Sie im Kurs.

Deutsch	Englisch	andere Sprache(n)
kommen	to come	
sprechen	to speak	
lernen	to learn	
studieren	to study	
arbeiten	to work	
sein	to be	

Deutsch	Englisch	andere Sprache(n)
er	he	
sie (Singular)	she	
sie (Plural)	they	

3 Miniprojekt

Stellen Sie im Kurs eine berühmte Person aus Ihrem Land vor. Machen Sie eine Präsentation oder ein Plakat.

Phonetik

Satzmelodie in kurzen Aussagesätzen und Fragen

1 Woher kommen Sie? 🔊 69

a Hören Sie die Sätze und lesen Sie mit.

1. ○ Wie geht es dir? ● Gut, und dir?
2. ○ Woher kommen Sie? ● Ich komme aus der Türkei.
3. ○ Kommen Sie aus Russland? ● Nein, ich komme aus Polen.

b Hören Sie die Sätze in 1a noch einmal und summen Sie mit.

c Sprechen Sie die Sätze in 1a.

d Hören Sie die Sätze. Was fällt auf? Ergänzen Sie die Phonetikregel und kreuzen Sie an. 🔊 70

1. a. ○ Wie geht es Ihnen? b. ● Danke gut, und Ihnen?
2. a. ○ Woher kommen Sie? b. ● Ich komme aus Südafrika.
3. a. ○ Kommen Sie aus Japan? b. ● Nein, ich komme aus China.

1. Aussagesatz, z. B. Satz __2b__ + _____ a. ⌴ ↗ b. ⌴ ↘
2. Ja / Nein-Frage, z. B. Satz _____ a. ⌴ ↗ b. ⌴ ↘
3. W-Fragen, z. B. Satz _____ + _____ a. ⌴ ↗ b. ⌴ ↘
4. Rückfragen, z. B. Satz _____ a. ⌴ ↗ b. ⌴ ↘

2 Guten Tag!

a Hören Sie die Sätze. Was hören Sie: ↗ oder ↘? Kreuzen Sie an. 🔊 71

1. Guten Tag. a. ⌴ ↗ b. ⌴ ↘
2. Hallo, wie geht's? a. ⌴ ↗ b. ⌴ ↘
3. Gut, und dir? a. ⌴ ↗ b. ⌴ ↘
4. Wie heißt du? a. ⌴ ↗ b. ⌴ ↘
5. Ich heiße Michael. a. ⌴ ↗ b. ⌴ ↘
6. Bist du Lisa? a. ⌴ ↗ b. ⌴ ↘
7. Nein, ich bin Olga. a. ⌴ ↗ b. ⌴ ↘
8. Das ist Anne. a. ⌴ ↗ b. ⌴ ↘
9. Wohnst du in Mannheim? a. ⌴ ↗ b. ⌴ ↘
10. Ja, ich wohne in Mannheim. a. ⌴ ↗ b. ⌴ ↘

b Hören Sie die Sätze in 2a noch einmal und summen Sie mit. 🔊 71

c Sprechen Sie mit einem Partner / einer Partnerin die Sätze in 2a.

A1 – B1: 21 dreiundachtzig **83**

2 Menschen und Dinge

A Früher und heute

1 Dinge im Alltag

a Arbeit mit dem Wörterbuch: Ordnen Sie die Wörter den Bildern zu. Notieren Sie den Artikel und den Plural.

Computer | Handy | Laptop | mp3-Spieler | Schreibmaschine | Smartphone | Tablet | ~~Telefon~~ | USB-Stick | Navigationsgerät

1. _das Telefon, -e_   3. _____   5. _____   7. _____   9. _____

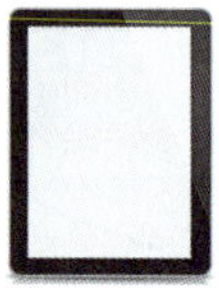

2. _____   4. _____   6. _____   8. _____   10. _____

b Was ist das? Ergänzen Sie den passenden Artikel oder ø.

1. Das ist _ein_ Telefon. _Das_ Telefon ist schon sehr alt.
2. Das ist _____ Smartphone. _____ Smartphone ist sehr praktisch.
3. Das ist _____ Tablet. _____ Tablet hat viele Apps.
4. Das sind _____ USB-Sticks. _____ USB-Sticks haben 16 GB.
5. Das ist _____ Navigationsgerät. _____ Navigationsgerät ist im Auto.
6. Das ist _____ Plattenspieler. _____ Plattenspieler funktioniert nicht mehr.

! Komposita (Wörterbuch, Schreibmaschine …) können aus 2 oder 3 Nomen bestehen. Das letzte Wort ist das Grundwort: Schreib**maschine**, Wörter**buch**. Das Grundwort bestimmt auch das Genus:
das Wörter**buch** ← das Buch   der Foto**apparat** ← der Apparat

2 Was ist das?

Verstecken Sie Gegenstände aus dem Klassenraum unter einem Tuch.
Lassen Sie Ihren Partner / Ihre Partnerin raten.

Was ist das?   Nein. Das ist kein … / Das sind keine … Das …
        Ich glaube, das ist / sind …

3 Was hatte man früher, was hat man heute?

a Ergänzen Sie die Tabelle.

Sg.	heute – Präsens	früher – Präteritum	Pl.	heute – Präsens	früher – Präteritum
ich	habe		wir		
du		hattest	ihr		hattet
er / sie / es			sie / Sie		

84   vierundachtzig   A1–B1: 22

b Ordnen Sie zu und schreiben Sie die Tabelle in Ihr Heft.

~~Telefone~~ / ~~Handys~~ | D-Mark-Scheine / Euro-Scheine |
Plattenspieler / mp3-Spieler | Schreibmaschinen / Computer |
Bücher aus Papier / E-Books | Landkarten / Navigationsgeräte |
Videokassetten / DVDs | Disketten / USB-Sticks |
Postkarten / E-Mails | Videospiele / Spiele-Apps

Früher hatte man Telefone.
Man hatte früher Telefone.

Beachten Sie: Das Verb steht im Aussagesatz immer auf **Position 2**.

1. Früher hatte man Telefone, heute hat man Handys.
2. ___
3. ___
4. ___
5. ___
6. ___
7. ___
8. ___
9. ___
10. ___

4 Verben mit Akkusativergänzung

a Ergänzen Sie den unbestimmten Artikel (einen, ein, eine oder ø) oder den Negativartikel im Akkusativ.

1. Hast du _ein_ Handy? – Nein. Ich habe jetzt ___ Smartphone.
2. Hast du ___ Tablet oder ___ Laptop? – Ich habe ___ Tablet.
3. Hast du ___ Navigationsgerät? – Nein. Ich habe ___ Navigationsgerät.
4. Hast du ___ Kamera? – Nein. Aber mein Smartphone hat ___ Fotofunktion.
5. Hast du ___ Auto? – Ja. Ich habe ___ VW Golf (m.).
6. Hast du ___ CD-Spieler? – Nein, aber ich habe ___ mp3-Spieler.
7. Hast du ___ Smartphone oder ___ Tablet? – Ich habe ___ Smartphone.
8. Hast du ___ Tandempartner? – Ja. Er heißt Aristide und kommt aus Kamerun.
9. Hast du ___ Stifte? – Ja, aber ___ Bleistifte, nur Kulis.
10. Hast du ___ Plattenspieler? – Ja, ich bin ein bisschen altmodisch.

b Lesen Sie noch einmal den Text „Verschwundene Dinge" 5a im Kursbuch. Markieren Sie alle Verben mit Akkusativergänzung.

c Was passt zusammen? Ordnen Sie zu.

1. Jan studiert Journalismus und schreibt
2. Wir lesen im Kurs
3. Wir hören
4. Die Lehrerin benutzt im Kurs
5. Wir schreiben
6. Wir machen im Kurs
7. Die Studenten lesen
8. Wir brauchen im Kurs
9. Das Auto hat

a. ⊔ Bücher in der Bibliothek.
b. ⊔ ein Gespräch.
c. ⊔ ein Kursbuch, ein Heft und Stifte.
d. ⊔ ein Navigationsgerät.
e. ⊔ eine E-Mail.
f. ⊔ eine Wortschatzübung.
g. ⊔ _1_ einen Artikel über Dinge von früher.
h. ⊔ einen Computer und einen Beamer.
i. ⊔ einen Text aus dem Kursbuch.

d Was hatten Sie? Was haben Sie? Was brauchen Sie? Machen Sie eine Liste. Vergleichen Sie im Kurs.

Als Kind hatte ich einen Plattenspieler, …
Ich habe einen Kugelschreiber, ein Smartphone, …
Ich brauche ein Tablet, einen Kaffee, …

e Was brauchen wir im Deutschkurs? Fragen Sie Ihren Partner / Ihre Partnerin.

Brauchen wir im Deutschkurs eine Tafel? — Ja. — Nein. Wir brauchen keine Tafel. Wir haben ein Smartboard.

A1–B1: 23

fünfundachtzig   85

2 Menschen und Dinge

B Familiengeschichten

1 Ein Stammbaum

a Wer ist wer? Schauen Sie den Stammbaum an und ergänzen Sie.

Cousins | Enkelkinder | Neffen | Nichte | ~~Schwägerin~~ | Schwager | Schwiegereltern | Tante | Urenkel

```
                    Gisela ⚭ Klaus

    Jürgen ⚭ Sabine    Thomas ⚭ Irene

   Karolin  Jan  Bastian    Hanna  Fabian

       Felix
```

Gisela und Klaus sind die Eltern von Sabine und Thomas. Sie sind die _____ [1] von Jürgen und Irene. Sabine ist die Schwester von Thomas und _die Schwägerin_ [2] von Irene. Jürgen ist der _____ [3] von Thomas.
Karolin, Jan, Bastian, Hanna und Fabian sind _____ [4]. Sie sind die _____ [5] von Gisela und Klaus. Sabine ist die _____ [6] und Jürgen ist der Onkel von Hanna und Fabian. Jan und Bastian sind die _____ [7] von Irene und Thomas und Karolin ist ihre _____ [8]. Und Felix? Felix ist der _____ [9] von Gisela und Klaus.

b Wer ist wer? Ergänzen Sie.

Cousin | Neffe | Nichte | ~~Onkel~~ | Schwager | Schwägerin | Schwiegermutter | Schwiegervater | Tante

1. Mein Vater hat einen Bruder. Das ist mein _Onkel_____.
2. Meine Mutter hat eine Schwester. Das ist meine _____.
3. Mein Bruder hat eine Frau. Das ist meine _____.
4. Meine Schwester hat einen Mann. Das ist mein _____.
5. Mein Bruder hat eine Tochter. Das ist meine _____.
6. Meine Schwester hat einen Sohn. Das ist mein _____.
7. Mein Onkel und meine Tante haben einen Sohn. Das ist mein _____.
8. Meine Frau hat einen Vater. Das ist mein _____.
9. Mein Mann hat eine Mutter. Das ist meine _____.

2 Meine Familie, deine Familie ... unsere Familie

a Lesen Sie das Gespräch zwischen Jan und Stelios. Welcher Possessivartikel passt? Markieren Sie.

○ Du kommst aus Griechenland, und wo lebt _deine_ / meine [1] Familie?
● Meine / Deine [2] Geschwister wohnen in Berlin.
○ Und Ihre / eure [3] Eltern? Wo leben sie denn?
● Eure / Unsere [4] Eltern leben in Saloniki. Sie haben ein Haus im Zentrum. Sein / Ihr [5] Haus ist sehr schön und groß.
○ Leben seine / eure [6] Großeltern noch?
● Ja. Sie sind schon sehr alt.

○ Haben deine / seine [7] Geschwister Kinder?
● Meine / Ihre [8] Schwester hat einen Sohn und eine Tochter. Seine / Ihre [9] Kinder studieren noch. Mein / Sein [10] Bruder hat einen Sohn und drei Töchter. Sein / Ihr Sohn [11] studiert schon in Frankreich und seine / ihre [12] Töchter sind noch klein. Und deine / eure [13] Familie? Erzähl doch mal ...
○ Meine / Eure [14] Familie ist sehr klein ...

b Das ist meine Familie. Ergänzen Sie *mein / meine, sein / seine* oder *ihr / ihre*. Hören Sie dann und vergleichen Sie. 🔊 72–74

Jan erzählt:
Meine [1] Familie ist nicht sehr groß. Da sind _____ [2] Geschwister Karolin und Bastian und _____ [3] Eltern Sabine und Jürgen. _____ [4] Großmutter Gisela lebt noch. Sie ist geschieden. _____ [5] Ex-Mann Klaus, das ist _____ [6] Großvater, lebt in Österreich. Oma Gisela hat einen Freund: _____ [7] Freund heißt Bernhard.

Felix erzählt:
_____ [8] Mutter heißt Karolin und _____ [9] Vater heißt Manuel. Er kommt aus Spanien. _____ [10] Eltern haben nur ein Kind. Das bin ich. Ich bin ein Einzelkind. Mama hat zwei Brüder: _____ [11] Brüder heißen Jan und Bastian. Sie sind nicht verheiratet. Onkel Jan ist jung, er ist 1995 geboren. Er hat eine Freundin. _____ [12] Freundin heißt Stefanie.

Karolin erzählt:
_____ [13] Mann Manuel kommt aus Spanien. Ich sehe Manuels Eltern, also _____ [14] Schwiegereltern, nicht oft: Sie wohnen in Granada. Manuel hat einen Bruder und zwei Schwestern. _____ [15] Schwestern leben in Granada, aber _____ [16] Bruder César wohnt auch in Deutschland, in München.

3 Ehe und Familie – früher und heute

a Lesen Sie die Texte aus dem Kursbuch 3a und b noch einmal. Ordnen Sie zu.

1. Viele Paare haben Kinder,
2. Früher war das unmöglich,
3. Man heiratet
4. Frauen haben heute Kinder
5. Es gibt noch die traditionelle Kleinfamilie,
6. Benjamins Mutter ist nicht verheiratet
7. Jonas' Vater lebt in Berlin,
8. Viele Menschen leben auch als Single, das heißt sie sind nicht verheiratet

a. ☐ **aber** das ist heute kein Problem.
b. ☐ **aber** es gibt heute auch viele Patchworkfamilien.
c. ☐ **aber** Jonas und seine Mutter leben in Frankfurt.
d. ☐1 **aber** sie sind nicht verheiratet.
e. ☐ **oder** man lebt unverheiratet zusammen.
f. ☐ **oder** sie sind geschieden.
g. ☐ **und** erzieht ihre Söhne allein.
h. ☐ **und** gehen arbeiten.

b Verbinden Sie die Sätze mit „und", „oder" oder „aber" wie in den Beispielen.

A
Ich bin 20 Jahre alt. Ich studiere in Heidelberg.

Ich bin 20 Jahre alt und (ich) studiere in Heidelberg.

B
Mein Mann arbeitet in Stuttgart. Wir wohnen in Tübingen.

Mein Mann arbeitet in Stuttgart, aber wir wohnen in Tübingen.

Vor „aber" steht immer ein Komma.

1. Ich bin Ingenieurin. Ich arbeite bei Mercedes.
2. Ich bin verheiratet. Ich habe zwei Kinder.
3. Viele Menschen sind nicht verheiratet. Viele Menschen sind geschieden.
4. Paul und Simone haben zwei Kinder. Sie sind nicht verheiratet.
5. Ich bin noch Studentin. Ich bin schon verheiratet.
6. Er ist schon 45 Jahre alt. Er ist nicht verheiratet.

4 Meine Familie

Schreiben Sie einen Text über Ihre Familie (Familienmitglieder, Name, Alter, Familienstand, Wohnort …). Verbinden Sie die Sätze mit „und" und „aber".

Meine Familie ist sehr groß / ziemlich groß / relativ klein / sehr klein.
Meine Eltern … / Meine Mutter … / Mein Vater …
Ich habe … Geschwister: einen Bruder / … Brüder und …
Meine Eltern wohnen in …, aber meine Großeltern …

Meine Familie …

A1–B1: 25

2 Menschen und Dinge

C Wir gehen essen

1 In Deutschland is(s)t man international

Ordnen Sie zu.

1. „Karls Bio-Café-Restaurant" ist
2. Das „Topkapı" ist
3. Das „Brunnenstüberl" ist
4. Die „Pizzeria Roma" ist
5. Die „Taverne Mykonos" ist
6. Das „Casablanca" ist
7. Die Sushi-Bar „Tokio" ist

a. ☐ ein griechisches Restaurant.
b. ☐ ein italienisches Restaurant.
c. ☐ ein japanisches Restaurant.
d. ☐ ein marokkanisches Restaurant.
e. ☐ ein österreichisches Restaurant.
f. ☐ ein türkisches Restaurant.
g. ☐ *1* ein vegetarisches Restaurant.

Adjektive stehen immer vor dem Nomen und haben eine Endung:

d**er** Wein (M)
ein französisch**er** Wein

d**as** Bier (N)
ein deutsch**es** Bier

d**ie** Suppe (F)
eine spanisch**e** Suppe

Für den 6. Wochentag gibt es zwei Namen:
Samstag oder **Sonnabend**.

---

2 Die Wochentage

a Lesen Sie die Abkürzungen in der Anzeige vom „Brunnenstüberl" im Kursbuch 1a.
Schreiben Sie die Wochentage.

1. Mo _____
2. Di _____
3. Mi _____
4. Do _Donnerstag_
5. Fr _____
6. Sa _____
7. So _____

b Lesen Sie noch einmal die Anzeigen im Kursbuch 1a. Ordnen Sie zu.

1. Am Montag
2. Am Dienstag
3. Am Mittwoch
4. Am Donnerstag
5. Am Freitag
6. Am Samstag
7. Am Sonntag

a. ☐ gibt es im „Brunnenstüberl" Fisch.
b. ☐ ist das „Brunnenstüberl" geschlossen.
c. ☐ gibt es in „Karls Bio-Café-Restaurant" Suppe.
d. ☐ öffnet „Karls Bio-Café-Restaurant" von 11.30 Uhr bis 16.00 Uhr.
e. ☐ gibt es in „Karls Bio-Café-Restaurant" Brunch.
f. ☐ ist das „Topkapı" geschlossen.
g. ☐ sind alle drei Restaurants geöffnet.

c Um wie viel Uhr öffnen und schließen die Restaurants? Lesen Sie die Anzeigen im Kursbuch 1a und schreiben Sie die Antwort.

1. Um wie viel Uhr öffnet das „Topkapı" am Samstag?   _Am Samstag öffnet das „Topkapı" um 17 Uhr 30._
2. Um wie viel Uhr schließt das „Topkapı" am Samstag?   _____
3. Um wie viel Uhr öffnet das Bio-Restaurant am Sonntag?   _____
4. Um wie viel Uhr schließt das Bio-Restaurant am Sonntag?   _____
5. Um wie viel Uhr öffnet das „Brunnenstüberl" am Freitag?   _____
6. Um wie viel Uhr schließt das „Brunnenstüberl" am Freitag?   _____

3 Was gibt es auf der Speisekarte?

a Vorspeise, Hauptgericht oder Dessert? Schreiben Sie die Gerichte in eine Tabelle in Ihr Heft.

Apfelstrudel | Eis mit Sahne | Karottensuppe | Tafelspitz mit Kartoffeln und Salat | Eis ohne Sahne | ~~Tomatensalat~~ | Wiener Schnitzel mit Pommes frites und Salat | Zanderfilet mit Kartoffeln und Salat | Tomatencremesuppe

Vorspeise	Hauptspeise / Hauptgericht	Dessert / Nachspeise / Nachtisch
Tomatensalat		

b Welche Namen von Gerichten kennen Sie noch? Sammeln Sie im Kurs.

88 achtundachtzig   A1–B1: 26

4 Gespräche im Restaurant

a Jan und Stefanie sind in „Karls Bio-Café-Restaurant" und bestellen das Essen. Ordnen Sie das Gespräch in der richtigen Reihenfolge. Hören Sie dann und vergleichen Sie.

🔊 75

a. ☐ Gern. Was bekommen Sie?
b. ☐ Heute gibt es leider keinen Tomatensalat. Wir haben aber heute einen leckeren Karottensalat.
c. ☐ Ich nehme eine vegetarische Pizza, aber ohne Oliven. Geht das?
d. ☐ Ich nehme einen Veggie-Burger mit viel Käse und einen Tomatensalat.
e. ☐ Ich trinke einen Rotwein.
f. ☐ Mmh, Karottensalat. Na gut, dann nehme ich einen Karottensalat und ein Mineralwasser.
g. ☐ Natürlich geht das. Und was möchten Sie trinken?
h. ☐ Und Sie? Was bekommen Sie?
i. ☐ 1 Wir möchten gern bestellen.

ich	möchte
du	möchtest
er	möchte
wir	möchten
ihr	möchtet
sie	möchten

Ich möchte ein **Bier**.
„möchte" + Nomen

Wir möchten **bezahlen**.
„möchte" + Infinitiv

b Was kann man antworten? Ordnen Sie zu.

1. Was gibt es auf der Speisekarte?
2. Gibt es auch vegetarische Gerichte?
3. Was ist denn „Tafelspitz"?
4. Nimmst du einen Rot- oder Weißwein?
5. Isst du ein Zanderfilet?
6. Was nimmst du als Vorspeise?
7. Nimmst du auch eine Nachspeise?
8. Magst du „Wiener Schnitzel"?
9. Möchtest du noch einen Kaffee?
10. Wie bezahlen wir?

a. ☐ Nein, danke.
b. ☐ Nein. Ich bin Vegetarier.
c. ☐ Das ist ein Fleischgericht.
d. ☐ 1 Es gibt Gerichte mit Fisch und mit Fleisch.
e. ☐ Ich trinke heute keinen Alkohol.
f. ☐ Ja, einen Veggie-Burger. Er schmeckt sehr gut.
g. ☐ Mit EC-Karte.
h. ☐ Nein. Ich mag kein Eis und auch keinen Kuchen.
i. ☐ Ich nehme eine Tomatensuppe.
j. ☐ Nein. Ich mag keinen Fisch.

5 Und was mögen Sie?

a Was antworten Sie? Kreuzen Sie an.

1. Mögen Sie Fisch?
   ☐ Fisch mag ich sehr.
   ☐ Ich mag keinen Fisch.
   ☐ Ich esse keinen Fisch und kein Fleisch.

2. Mögen Sie Steaks?
   ☐ Ich esse kein Fleisch. Ich bin Vegetarier.
   ☐ Ich mag keine Steaks, aber ich mag Schnitzel.
   ☐ Fleisch mag ich sehr.

3. Mögen Sie Rotwein?
   ☐ Ich mag keinen Rotwein, aber Weißwein mag ich sehr.
   ☐ Ich trinke keinen Alkohol.
   ☐ Ja, aber nur Rotwein aus Italien.

4. Mögen Sie Kaffee?
   ☐ Kaffee mag ich sehr, aber Tee mag ich nicht.
   ☐ Ja. Ich trinke 4 bis 5 Tassen am Tag.
   ☐ Ich trinke keinen Kaffee.

Nutzen Sie eigene Erfahrungen zum Lernen.

b Markieren Sie die Verben in 5a und ergänzen Sie.

_____ Sie Fisch?   Nein, ich mag _____ Fisch.
                          Ja, Fisch mag ich sehr. Aber Fleisch mag ich _____ .

Vergleichen Sie:
○ Ich **mag** Fleisch, aber ich **mag keinen** Fisch.
● Fisch mag ich sehr. Aber Fleisch mag ich **nicht**.

	mögen
ich	**mag**
du	**magst**
er/sie/es	**mag**
wir	mögen
ihr	mögt
sie/Sie	mögen

c Schauen Sie die Speisekarte in 2a im Kursbuch an. Fragen Sie im Kurs: Magst du …? / Mögen Sie …?

Magst du …?   … mag ich nicht.   Ich mag kein / keinen …

A1–B1: 27

neunundachtzig 89

2 Menschen und Dinge

DaF kompakt – mehr entdecken

1 Wortschatz lernen und erweitern

Arbeit mit dem Wörterbuch. Markieren Sie: Wo finden Sie die Informationen zum Wort?

Wörterbücher im Internet:

pons.de
dwds.de
duden.de

Ka·me·ra die ['kamǝra] <-, -s> ❶ *ein Gerät zum Filmen:* Vor laufender Kamera hat er sie gefragt, ob sie ihn heiraten möchte. ◆ -einstellung, -perspektive, -winkel, Digital-, Film-, Kleinbild-, Video- ❷ *(≈ Fotoapparat) ein Gerät zum Fotografieren:* das Objektiv der Kamera einstellen; einen neuen Film in die Kamera einlegen; ■ vor

Genus | Silbengrenze | Plural | Aussprache / Phonetik / Betonung

(aus: PONS Kompaktwörterbuch Deutsch als Fremdsprache, © PONS GmbH, 2012)

2 Über Sprache reflektieren

Ergänzen Sie die Tabellen. Wie sagt man das in Ihrer Sprache? Vergleichen Sie im Kurs.

	Deutsch	Englisch	Französisch	andere Sprache(n)
	Das ist **eine** Kamera.	This is **a** camera.	C'est **une** caméra.	
	Das sind – Kameras.	These are – cameras.	Ce sont **des** caméras.	

	Deutsch	Englisch	Spanisch	andere Sprache(n)
Jan	**sein** Bruder	**his** brother	**su** hermano	
Hanna	**ihr** Bruder	**her** brother	**su** hermana	
Hanna + Fabian	**ihr** Hund	**their** dog	**su** perro	

	Deutsch	Englisch	Spanisch	andere Sprache(n)
	Montag	Monday	lunes	
	Dienstag	Tuesday	martes	
	…	…	…	
	Samstag	Saturday	sábado	
	Sonntag	Sunday	domingo	

3 Miniprojekt: Restaurants in unserer Stadt

a Suchen Sie Restaurants in Ihrer Stadt. Lesen Sie die Fragen und machen Sie Notizen.

öffnen ≠ schließen

Das Restaurant **öffnet** um 19 Uhr.
Am Montag **ist** das Restaurant **geöffnet**.

Das Restaurant **schließt** um 1 Uhr.
Am Dienstag **ist** das Restaurant **geschlossen**.

Wo ist das Restaurant (Adresse)?
Welche Spezialitäten bietet das Restaurant (z. B. Spezialitäten aus Österreich)?
Wann öffnet das Restaurant (z. B. um 19 Uhr)?
Wann ist das Restaurant geschlossen (z. B. Montag)?

b Berichten Sie im Kurs. Benutzen Sie folgende Redemittel.

Das Restaurant heißt …
Die Adresse ist …
Es gibt Spezialitäten aus Deutschland / aus Österreich / aus der Türkei …
Das Restaurant öffnet um … Uhr.
Am Montag / Dienstag … ist das Restaurant geschlossen.

Phonetik

sch – sp – st

1 Wie spricht man „sch", „sp" und „st"?

a Hören Sie die Wörter und sprechen Sie sie dann nach. 🔊 76

- Speisekarte
- Strudel
- bestellen
- Vorspeise
- Kuchenstück
- Tafelspitz
- Schokolade
- Flasche

b Hören Sie die Wörter und sprechen Sie sie dann nach. 🔊 77

- Restaurant
- Espresso
- Eispackung
- Lieblingstorte
- Gast
- Wurst
- köstlich
- Gäste

c Wann sprechen wir [sch], wann [s]? Kreuzen Sie an.

	Wir schreiben	Beispiele	Wir sprechen
1.	„sch"	Schokolade	sch ☐ s ☐
2.	„sp" am Anfang von einem Wort	Speisekarte	sch ☐ s ☐
3.	„sp" am Anfang von einer Silbe	Vorspeise	sch ☐ s ☐
4.	„sp" an der Wort- und Silbengrenze	Eispackung, Espresso	sch ☐ s ☐
5.	„st" am Anfang von einem Wort	Strudel	sch ☐ s ☐
6.	„st" am Anfang von einer Silbe	bestellen	sch ☐ s ☐
7.	„st" an der Wort- und Silbengrenze	Lieblingstorte, Restaurant	sch ☐ s ☐
8.	„st" am Ende von einem Wort oder einer Silbe	Gast, köstlich	sch ☐ s ☐

d Machen Sie aus den Wörtern in 1a und 1b kurze Sätze und sprechen Sie im Kurs.

Ich mag …
Ich nehme…
Was isst du gern?
Ich esse gern …
Was nimmst du?

e Schreiben Sie die Wörter in die Tabelle in 1c.

türkisch | Samstag | vegetarisch | Donnerstag | sprechen | Österreich | Dienstag | Fisch | Spezialität | Schwester | studieren | Spanien | schreiben | Liechtenstein | chinesisch | Studentin | Schweiz

2 Schönes Schreibspiel

Schreiben Sie einen Satz mit vielen Wörtern mit „sch", „sp" und „st".
Ihr Partner / Ihre Partnerin liest den Satz vor. Tauschen Sie.

3 Studentenleben

A Uni und Termine

1 Der Stundenplan

Kombinationen: Lernen Sie Nomen und Verben zusammen.

a Was machen Sie im Studium? Was machen Sie in der Freizeit? Ordnen Sie zu.

~~eine Vorlesung besuchen~~ | eine Übung / ein Tutorium haben | ~~mit Freunden essen gehen~~ | frei haben | ein Referat halten | in der Mensa essen | zur Sprechstunde gehen | die Familie besuchen | eine Klausur schreiben | am Wochenende einen Ausflug nach … machen | eine Besprechung haben | einen Termin beim Arzt haben | Hausaufgaben machen | mit Kommilitonen lernen | Sport machen

Studium: eine Vorlesung besuchen, …
Freizeit: mit Freunden essen gehen, …

b Schauen Sie den Stundenplan von Franziska an und beantworten Sie die Fragen.

Zeit	Montag	Dienstag	Mittwoch	Donnerstag	Freitag
8–10	Buchführung V		Statistik V	Markt und Wettbewerb Ü	
10–12	Marketing V			Marketing Ü	Projektmanagement V
14–16	Mathematik V	Markt und Wettbewerb V	Statistik Ü		
16–18				Mathematik Ü	

V = Vorlesung, Ü = Übung

Semesterwochenstunden (SWS): Veranstaltungen (Vorlesungen, Übungen) an Hochschulen dauern meistens 2 SWS, d.h. zweimal 45 Minuten pro Woche. Studenten haben in der Regel 15 bis 20 SWS pro Semester.

1. Was studiert sie?   a. ☐ Informatik   b. ☐ Wirtschaft   c. ☐ Psychologie
2. Wie viele Stunden pro Woche hat sie Veranstaltungen? _____
3. Wann hat sie frei? _____

c Wann hat Franziska Vorlesungen und Übungen? Schreiben Sie in Ihr Heft.

1. Am Montagvormittag hat sie eine Vorlesung in Buchführung und eine Vorlesung in Marketing.

2 Termine

a Welche Antworten passen? Ordnen Sie zu.

1. Hast du am Montagnachmittag Zeit?
2. Haben wir heute Nachmittag Vorlesung?
3. Haben wir morgen frei?
4. Wann hast du Zeit?
5. Wann schreiben wir die Klausur?
6. Hast du viel zu tun?
7. Wann machen wir den Ausflug nach Rügen?

a. ☐ Morgen Abend. Ich kann nur am Abend.
b. ☐ *1* Nein. Da habe ich keine Zeit.
c. ☐ Nein. Morgen um Viertel nach zehn.
d. ☐ Oh ja! Ich habe jeden Tag Termine.
e. ☐ Am Wochenende.
f. ☐ Ich glaube, nächste Woche, am Freitag.
g. ☐ Ja, natürlich. Professor Jung ist doch nicht da.

b Beantworten Sie die Fragen mit „Nein".

1. Hast du heute Zeit?
2. Kannst du am Montag?
3. Hast du heute einen Termin?
4. Jobbst du am Wochenende?
5. Haben wir morgen frei?
6. Ist die Sekretärin da?
7. Hast du viel zu tun?
8. Gehst du zur Sprechstunde von Professor Hans?

1. Nein. Ich habe heute keine Zeit.   *2. Nein. Am Montag kann ich nicht.*

92 zweiundneunzig   A1–B1: 30

3 Um wie viel Uhr ...?

a Hören Sie das Gespräch. Schreiben Sie die Uhrzeiten in den Terminkalender.

78

_8:15_ Vorlesung
_____ Besuch von Frau Heinen
_____ Arbeitsessen im Restaurant „Am Markt"
_____ Besprechung im Rektorat
_____ Gesprächstermin mit zwei Studentinnen
_____ Gesprächstermin mit Franziska Urban
_____ Studententheater

b Ergänzen Sie die Uhrzeiten.

halb sechs | halb sieben | ~~sechs Uhr~~ | vier Uhr | Viertel nach acht | Viertel nach zwei |
Viertel vor vier | Viertel vor zwölf | zwanzig nach sieben

„Das ist mein Tag: Ich schlafe immer bis _sechs Uhr_. Dann dusche ich. Um _____ [1] frühstücke ich. Ich trinke nur eine Tasse Kaffee. Um _____ [2] nehme ich den Bus und fahre zur Uni. Die Vorlesungen beginnen um _____ [3] und dauern 90 Minuten. Um _____ [4] gehen wir zusammen in die Mensa. Dort essen wir zu Mittag. Nachmittags um _____ [5] haben wir Übungen. Die Übungen dauern bis _____ [6]. Von _____ [7] bis _____ [8] gehe ich in die Bibliothek und lerne."

die Mahlzeiten:

das **Frühstück**
→ frühstücken
das **Mittagessen**
→ zu Mittag essen
das **Abendessen**
→ zu Abend essen

c Wie verläuft Ihr Tag? Was machen Sie? Schreiben Sie einen Text.

4 Stress im Studium?

a Lesen Sie die drei Texte aus dem Unimagazin. Was glauben Sie? Welches Studium macht viel Stress?

Wir haben Greifswalder Studierende gefragt: Habt ihr Stress im Studium?

Lisa (20), Geschichte und Deutsch auf Lehramt:

„Viele Studenten finden das Studium sehr stressig. Das stimmt nicht immer. Zu Semesterbeginn hat man meistens nicht so viel zu tun. Stressig ist es erst im Januar und Februar. Dann schreiben wir Klausuren. Für die Klausuren lerne ich sehr viel; oft lerne ich auch nachts."

Philipp (19), Anglistik:

„Ich lerne jeden Tag ein bisschen für die Klausuren. Dann habe ich am Semesterende nicht so viel zu tun. Referate schreiben ist auch kein Problem. Einmal pro Woche jobbe ich auch – ich gebe Englischkurse. Das mag ich sehr. Stress habe ich nie oder nur ganz selten."

Lennard (21), Umweltwissenschaften:

„Stress habe ich immer: Vormittags und nachmittags bin ich in der Uni. Abends jobbe ich, ich bekomme kein BAföG. Und am Wochenende lerne ich. Freizeit habe ich selten und meine Freunde und Familie besuche ich nur manchmal. In den Semesterferien habe ich auch keine Zeit – da arbeite ich den ganzen Tag."

BAföG:
Bundesausbildungs-
förderungsgesetz
www.bafög.de

b Wer sagt was? Ordnen Sie zu.

1. Das Studium ist nicht immer stressig. _____
2. Studieren und arbeiten – das ist Stress. _____
3. Wichtig ist ein gutes Zeitmanagement. _____

Vergleichen Sie:

Ich habe **vormittags**
(= jeden Vormittag)
Vorlesung.
Heute **Vormittag** habe ich eine Besprechung.

c Markieren Sie alle Zeitangaben in den drei Texten und ergänzen Sie.

1. Semesterbeginn ≠ _Semesterende_
2. morgens – _____ – mittags – _____ – _____ – _____
3. von morgens bis abends = _____
4. immer (100 %) – _____ (75 %) – _____ (50 %) – _____ (25 %) – _____ (10 %) – nie (0 %)
5. am Samstag und Sonntag = _____

A1–B1: 31

dreiundneunzig 93

3 Studentenleben

B Im Supermarkt

1 Unsere Lebensmittel

Ordnen Sie die Lebensmittel den Kategorien zu und ergänzen Sie die Pluralformen. Arbeiten Sie mit dem Wörterbuch. Beachten Sie: Einige Nomen sind nicht zählbar und haben keinen Plural.

der Apfel | der Joghurt | der Käse | ~~der Zucker~~ | ~~das Brot~~ | das Brötchen | ~~das Ei~~ | das Eis | ~~das Hackfleisch~~ | das Müsli | das Rindfleisch | das Schnitzel | das Steak | ~~die Banane~~ | ~~die Bohne~~ | die Butter | die Fleischwurst | die Karotte | die Kartoffel | die Marmelade | die Milch | die Sahne | die Orange / Apfelsine | die Schokolade | die Tomate | die Weintraube

Obst / Früchte: *die Banane, –n,* _____

Gemüse: *die Bohne, –n,* _____

Fleisch / Wurst: *das Hackfleisch,* _____

Eier und Milchprodukte: *das Ei, –er,* _____

Brot und Getreideprodukte: *das Brot, –e,* _____

Süßigkeiten: *der Zucker,* _____

2 Verpackungen

a Ordnen Sie die Verpackungen den Lebensmitteln zu. Einige Lebensmittel passen in mehrere Kategorien.

~~Apfelsaft~~ | Bier | ~~Bonbons~~ | Brötchen | Butter | Champignons | Cola | Eier | Erdbeeren | Gurken | Joghurt | Kartoffelchips | Kekse | Ketchup | Mais | Marmelade | Mayonnaise | Mehl | Milch | Müsli | Öl | Orangensaft | Pfeffer | ~~Pralinen~~ | Reis | Sahne | Salz | Schnitzel | ~~Schokolade~~ | Schwarzbrot | ~~Senf~~ | Spaghetti / Nudeln | Tee | Thunfisch | Wein | Weintrauben | Würstchen | Zucker

die Flasche: *Apfelsaft,* _____

das Glas: _____

die Dose: _____

der Becher: _____

die Packung / das Päckchen: _____

die Schachtel: *Pralinen,* _____

die Tafel: *Schokolade,* _____

der Beutel / die Tüte: *Bonbons,* _____

die Tube: *Senf,* _____

die Schale: _____

nicht zählbar: _____

b Lesen Sie den Einkaufszettel. Was ist hier falsch? Korrigieren Sie.

2 ~~Packungen~~ Erdbeeren 2 Schachteln Joghurt 5 Becher Pralinen
3 Dosen Butter 2 Tafeln Senf 2 Packungen Marmelade
4 Flaschen Kartoffelchips 2 Tüten Thunfisch ...
2 Gläser Müsli 3 Tuben Orangensaft
3 Päckchen Mayonnaise 2 Schalen Schokolade

2 Schalen Erdbeeren

94 vierundneunzig A1–B1: 32

c „Wie viel" oder „Wie viele"? Schreiben Sie Mini-Dialoge wie im Beispiel.

A ○ Wir brauchen Brötchen.
● **Wie viele** brauchen wir denn?
○ 5 (Stück).

B ○ Wir brauchen Apfelsaft.
● **Wie viel** brauchen wir denn?
○ 2 Flaschen.

1. Butter   2. Sahne   3. Würstchen   4. Thunfisch   5. Gurken   6. Eier

3 Gespräche im Lebensmittelgeschäft

Welche Antwort passt? Ordnen Sie zu.

1. Gibt es heute Sonderangebote?
2. Was ist heute im Angebot?
3. Wie viel kosten die Bananen?
4. Wie möchten Sie den Käse?
5. Haben Sie noch Hackfleisch?
6. Wie schmecken die Erdbeeren?
7. Haben Sie auch laktosefreien Käse?
8. Ist das Bio-Fleisch?

a. ⌷ Tut mir leid. Das ist ausverkauft.
b. ⌷ Erdbeeren aus Italien.
c. ⌷ 2 Euro 25 das Kilo.
d. ⌷ Geschnitten, bitte.
e. ⌷ Sehr lecker. Sie sind zuckersüß.
f. ⌷ Leider nicht. Den bekommen Sie im Reformhaus.
g. ⌷ Selbstverständlich. Wir verkaufen nur natürliche Produkte.
h. ⌷ 1 Nein, nur am Wochenende.

4 Jobben im Studium

a Wie finanzieren Studierende in Deutschland ihr Studium? Schauen Sie die Grafik an und ergänzen Sie den Text.

Geld von den Eltern: 64 %
Jobben: 58 %
BAföG: 33 %
Eigenes Vermögen: 25 %
Stipendium: 4 %

© Reemtsma Begabtenförderungswerk e.V., Institut für Demoskopie Allensbach 2014.

Die Grafik zeigt: In Deutschland leben die meisten Studierenden vom Geld von den Eltern, das heißt _64_ % (= Prozent) [1]. ____ % [2] jobben zusätzlich; ein Drittel, also ____ % [3] bekommen BAföG vom Staat. Nur ____ % [4] bekommen ein Stipendium. Ein Viertel, also ____ % [5] hat eigenes Vermögen.

b Lesen Sie den Zeitungsartikel. Markieren Sie: Als was jobben die Studenten?

Jobben und Studium

Viele Studenten sitzen nicht den ganzen Tag in Vorlesungen und Seminaren – sie studieren und sie jobben. Die meisten jobben als Bürokräfte oder Kellner, viele sind Kassierer oder Verkäufer im Supermarkt.
Beliebt ist auch der Job als Nachhilfelehrer für Schüler oder andere Studenten. Viele Informatikstudenten arbeiten als Programmierer. Daneben existieren auch exotische Jobs wie Sänger (z. B. auf Hochzeiten) oder Weihnachtsmann.

Nicole N. (24) mag ihren Job als Kellnerin.

c Wie ist das in Ihrem Land?
Machen Sie Notizen und sprechen Sie im Kurs.

In … leben die meisten Studenten von den Eltern.

In … jobben viele Studenten als ….

In … ist es anders.

3 Studentenleben

C Endlich Wochenende

1 Personalpronomen im Akkusativ

a Was passt zusammen? Ordnen Sie zu.

1. Tom war heute nicht im Kurs. Er hat Grippe.
2. Im Museum ist bis Samstag eine Ausstellung über Caspar David Friedrich.
3. Das Essen in der Mensa ist gut.
4. Professor Jung spricht sehr leise.
5. Das Studium ist stressig.
6. Meine Eltern wohnen in Stralsund.

a. ☐ Ich verstehe ihn nicht immer.
b. ☐ Aber ich finde es interessant.
c. _1_ Ich besuche ihn heute Nachmittag.
d. ☐ Ich mag es sehr.
e. ☐ Ich besuche sie morgen.
f. ☐ Ich besuche sie immer am Wochenende.

b Beantworten Sie die Fragen. Verwenden Sie die Personalpronomen im Akkusativ.

1. Kennst du die Insel Rügen?
2. Kennst du die Kreidefelsen?
3. Kennst du den Hafen Sassnitz?
4. Kennst du das Schulmuseum?
5. Kennst du den Naturpark Rügen?
6. Kennst du die Strandpromenade von Binz?

1. Kennst du die Insel Rügen? – Ja. Ich kenne sie. / Nein. Ich kenne sie noch nicht.

c Beantworten Sie die Fragen. Verwenden Sie die Personalpronomen im Akkusativ.

Wann besuchst du …

1. deine Eltern? (am Wochenende)
2. deine Großmutter? (jeden Freitag)
3. mich? (morgen)
4. deinen Bruder? (übermorgen)
5. uns? (heute Abend)
6. deine Schwester? (am Samstag)
7. Anne und mich? (am Donnerstagabend)
8. deine Studienkollegen? (am Sonntagnachmittag)

1. Ich besuche sie am Wochenende.

2 Wer? Was? Wen?

a Welche Frage passt? Ordnen Sie zu.

~~Wer ist das?~~ | Wen besuchst du am Wochenende? | Was ist Rügen? | Was machst du am Wochenende?

1. _Wer ist das?_ — Ein Freund von Franziska.
2. _____ — Eine Insel.
3. _____ — Einen Freund.
4. _____ — Einen Ausflug nach Rügen.

b Schreiben Sie die Fragen.

1. In Middelhagen gibt es **ein Schulmuseum**. — _Was gibt es in Middelhagen?_
2. **Mein Bruder** wohnt auf Rügen.
3. Ich besuche **Freunde**.
4. Ich besuche **eine Ausstellung**.
5. **Der Hafen Sassnitz** ist sehr interessant.
6. **Meine Freunde** kommen heute.
7. **Das Essen im Restaurant** war gut.
8. Sebastian hat **ein großes Haus**.

3 Alle reden vom Wetter ... wir auch

Was ist für Sie gutes Wetter, was ist für Sie schlechtes Wetter? Ordnen Sie zu.

Es ist kalt. | Es sind nur 3 Grad. | Es sind minus 5 Grad. | ~~Es ist sehr warm.~~ | Die Sonne scheint. | Es ist bewölkt. | Es regnet. | Es schneit. | Es sind 35 Grad. | Es sind 25 Grad. | Es gewittert. | Es ist windig.

Das mag ich ☺: Es ist sehr warm.
Das mag ich nicht ☹:

4 Glück oder Pech?

Schreiben Sie die Sätze neu. Verwenden Sie „leider" oder zum „zum Glück".

1. Nina hat Grippe. — *Leider hat Nina Grippe.*
2. Das Wetter ist schlecht.
3. Die Sonne scheint.
4. Das Museum ist geschlossen.
5. Im Haus von Franziskas Bruder ist viel Platz.
6. Ich sehe euch nur selten.
7. Wir haben ein langes Wochenende.

> „Leider" oder „schade"?
> **Leider** hat Nina Grippe.
> Nina hat Grippe. **Das ist schade**.

5 Und was machen Sie?

a Was antworten Sie? Kreuzen Sie an und vergleichen Sie mit Ihrem Partner / Ihrer Partnerin.

1. Was machen Sie am Wochenende?
   ☐ Ich mache einen Ausflug.
   ☐ Ich bleibe zu Hause.
   ☐ Ich besuche meine Familie oder Freunde.

2. Was besichtigen Sie auf Ausflügen?
   ☐ Ich besichtige alte Kirchen und andere historische Gebäude.
   ☐ Ich besuche Naturdenkmäler.
   ☐ Ich besichtige nichts.

3. Waren Sie schon einmal auf Rügen?
   ☐ Da war ich leider noch nie.
   ☐ Da war ich schon einmal.
   ☐ Inseln finde ich langweilig.

4. Wie finden Sie Museen?
   ☐ Museen mag ich sehr.
   ☐ Museen besuche ich selten.
   ☐ Museen interessieren mich gar nicht.

b Berichten Sie im Kurs: Was macht Ihr Partner / Ihre Partnerin?

> Am Wochenende besucht Valeria Freunde.

c Sie haben ein langes Wochenende und machen einen Ausflug. Schreiben Sie eine E-Mail. Schreiben Sie etwas zu den Fragen. Die Redemittel unten helfen.

Wann?
Wo wohnen Sie?
Wetter?
Was besuchen / besichtigen Sie?
Wann nach Hause?

Lieber / Liebe ..., | Am ... fahre ich / fahren wir nach Hause. | Wir wohnen bei Freunden / im Hotel. | Das Wetter ist gut / schlecht: Es ... | Heute / Morgen / Am ... besuchen / besichtigen wir ... | Viele Grüße aus ... | ... finde ich super / nicht besonders ... | Am Donnerstag ... | In ... gibt es ... | Viele Grüße ...

Texte schreiben
1. Organisieren Sie Ihre Ideen durch Fragen.
2. Beginnen Sie Ihre Sätze nicht immer mit dem Subjekt (z. B. ich). Variieren Sie:
Am ... / Seit ... / Heute ...
Zum Glück / Leider ...
3. Verknüpfen Sie die Sätze mit „und" und „aber".

A1–B1: 35   siebenundneunzig   **97**

3 Studentenleben

DaF kompakt – mehr entdecken

1 Wortschatz lernen und erweitern: Meine Mahlzeiten

a Was essen Sie wann? Schreiben Sie in Ihr Heft.

Brot | Brötchen | Gemüse | Eier | Marmelade | Wurst | Fisch | Fleisch | Butter | Käse | Reis | Kartoffeln | Nudeln | Salat | Kaffee | Tee | Milch | Kuchen | Müsli | Äpfel | Bananen | Toastbrot | Schokolade | Honig | Joghurt | Schokoriegel | …

Zum Frühstück: … *Mittags: …*
Zwischendurch: … *Abends: …*

> Lernen Sie Wörter in eigenen Beispielsätzen. Nutzen Sie eigene Erfahrungen zum Lernen.

b Schreiben Sie einen Text über Ihre Mahlzeiten. Variieren Sie Ihre Sätze.

Zum Frühstück esse ich nur wenig: Ich esse ein Brötchen mit Marmelade und trinke eine Tasse Kaffee. Mittags esse ich … Manchmal / Nur selten / … aber …

2 Über Sprache reflektieren

Ergänzen Sie die Tabellen. Wie sagt man das in Ihrer Sprache? Vergleichen Sie im Kurs.

Deutsch	Englisch	Spanisch	andere Sprache(n)
ein Kilo Äpfel	a kilo of apples	un kilo de manzanas	
eine Tasse Kaffee	a cup of coffee	una taza de café	
Wie viele Äpfel?	How many apples?	¿Cuántas manzanas?	
Wie viel Mehl?	How much flour?	¿Cuánta harina?	

3 Miniprojekt: Das Schulmuseum in Middelhagen

a Die Tourismus-Webseite von Rügen: Hier finden Sie einen Text über das Schulmuseum. Welche Informationen bekommen Sie wohl? Was vermuten Sie?

b Lesen Sie den Text und überprüfen Sie Ihre Vermutungen.

> Lesestrategien:
> Sie müssen nicht jedes Wort verstehen! Erschließen Sie unbekannte Wörter aus dem Kontext oder anderen Sprachen.
>
> http://www.ruegen.de

Das Schulmuseum Middelhagen

Das Schulhaus in Middelhagen gibt es seit 1825. Bis in die 70er Jahre war dies die Schule für die Middelhäger Kinder. Heute gehen sie in Göhren, Binz oder Bergen zur Schule. Das Schulhaus ist heute ein Museum. Hier gibt es jeden Mittwoch um 10 Uhr eine historische Schulstunde. Man erlebt hier, wie der Unterricht früher war und wie das Leben der „Schulmeister" – der Lehrer – war. Im Juli und August gibt es die historische Schulstunde auch dienstags.
Das Museum ist montags geschlossen. An den anderen Tagen öffnet es von 10 Uhr bis 17 Uhr. Von November bis März bleibt das Museum geschlossen.
Für Gruppen gibt es Führungen. Der Eintritt in das Museum kostet für Erwachsene 3 Euro und für Kinder 1 Euro 50. Studenten bekommen eine Ermäßigung. Für die historische Schulstunde bezahlen Erwachsene 7 Euro, Kinder und Studenten 3 Euro.

c Berichten Sie über ein Museum in Ihrer Stadt. Die Redemittel unten helfen.

Das Museum … gibt es seit … Es zeigt …
Das Museum ist … geöffnet. Es gibt Führungen …
Der Eintritt kostet für Erwachsene … und für Kinder … Für … gibt es Ermäßigungen.
Ich persönlich finde das Museum (sehr) interessant / langweilig.

Phonetik

Rhythmus in Wort und Satz

1 Zeit und Rhythmus

a Hören Sie die Rhythmen und lesen Sie mit. 🔊 79

●	●●	●●	●●●	●●●
Nacht	**Mor**gen	Ter**min**	**Vor**mittag	Ka**len**der
Jahr	**Mo**nat	Be**ginn**	**Fei**ertag	Ge**burts**tag

b Hören Sie die Rhythmen in 1a noch einmal und klopfen Sie mit. 🔊 79

Klopfen Sie so:

→ Diese Silbe ist unbetont. Sie ist leise.

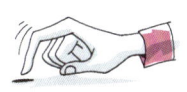

→ Diese Silbe ist betont. Dort ist der Akzent. Der Akzent ist laut.

→ Diese Silbe ist unbetont. Sie ist leise.

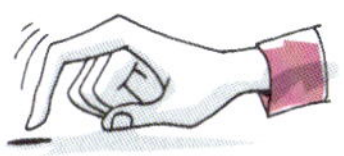

Ka-   -len-   -der!

c Sprechen Sie die Wörter in 1a.

2 Im Rhythmus der Uni

a Hören Sie die Rhythmen und lesen Sie mit. 🔊 80

Vorlesung	Sprechstunde	Klausur	Kurs	Termine
Semester	Student	Mensa	Übung	Praktikant
Referat	Gespräch	Job	Arbeit	Professor

b Hören Sie die Rhythmen in 2a und klopfen Sie mit. 🔊 80

c Schreiben Sie die Wörter in die Tabelle und sprechen Sie sie dann.

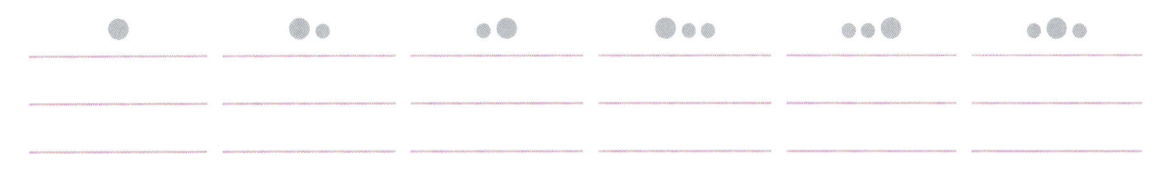

●	●●	●●	●●●	●●●	●●●

3 Termine machen – ein Gespräch

a Hören Sie die Sätze. Wie ist der Rhythmus: a oder b? Kreuzen Sie an. 🔊 81

1. Guten Tag!   a. ⌴ ●●●   b. ⌴ ●●●
2. Hast du Zeit?   a. ⌴ ●●●   b. ⌴ ●●●
3. Nicht heute.   a. ⌴ ●●●   b. ⌴ ●●●
4. Und morgen?   a. ⌴ ●●●   b. ⌴ ●●●
5. Ja, das geht.   a. ⌴ ●●●   b. ⌴ ●●●
6. Wann kannst du? a. ⌴ ●●●   b. ⌴ ●●●
7. Um sieben.   a. ⌴ ●●●   b. ⌴ ●●●
8. Das passt gut. a. ⌴ ●●●   b. ⌴ ●●●
9. Bis morgen!   a. ⌴ ●●●   b. ⌴ ●●●

b Sprechen Sie die Sätze in 3a und klopfen Sie mit.

c Spielen Sie mit einem Partner / einer Partnerin das Gespräch in 3a.

4 Wirtschaft trifft Kultur

A Hier kann man gut leben und arbeiten

1 Tätigkeiten im Beruf

~~am Computer arbeiten~~ | viel lesen | Texte lernen | in Meetings gehen | Sprechübungen machen | am Schreibtisch sitzen | zur Probe gehen | am Abend arbeiten | E-Mails schreiben | Termine planen

Webentwicklerin: am Computer arbeiten
Schauspieler:

2 Wer muss oder kann was tun?

a Ergänzen Sie die Formen von „müssen" und „können".

1. müssen → ich _muss_ ; wir _____, du _____, ihr _____, er _____, Sie _____
2. können → du _____, wir _____, er _____, Sie _____, ihr _____, ich _____

b Lesen Sie den Text und ergänzen Sie die richtige Form von „müssen" oder „können".

Leopold probt
Leopold _muss_ [1] warten. Er will seinen Text lernen, aber er _____ [2] sein Buch nicht finden. Der Regisseur sagt: „_____ [3] du das bitte noch einmal sagen? Du _____ [4] laut sprechen." Die Schauspielerin antwortet: „Ich _____ [5] den Satz ganz laut sagen, richtig? Aber ich _____ [6] heute nicht laut sprechen." Der Regisseur sagt: „Okay, Schluss für heute. _____ [7] ihr morgen schon um 10 Uhr kommen? Wir _____ [8] diese Szene noch einmal proben." Viele Schauspieler _____ [9] erst um 10:30 Uhr kommen.

c „können" hat zwei Bedeutungen. Kreuzen Sie an.

	man ist fähig	es ist (nicht) möglich
1. Beatriz kann ihren Hund nicht ins Büro mitnehmen.	☐	☒
2. Leopold kann gut Texte lernen.	☐	☐
3. Sie kann Spanisch, Deutsch und Englisch sprechen.	☐	☐
4. Morgens kann er oft lange schlafen.	☐	☐

d Bedeutung von „können". Ordnen Sie die Sätze aus 2b und c den Bedeutungen zu.

Es ist (nicht) möglich: Er kann sein Buch nicht finden, …
Man ist fähig (Kompetenz):

e Was müssen Sie machen? Was können Sie machen? Ergänzen Sie die Aktivitäten aus 1 und schreiben Sie in Ihr Heft. Vergleichen Sie dann mit Ihrem Partner / Ihrer Partnerin.

Jeden Tag: für die Uni lernen, im Internet surfen, …
Einmal pro Woche: Freunde treffen, …
Am Wochenende:
Nur am Sonntag:

f Schreiben Sie Sätze.

Ich muss jeden Tag für die Uni lernen. Ich kann nur einmal pro Woche Freunde treffen, aber jeden Tag im Internet surfen.

Lernen Sie Strukturen mit eigenen Beispielsätzen. Nutzen Sie eigene Erfahrungen.

100 einhundert   A1 – B1: 38

g Bilden Sie Sätze und schreiben Sie sie in Ihr Heft. Es gibt immer zwei Möglichkeiten.

1. lange Meetings | oft | besuchen | sie | muss
2. arbeiten | er | am Sonntag | muss
3. um 8 Uhr | im Büro sein | muss | sie
4. wegfahren | am Wochenende | kann | sie
5. lange schlafen | morgens | er | kann
6. muss | im Büro | sie | jeden Tag | arbeiten

1. Sie muss oft lange Meetings besuchen. / Oft muss sie lange Meetings besuchen.

h Markieren Sie das Subjekt und ergänzen Sie die Regel. Was fällt auf?

Das Subjekt steht immer auf Position _____ oder nach dem Verb.

3 Warum ist das so?

a Schreiben Sie Sätze mit „denn".

1. ist | Leopold | Schauspieler – **denn** – das Theater | er | liebt
2. sehr gern | er | nicht | probt – **denn** – muss | oft lange | warten | er
3. mag | seinen Job | er – **denn** – spielt | gern | er | andere Menschen
4. Leopold und Beatriz | in Schwäbisch Hall | leben | gern – **denn** – sie | viele Freude | hier | haben
5. ihre Arbeit | liebt | Beatriz – **denn** – kreativ sein | sie | kann
6. Deutschland | sie | schon sehr gut | kennt – **denn** – am Wochenende | sie | oft | wegfahren | kann

Leopold ist Schauspieler, denn er liebt das Theater.

b Was passt? Verbinden Sie die Sätze mit „und", „oder", „denn" und „aber".

1. Wir gehen ins Theater
2. Am Sonntag schläft sie lange
3. Er spricht Portugiesisch
4. Haben Sie Fragen
5. Ich nehme den Tafelspitz
6. Wir kochen Spaghetti
7. Sie spricht Spanisch und Englisch

und
oder
denn
aber

wir gehen in ein Restaurant.
ich nehme einen Salat.
ist alles klar?
sie muss nicht arbeiten.
er spricht kein Spanisch.
sie lernt Deutsch.
wir gehen in die Oper.

Vor „denn" und „aber" steht ein Komma.

c Schreiben Sie die Sätze aus 3b in die Tabelle.

1. Hauptsatz	Konnektor – Pos. 0	2. Hauptsatz / 2. Satzteil
Wir gehen ins Theater	*oder*	*wir gehen in die Oper.*

d Markieren Sie die Wiederholung in den Sätzen aus 3c und streichen Sie die Wiederholung im 2. Satz. Welche Sätze kann man kürzer schreiben?

Sätze mit „und" / „oder": Subjekt im 1. und 2. Hauptsatz sind identisch → Man kann den Satz verkürzen.
Sätze mit „aber": Subjekt und Verb im 1. und 2. Hauptsatz sind identisch → Man kann den Satz verkürzen.
Sätze mit _____ kann man **nicht** verkürzen.

Wir gehen ins Theater oder in die Oper.

4 Wirtschaft trifft Kultur

B Restaurant oder Picknick?

1 Was darf ich? Oder nicht?

Im Bus zur Arbeit: Was darf man nicht tun? Ordnen Sie zu.

1. Man darf im Bus nicht laut Musik hören oder telefonieren.
2. Man darf im Bus keinen Müll liegenlassen.
3. Man darf im Bus nicht essen.
4. Man darf im Bus keinen Alkohol trinken.

2 Das kann / muss / will / möchte / darf ich … Und Schokolade mag ich!

a Was passt: **a** oder **b**? Kreuzen Sie an.

„mögen" + Akkusativergänzung:

Ich mag Schokolade.
=
Ich esse gern Schokolade.

Ich mag Hunde.
=
Ich finde Hunde gut.

1 
a. [X] Er will nicht Klavier spielen.
b. [ ] Er kann gut Klavier spielen.

3 
a. [ ] Er kann nicht Ski fahren.
b. [ ] Er will nicht Ski fahren.

5 
a. [ ] Sie muss hier nicht schwimmen.
b. [ ] Sie darf hier nicht schwimmen.

2 
a. [ ] „Was wollen Sie, bitte?"
b. [ ] „Was möchten Sie, bitte?"

4 
a. [ ] Sie muss arbeiten.
b. [ ] Sie kann nicht arbeiten.

6 
a. [ ] Sie mag Schokolade.
b. [ ] Sie muss Schokolade essen.

b Was bedeutet …? Ordnen Sie die Sätze zu.

~~Leopold kann seine Texte im Park lernen.~~ | Beatriz muss am Wochenende nicht früh aufstehen. | Leopold kann sehr gut Texte lernen. | Im Bus darf man nicht essen. | Man darf draußen rauchen. | Leopold möchte ein Picknick machen. | Beatriz' Schwester will im August nach Deutschland kommen. | Leopold mag Streuselkuchen. | Am Freitag muss Beatriz arbeiten. | Leopold muss Sprechübungen machen. | Im Bus darf man nicht laut Musik hören. | Beatriz darf ihren Hund im Bus mitnehmen. | Beatriz kann sehr gut Englisch sprechen. | Beatriz mag ihren Job. | Leopold will jetzt ein Bier trinken. | Beatriz möchte im August Urlaub nehmen. | Man darf im Stadtpark ein Picknick machen. | Leopold und Beatriz wollen am Freitag eine Radtour machen.

102 einhundertzwei
A1 – B1: 40

1. Es ist (nicht) möglich: *Leopold kann seine Texte im Park lernen.*
2. Man ist (nicht) fähig:
3. Es ist (nicht) nötig:
4. Es ist (nicht) erlaubt:
5. Man wünscht sehr direkt / plant etwas (nicht):
6. Man wünscht höflich etwas (nicht):
7. Etwas gerne haben:

c Bilden Sie Sätze und ordnen Sie sie den Kategorien zu. Schreiben Sie in Ihr Heft.

Er | Ich | Du | Wir | Ihr | Sie | Sie (Pl.)

wollen | können | möchten | müssen | (nicht) dürfen | mögen

Kaffee | E-Mails | SMS | Filme | Kollegen | Englisch | Freunde | Texte | Bücher | Schokolade | …

schreiben | lernen | trinken | essen | lesen | treffen | arbeiten | besuchen | …

Wunsch: Ich möchte einen Kaffee trinken. …
Erlaubnis, Verbot:
Fähigkeit, Möglichkeit:
Notwendigkeit, Pflicht:
Etwas gerne haben:

d Was passt? Ergänzen Sie, „mag" / „mögen" oder „möchte" / „möchten".

1. Leopold _____ seinen Job.
2. Beatriz _____ am Sonntag ins Kino gehen.
3. Beide _____ deutsche Literatur.
4. Leopold und Beatriz _____ ein Picknick machen.
5. Beatriz _____ Streuselkuchen.
6. Leopold _____ Brot und Käse mitbringen.

3 Spezialistin gefragt

a Leopold möchte eine Website machen. Beatriz plant. Streichen Sie die falsche Verbform.

die Besucher | Leopold | die Website

1. Die Website darf | ~~dürfen~~ nicht langweilig sein.
2. Die Besucher kann | können ein Video sehen.
3. Leopold kann | können zwei Farben wählen.
4. Die Besucher kann | können Fotos von Leopold sehen.
5. Die Website muss | müssen gute Fotos haben.
6. Leopold muss | müssen kurze Texte schreiben.
7. Die Website darf | dürfen nicht zu teuer sein.

b Ergänzen Sie die Modalverben „können", „wollen", „(nicht) dürfen" und „müssen".

1. Was *wollen* wir machen? Wir _____ eine Fortbildung besuchen oder einen Online-Kurs machen.
2. Leopold _____ seinen Text gut lernen, denn er _____ auf der Bühne keinen Fehler machen.
3. Wer _____ am Wochenende eine Radtour machen? Wir _____ auch ein Picknick organisieren.
4. _____ ihr in Deutschland im Bus laut Musik hören? Bei uns ist das kein Problem.
5. _____ du im Büro immer korrekte Kleidung tragen oder _____ du in Jeans arbeiten?
6. „Man _____ Ziele setzen." Ich finde das richtig.
7. Toll, ihr _____ im Betriebsrestaurant essen. Wir _____ im normalen Restaurant viel mehr bezahlen.
8. _____ du zur Premiere gehen? Ich _____ Tickets kaufen.

A1–B1: 41

einhundertdrei 103

4 Wirtschaft trifft Kultur

C Im Beruf

1 Der richtige Beruf für mich

Lernen Sie Nomen und Verben zusammen.

a Wer macht was? Verbinden Sie die Elemente und schreiben Sie Sätze.

1. Wissenschaftlerinnen — Autos — kochen
2. Köche — Bilder — unterrichten
3. Verkäufer — Patienten — malen
4. Autorinnen — Vorträge — halten
5. Automechaniker — Kinder — behandeln
6. Künstlerinnen — Kleidung — verkaufen
7. Zahnärzte — Texte — schreiben
8. Lehrer — Essen — reparieren

Wissenschaftlerinnen halten Vorträge.

b Ergänzen Sie die Regel und finden Sie weitere Beispiele.

Bezeichnungen für Zusammensetzungen mit -mann / -leute heißen als weibliche Form -frau / -frauen,
der Fachmann, die Fach _____ ; die Kauf _____ (M Pl.), die Kauf _____ (F Pl.)
Grundwort bei Zusammensetzungen ist der Beruf:
der Wirt → die Land_____ (F Sg.)
der Händler → die Buch_____ (F Pl.)

Berufsbezeichnungen

M	Architekt		Maschinenbauer	Werbefachmann		
F		Informatikerin			Journalistin	Praktikantin
Pl.	Architekten / Architektinnen					

der Betriebswirt / die Betriebswirtin, Betriebswirte / Betriebswirtinnen ...

2 Das Jahr

Schauen Sie die Bilder an und ergänzen Sie die Jahreszeiten und Monate.

Oktober | Sommer | November | März | Herbst | Mai | Januar | Dezember | Juli | Winter | Juni | April | Frühling | Februar | September | August

1. _____   2. _____   3. _____   4. _____

_____   _____   _____   _____
_____   _____   _____   _____
_____   _____   _____   _____

104 einhundertvier   A1–B1: 42

3 Wann ist der Termin?

a Schreiben Sie das Datum.

1. 6.3. *Am sechsten März.*   3. 1.12. _____
2. 3.7. _____   4. 7.11. _____

b Welches Datum hören Sie: **a** oder **b**? Kreuzen Sie an. 🔊 82

1. a. ☐ 8.7.   b. ☐ 7.8.   3. a. ☐ 2.5.   b. ☐ 5.2.
2. a. ☐ 6.9.   b. ☒ 9.6.   4. a. ☐ 10.1.   b. ☐ 1.10.

c Hören Sie die Aussagen. Von wann bis wann? Notieren Sie die Zeitangaben. 🔊 83

1. vom *17.3.* bis *22.3.*   3. von _____ bis _____ Uhr
2. vom _____ bis _____   4. vom _____ bis _____

d Hören Sie das Gespräch. Wann machen Frau Meier und Frau Müller Urlaub? Notieren Sie. 🔊 84

	April	Mai	Juni	Juli	August	September
Frau Müller	04.04. – 06.04.					
Frau Meier						

e Lesen Sie die Ergebnisse in 2d laut.

› Frau Müller macht vom 4. April bis zum 6. April Urlaub.

› Frau Müller macht vom vierten Vierten bis zum sechsten Vierten Urlaub.

f Wann wollen Sie Urlaub machen? Wann ist die typische Urlaubszeit in Ihrem Land? Sprechen Sie im Kurs.

› Wollen Sie im Sommer Urlaub machen?
› Nein, im Herbst, vielleicht im Oktober.
› In ... macht man im August Urlaub.

4 Weltmarktführer aus der Provinz

a Lesen Sie den Text und markieren Sie die zentralen Informationen (Schlüsselwörter).

Die Adolf Würth GmbH & Co. KG in Künzelsau ist das Mutterunternehmen der global tätigen Würth-Gruppe. In seinem Kerngeschäft, dem Handel mit Montage- und Befestigungsmaterial, ist der Konzern <mark>Weltmarktführer</mark>. Würth hat in Deutschland fast 6.300 Mitarbeiter.
Die Würth-Gruppe besteht aktuell aus über 400 Gesellschaften in mehr als 80 Ländern und hat weltweit über 68.000 Mitarbeiter.

> Zahlen geben oft wichtige Informationen. Sie stehen oft mit Schlüsselwörtern zusammen.

b Ergänzen Sie die Zusammenfassung.

Die Adolf Würth GmbH & Co. KG ist ein _____ [1]. Sie hat _____ [2] Mitarbeiter in Deutschland. Sie hat in ihren über _____ [3] in mehr als _____ [4] Ländern über _____ [5] Mitarbeiter.

4 Wirtschaft trifft Kultur

DaF kompakt – mehr entdecken

1 Wortschatz lernen und erweitern

Berufe raten. Welcher Beruf ist das?

Man kann …   Man muss …

2 Über Sprache reflektieren

a Monatsnamen. Ergänzen Sie die Tabelle. Wie sagt man das in anderen Sprachen? Vergleichen Sie im Kurs.

Deutsch	Englisch	andere Sprache(n)
Januar	January	
…	…	

b Die Bedeutung von „können". Ergänzen Sie die Tabelle und vergleichen Sie im Kurs.

Deutsch	Englisch	andere Sprache(n)
1. Sie müssen für diese Arbeit Englisch sprechen können.	You must be able to speak English for this job.	
2. Ich kann heute nicht kommen.	Today I cannot come to you.	

Wo steht der Infinitiv?

c Stellung vom Verb im Deutschen. Vergleichen Sie die Wortstellung im Aussagesatz. Ergänzen Sie die Tabellen. Wie sagt man das in anderen Sprachen? Vergleichen Sie im Kurs.

Deutsch	Englisch	andere Sprache(n)
Wir gehen heute Abend ins Kino.	**We are going** to the cinema tonight.	
Heute Abend **gehen wir** ins Kino.	Tonight, **we are going** to the cinema.	

3 Miniprojekt: Wirtschaft trifft Kultur

Bilden Sie zwei Gruppen. Gruppe A recherchiert über die Adolf Würth GmbH & Co. KG in Künzelsau, Gruppe B über die Freilichtspiele in Schwäbisch Hall. Finden Sie Antworten zu den Fragen unten und präsentieren Sie im Kurs.

A
Seit wann gibt es das Unternehmen?
Wo gibt es das Unternehmen?
Mitarbeiter?
Umsatz?
Engagement? Kultur?

B
Programm / Spielplan? Welche Stücke?
Premieren?
Wann ist / war das?
Kontaktdaten?

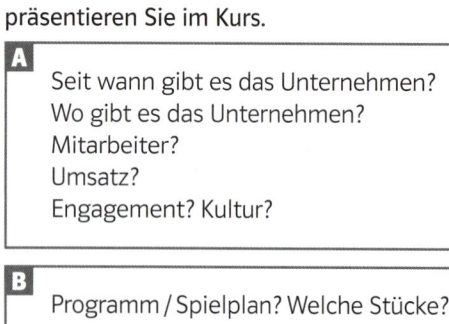

„I mog di!" (A)
=
„Ich mag dich!"

„das Rössl" (A) von
„das Ross" = „das Pferd"

freilichtspiele-hall.de
wuerth.com

Szene aus „Im weißen Rössl" (2013)

106 einhundertsechs   A1–B1: 44

Phonetik

Lange und kurze Vokale

1 Familiennamen

a Hören Sie die Namen und lesen Sie mit. 🔊 85

Herr Dahner	–	Herr Danner
Frau Niemer	–	Frau Nimmer
Herr Looke	–	Herr Locke
Frau Wiepe	–	Frau Wippe
Herr Kuhler	–	Herr Kuller
Frau Weener	–	Frau Wenner

b Sprechen Sie die Namen in 1a und machen Sie die Gesten für lange und kurze Vokale.

So sprechen Sie lange Vokale: So sprechen Sie kurze Vokale:

c Hören Sie die Namen und markieren Sie den Akzentvokal: _ = lang, • = kurz. 🔊 86

- Dahner   - Wippe   - Weener   - Kuller
- Niemer   - Kuhler   - Locke   - Wenner

d Wie erkennen Sie lange und kurze Vokale in der Rechtschreibung? Ergänzen Sie die Regel!

	lang / kurz	Beispielwörter
1. Vokale + h sind	lang	Dahner,
2. doppelte Vokale sind		
3. Vokale vor doppelten Konsonanten sind		
4. i + e ist immer		

Vokale im Deutschen:
a, e, i, o, u,
ä, ö, ü

2 Berufe

a Hören Sie die Wörter und markieren Sie den Akzentvokal. 🔊 87

Koch	Schauspieler	Philosoph
Lehrer	Jurist	Kellner
Sänger	Arzt	Professor
Betriebswirt	Journalist	Chemiker

b Hören Sie die Wörter in 2a noch einmal und schreiben Sie sie in die Tabelle.

kurze Vokale: Koch, ... _____

lange Vokale: Lehrer, ... _____

c Vergleichen Sie mit der Regel in 1d oder kontrollieren Sie mit dem Wörterbuch.

d Sprechen Sie die Wörter in 2a.

e Welche Berufe kennen Sie noch? Schreiben Sie sie in die Tabelle in 2b.

Im Wörterbuch ist der Akzentvokal immer markiert:

_ = langer Vokal
• = kurzer Vokal

A1–B1: 45   einhundertsieben **107**

5 Spiel und Spaß

A Das macht Spaß!

1 Blick auf das Schwarze Brett

a Lesen Sie die Anzeigen im Kursbuch, Aufgabe 1a, noch einmal. Welche Anzeige passt?

Anzeige
a. Sie möchten am Wochenende Rad fahren. __1__
b. Sie sehen gerne Filme. __3__
c. Sie lesen gerne Romane. __2__

Anzeige
d. Sie möchten ins Theater gehen. __4__
e. Sie möchten Fußball spielen. __6__
f. Sie möchten am Wochenende Sport machen. __5__

b Lesen Sie die Anzeigen 1–4. Welche Antwort-SMS a–c passt? Ordnen Sie zu. Eine Anzeige bleibt übrig.

1 Sprichst du gut Italienisch?
Ich möchte Italienisch lernen u. suche einen Lehrer / eine Lehrerin. Hast du Lust?
Bitte melden unter: 0151-156784

2 Hörst du gern Musik?
Gehst du gern ins Konzert? Triffst du gern Freunde? Wir haben viel Spaß. Und du???
Treffen z. B. am WE.
Mobil: 0177-155646

3 Handballmannschaft su. noch Spieler.
Keine Profis!!
Training: jeden Do, 20 Uhr.
Bitte SMS an: 0172-156564

4 Hallo Opern-/ Konzertfreund/in!
Wir gehen regelmäßig in die Oper / ins Konzert. Kommst du mit?
Kontakt unter Tel.: 01711-56564

a) Hallo Handballspieler, ich möchte gerne mitspielen. Wo trainiert ihr? Fred

b) Hallo Opernfreunde, komme gern mit in die Oper od. ins Konzert! Wann und wohin geht es? LG Martin *(opera)*

c) Hallo, ich heiße Rosa. Ich bin Italienerin und Sprachlehrerin. Wohne seit 1999 in Deutschland. Bin zz. in Rom, bin bald wieder da. LG Rosa

Anzeige 1 __c__   Anzeige 2 ____   Anzeige 3 __a__   Anzeige 4 __b__

c Lesen Sie die Anzeigen und SMS oben aus 1b noch einmal. Finden Sie die Abkürzungen.

1. Liebe Grüße __LG__   4. oder __od.__   7. Telefon __Tel/T__
2. Donnerstag __Do__   5. sucht __su.__   8. und __u.__
3. zum Beispiel __z.B.__ *(for example)*   6. Wochenende __WE__   9. zurzeit __zz__ *(at the moment)*

d Antworten Sie auf Anzeige 2. Schreiben Sie eine SMS mit Abkürzungen.

Hallo …

2 Hilfe! Die Vokale sind weg!

Ergänzen Sie die Vokale und Doppelvokale.

	ich	du	er/sie/es	wir	ihr	sie/Sie
	l_e_sen	l_e_se	l_ie_st	l_ie_st	l___sen	l___st	l___sen
	spr_e_chen	spr_e_che	spr_i_chst	spr_i_cht	spr_e_chen	spr___cht	spr_e_chen
meet ←	tr_e_ffen	tr_e_ffe	tr_i_ffst	tr_i_fft	tr___ffen	tr_e_fft	tr_e_ffen
	f_a_hren	f_a_hre	f___hrst	f___hrt	f___hren	f___hrt	f___hren
	schl_a_fen	schl_a_fe	schl_e_fst	schl_e_ft	schl___fen	schl___ft	schl_a_fen
to run ←	l_au_fen	l_au_fe	l_äu_fst	l_äu_ft	l___fen	l___ft	l_au_fen
to know ←	w_i_ssen	w___ß	w___ßt	w___ß	w___ssen	w___sst	w___ssen

108 einhundertacht   A1–B1: 46

3 Immer nur lesen?

Ergänzen Sie die Verben. Achten Sie auf die korrekte Form.

lesen (2x) | laufen (2x) | schlafen | treffen | wissen

○ Hallo Annika.
● Hallo Tobias. Was _liest_ [1] du gerade?
○ Ich _lese_ [2] gerade „Die Verschwörung".
● Florian und ich _treffen_ [3] am Samstagmorgen im Park. _Läufst_ [4] du auch? Oder _schläfst_ [5] du lieber lange?
○ Mmh, ich _weiß_ [6] noch nicht. Wann _triffst_ [7] du Florian?
● Um halb acht.
○ Oh, so früh?

4 Freizeit – Zeit für mich: Nomen und Verben in Kombination

a Was passt? Orden Sie zu.

haben | lesen | schauen | fahren | treffen

1. ein Buch _lesen_
2. Spaß _haben_
3. Freunde _treffen_
4. Fernsehen _schauen_
5. Fahrrad _fahren_

b Was passt zusammen? Kreuzen Sie an. Es gibt immer zwei richtige Lösungen.

1. Musik: a. ☑ hören b. ☐ sprechen c. ☑ machen d. ☐ treiben
2. Freunde: a. ☑ treffen b. ☐ hören c. ☐ gehen d. ☑ besuchen
3. Sport: a. ☑ machen b. ☐ spielen c. ☑ treiben d. ☐ fahren
4. Fahrrad: a. ☑ putzen b. ☐ reiten c. ☐ gehen d. ☑ fahren
5. ein Buch: a. ☑ schreiben b. ☐ treffen c. ☐ spielen d. ☑ lesen
6. Gitarre: a. ☑ lernen b. ☐ treiben c. ☑ spielen d. ☐ machen

Lernen Sie Nomen und Verben in Kombination.

5 Was machen Sie gern?

a Welche Antwort passt? Ordnen Sie zu.

1. Spielen Sie gern Tennis?
2. Gehen Sie gern ins Theater?
3. Schwimmen Sie gern?
4. Fahren Sie gern Rad?
5. Hören Sie gern Musik?
6. Spielen Sie gern Klavier?

a. _3_ Ja, sehr gerne, aber nur im Sommer. (only)
b. _6_ Ja, aber ich spiele nicht sehr gut.
c. _5_ Ja, sehr gerne. Aber nur Pop und Rock.
d. _1_ Nein, ich reite lieber.
e. _4_ Ja, ich mache sehr gern Radtouren.
f. _2_ Nein, ich gehe lieber ins Kino.

b Berichten Sie über sich selbst. Was machen Sie gern, was ungern? Was machen Sie oft, was selten? Ordnen Sie die Aktivitäten in das Raster. Schreiben Sie in Ihr Heft. Vergleichen Sie dann mit Ihrem Partner / Ihrer Partnerin.

arbeiten | lesen | reisen | telefonieren | skypen | Musik hören | essen | ins Kino gehen | lachen | Aspirin nehmen | Mails schreiben | kochen | Freunde treffen | Klavier spielen | im Internet surfen | Konzerte besuchen | tanzen | Fernsehen schauen | Schach spielen | Sport treiben | lernen | schlafen | Kurse an der Universität besuchen | Musik machen | chatten | schwimmen | ins Theater gehen | …

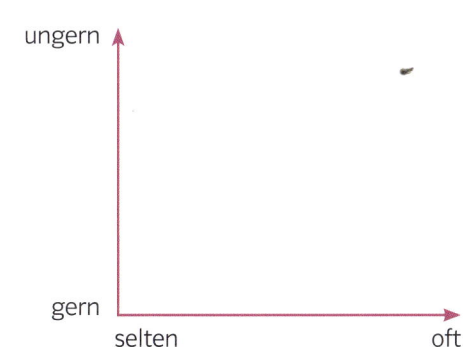

Lernen Sie Strukturen in eigenen Beispielsätzen. Nutzen Sie eigene Erfahrungen zum Lernen.

5 Spiel und Spaß

B Hochschulsport

1 Hochschulsport Münster

a Lesen Sie den Text im Kursbuch B, Aufgabe 1a, noch einmal. Was ist richtig (r), was ist falsch (f)? Kreuzen Sie an.

	r	f
1. Das Kursangebot ist nur für Studenten.	☐	☐
2. Alle Kurse haben noch freie Plätze.	☐	☐
3. Das Kursangebot ist für das nächste Semester.	☐	☐
4. Man kann alleine oder in der Gruppe Sport treiben.	☐	☐
5. Man kann jeden Tag Kurse besuchen.	☐	☐
6. Es gibt noch für acht Kurse freie Plätze.	☐	☐

b Suchen Sie aus dem Sportangebot vom Hochschulsport Münster den richtigen Sportkurs für jede Person, begründen Sie Ihre Entscheidung wie im Beispiel. Vergleichen Sie mit Ihrem Partner / Ihrer Partnerin.

1 Sabine, 21, Studentin, hat immer bis 17 Uhr Unterricht, trainiert gern alleine, muss jeden Tag früh aufstehen.

2 Laura, 24, Studentin, arbeitet an ihrer Masterarbeit, will Abwechslung im Unialltag und sportlich aktiv sein.

3 Sofie, 30, Mitarbeiterin in der Mensaküche an der Universität Münster, steht immer bei der Arbeit, arbeitet mit dreißig Kollegen.

4 Maximilian, 52, Mitarbeiter im International Office an der Universität Münster, sitzt den ganzen Tag am Computer, hat Probleme mit dem Rücken.

5 Lukas, 19, Student, erstes Semester, hat keine Freunde, findet Sportarten wie American Football gut.

1. Für Sabine ist Laufen gut, denn sie kann alleine laufen und kommt nicht spät nach Hause.

c Ergänzen Sie die Wörter in den Sätzen.

Öffnungszeiten | Rabatt | Sporthallen | ~~Mannschaftssport~~ | Angebot | Mitarbeiter | Individualsport

1. Tobias treibt nicht gern allein Sport. Er macht lieber _Mannschaftssport_.
2. Annika trainiert gern allein. Sie mag _____.
3. Man kann von 8.00 bis 22.00 Uhr Sport treiben. Das sind gute _____.
4. Herr Meier arbeitet bei der Universität Münster. Er ist ein _____.
5. Die Sportkurse finden nicht außen statt. Sie sind in den _____.
6. Für die Sportkurse muss man nicht den kompletten Preis bezahlen. Man bekommt einen _____.
7. Der Hochschulsport Münster bietet viele Sportkurse an. Es gibt ein großes _____.

2 Tobias macht beim Lauftraining mit

a Ergänzen Sie die trennbare Vorsilbe.

1. ○ Machst du _____?
2. ● Gern! Holst du mich _____?
3. ○ Wann stehst du _____?
4. ● Um acht. Rufst du dann _____?
5. ○ O. k., bis dann!

b Verbinden Sie die Wörter und schreiben Sie die Sätze in Ihr Heft.

1. Ihr — kommen — den Schwimmkurs — auf.
2. Wir — findet — Professor Mertens — mit.
3. Tobias und Annika — macht — montags und freitags — aus.
4. Schwimmen — rufst — zum Probetraining — an.
5. Ich — stehe — um 7 Uhr — mit.
6. Du — probieren — beim Lauftraining — statt.

1. Ihr macht beim Lauftraining mit.

c Formulieren Sie Fragen und schreiben Sie sie in die passende Tabelle in Ihr Heft.

1. uns | ihr | mitnehmen
2. stattfinden | wann | das Training
3. du | am Wochenende | aufstehen | wann
4. das Lauftraining | Annika und Tobias | ausprobieren
5. anfangen | am Montag | wir | können
6. mich | anrufen | ihr
7. abholen | du | uns | können
8. Florian | wann | anrufen | du

Pos. 1	Pos. 2		Satzende
1. Nehmt	ihr	uns	mit?

Pos. 1	Pos. 2		Satzende
2. Wann	findet	das Training	statt?

3 Individualsport oder Mannschaftssport?

a Lesen Sie den Zeitungstext und markieren Sie die Vorteile von Individualsport und die Vorteile von Mannschaftssport.

Sport lieber alleine oder in der Gruppe?

Sporttrainer Joachim Löwe

Viele Menschen wollen Sport treiben, und das Sportangebot ist sehr groß. Manche Leute treiben lieber alleine Sport, andere machen das lieber in einer Gruppe. Der Sporttrainer Joachim Löwe spricht über die Vorteile und Nachteile von Individualsport und Mannschaftssport: „Mit Individualsport ist man flexibel. Man kann zu Hause, im Park oder im Wald sportlich aktiv sein. Man muss kein Geld für ein Fitnessstudio oder einen Sportkurs bezahlen. Aber manche Menschen möchten gerne soziale Kontakte. Sie können beim Teamsport neue Leute kennenlernen und mehr Spaß haben. Ein Mannschaftssport ist auch gut für die Motivation und die Disziplin, denn man bekommt Unterstützung von den Teamkollegen und der Trainer gibt Orientierung. Jede Person braucht die richtige Sportart: Manche Menschen sitzen den ganzen Tag allein im Büro und haben wenig Kommunikation, für sie ist ein Teamsport gut, denn sie brauchen Kontakt mit anderen Personen. Aber andere Leute haben einen stressigen Job und müssen viel sprechen, für sie ist ein Individualsport gut, denn sie brauchen Ruhe."

b Schreiben Sie die Vorteile von Individualsport und Mannschaftssport in Ihr Heft.

Vorteile Individualsport: man ist flexibel, …
Vorteile Mannschaftssport: man hat soziale Kontakte, …

c Schreiben Sie: Machen Sie gern Sport? Welche Sportart ist die richtige für Sie?
Benutzen Sie die Argumente aus 3a.

Ich mag Sport, aber ich will flexibel sein. Ich laufe. Ich kann im Park laufen oder im Wald. Und ich muss …

5 Spiel und Spaß

C Gut gelaufen

1 Der Leonardo-Campus-Run

a Lesen Sie den Zeitungsartikel im Kursbuch C, Aufgabe 1a noch einmal. Sammeln Sie „Sportnomen" und ergänzen Sie die Artikel und die Pluralform.

der Sieg, die Siege
die Siegerin, die Siegerinnen; die Strecke, die Triathletin,

b Hören Sie ein Radiointerview mit Beate Langer. Wie ist die Stimmung von Frau Langer?

a. ☑ Sie ist glücklich über ihren Sieg, aber sie will im nächsten Jahr mehr trainieren.
b. ☐ Sie ist nicht zufrieden mit ihrer Zeit.

c Hören Sie das Interview in 1b noch einmal. Was ist richtig (r), was ist falsch (f)?

	r	f
1. Beate Langer ist 2010 das erste Mal beim LCR gestartet.	☑	
2. Sie war 2014 fünf Monate krank.		☑
3. Das Wetter war optimal, denn es war nicht zu warm.	☑	
4. Beate Langer ist 2013 beim Iron-Man gestartet.		☑
5. Beate will im nächsten Jahr wieder beim Iron-Man starten.		☑
6. Judith und Beate trainieren oft zusammen.		☑

d Perfektformen. Wie heißen die Infinitive?

1. hat trainiert → *trainieren*
2. hat geschafft → schaffen
3. hat motiviert → motivieren
4. hat geklappt → klappen
5. hat gefeiert → feiern
6. ist gestartet → starten

e Ein guter Tag für Beate Langer. Ergänzen Sie die Perfektformen aus 1d.

Am 24. Juni _____ Beate Langer beim Leonardo-Campus-Run gestartet [1]. Sie _____ dieses Jahr nicht intensiv trainiert [2]. Aber sie _____ die Strecke in 39:02 Minuten _____ [3]. Der Applaus vom Publikum _____ sie total _____ [4]. Alles _____ super _____ [5] und sie war sehr zufrieden. Ihre Fans _____ sie begeistert _____ [6].

2 Start beim Campus-Run

Schreiben Sie Sätze im Perfekt.

1. starten – viele Leute – beim Campus-Run *Viele Leute sind beim Campus-Run gestartet.*
2. den Lauf – gut organisieren – die Organisatoren Die Organisatoren haben den Lauf gut organisiert
3. ihr – bezahlen – beim Start – das Startgeld Ihr habt das Startgeld beim Start bezahlt
4. schaffen – die Strecke in 33:01 Minuten – Axel Meyer Axel Meyer hat die Strecke in 33:01 geschafft
5. 2014 – siegen – wir Wir haben 2014 gesiegt
6. Spaß machen – der Leonardo-Campus-Run Der Leonardo-Campus Run hat Spaß gemacht
7. sehr gut – funktionieren – alles Alles hat sehr gut funktioniert
8. trainieren – intensiv für den Lauf – du Du hast intensiv für den Lauf trainiert
9. Tobias – stürzen – beim Campus-Run Tobias ist beim Campus-Run gestürzt
10. Ruhe – brauchen – Tobias Tobias hat Ruhe gebraucht
11. suchen – Tobias und Annika – eine neue Sportart Tobias und Annika haben eine neue Sportart gesucht

3 Blöd gelaufen

a Tobias schreibt an seine Cousine Saskia. Ergänzen Sie in der Mail die Perfektformen und die Präteritumformen von „haben" und „sein".

stürzen (2x) | trainieren | ~~hören~~ | lachen | passieren | machen | haben | sein (2x) | starten | sagen

Hallo Saskia,
hast du schon _gehört_ [1], ich _bin_ beim Lesen vom Sofa _gestürzt_ [2].
Nein, nein, ich _habe_ Sport _gemacht_ [3]! Ich _war_ [4] sechs Monate
beim Hochschulsport und _habe_ viel _trainiert_ [5]. Am Mittwoch _war_ [6]
der Leonardo-Campus-Run und ich _bin_ auch _gestartet_ [7]. Ich _hatte_ [8]
ein Supergefühl, aber dann _ist_ es _passiert_ [9]. Ich _bin_ _gestürzt_ [10].
Tja, blöd gelaufen! Aber nach einer Stunde _habe_ ich wieder _gelacht_ [11]
Der Arzt _hat_ _gesagt_ [12], jetzt habe ich Sportverbot. Aber das ist kein
Problem, jetzt kann ich endlich wieder lesen und lange schlafen ;)
Liebe Grüße
Tobias (macht jetzt nur noch Lese-Marathons ;))

b Annika schreibt eine Postkarte an ihre Oma. Ordnen Sie die Sätze und schreiben Sie in Ihr Heft.

Nächstes Jahr will ich unbedingt mitmachen! | Gestern war ich mit Tobias und Jonas beim Campus-Run in Münster. | Insgesamt sind fast 800 Teilnehmer gestartet. | Du weißt ja, Jonas hat viel trainiert. | ~~Liebe Oma!~~ | Er hat die Strecke in einer Superzeit geschafft – persönliche Bestzeit! | Liebe Grüße und bis bald Annika | Der Arme! Sport ist jetzt tabu, aber nach einer Stunde hat er wieder gelacht. | Der Lauf war super und die Organisatoren haben alles gut geplant. | Nur Tobias hatte Pech – er ist gestürzt. Jetzt darf er nicht mehr laufen.

Liebe Oma!
Gestern ...

4 Schon mal gemacht?

a Was haben Sie schon (oder noch nicht) in Ihrem Leben gemacht? Machen Sie eine Liste und benutzen Sie die Zeitangaben: **schon oft, manchmal, einmal, noch nie**. Schreiben Sie in Ihr Heft.

~~eine Reise machen~~ | ein Praktikum machen | Fußball spielen | bei einem Campus-Run starten | für einen Lauf trainieren | eine Fremdsprache lernen | Essen kochen | ein Instrument spielen | Hausarbeit machen | wandern | in einem Team zusammen arbeiten | mit Freunden telefonieren | Urlaub am Meer machen | Musik hören | Geschirr spülen | ein Auto kaufen | Schach spielen | für eine Prüfung lernen | mit anderen in einer Mannschaft spielen | bei einem Wettbewerb siegen | ...

schon oft: eine Reise gemacht, ...
manchmal: ...
einmal: ...
noch nie: ...

Texte planen:
1. Wörter sammeln
2. Wörter organisieren
3. Text schreiben

b Schreiben Sie einen Text über sich: Was haben Sie schon gemacht?

Was habe ich schon oft im Leben gemacht? Ich habe schon oft eine Reise gemacht. ...

c Fragen Sie Ihren Partner: Welche Aktivitäten hat er/sie schon gemacht? Stellen Sie ihn im Kurs vor.

Luciano hat schon oft Fußball gespielt und ein Konzert besucht.
Aber er hat noch nie ein Praktikum gemacht. ...

5 Spiel und Spaß

DaF kompakt – mehr entdecken

1 Wortschatz erwerben und erweitern

Arbeit mit dem Wörterbuch. Schreiben Sie ein Wortnetz zum Thema „Freizeitaktivitäten". Benutzen Sie die Wörter aus dieser Lektion. Finden Sie mehr Wörter im Wörterbuch. Vergleichen Sie die Ergebnisse im Kurs.

Organisieren Sie Wortschatz in Feldern.

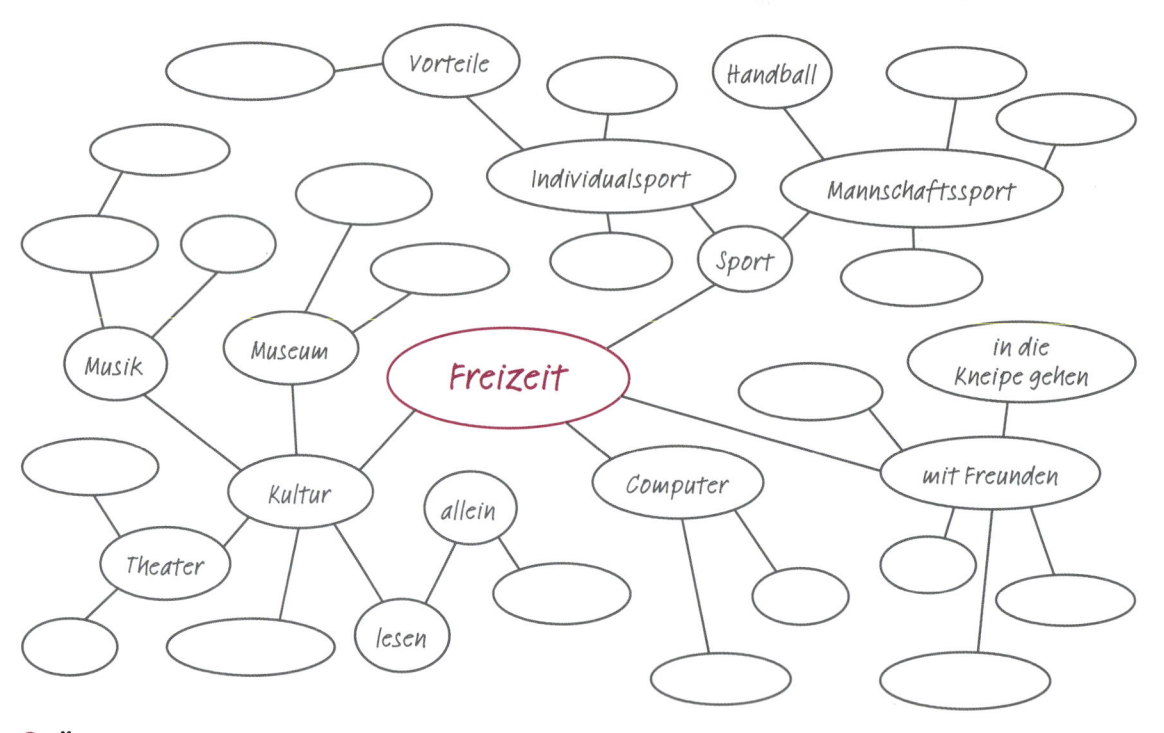

Wortnetz „Freizeit" mit Verzweigungen: Vorteile, Individualsport, Handball, Mannschaftssport, Sport, Musik, Museum, Kultur, Theater, allein, lesen, Computer, in die Kneipe gehen, mit Freunden.

2 Über Sprache reflektieren

Ergänzen Sie die Tabelle. Wie sagt man das in Ihrer Sprache? Vergleichen Sie im Kurs.

Deutsch	Französisch	Italienisch	andere Sprache(n)
ich habe gemacht	j'ai fait	ho fatto	
ich bin gestartet	je suis parti(e)	sono partito / a	

Achtung: Das Present Perfect im Englischen ist syntaktisch **anders** als das Perfekt im Deutschen!

Vergleichen Sie auch die Position der Verben im Satz.

3 Miniprojekt

Recherchieren Sie: Was gibt es aktuell im Sport- und Kulturangebot der Uni Münster? Stellen Sie im Kurs interessante Angebote vor.

Welche Sportarten sind im Angebot?
Wann kann man die Sportarten machen?
Welche Sportarten finden Sie besonders interessant?
Warum finden Sie diese Sportarten interessant?
https://spaw.uni-muenster.de/Hochschulsport/

Welche Kulturveranstaltungen gibt es?
Wann kann man die Kulturveranstaltungen besuchen?
Welche Kulturveranstaltungen sind besonders interessant?
Warum finden Sie diese Kulturveranstaltungen interessant?
https://www.uni-muenster.de/leben/kultur.html

Phonetik

„e" oder „i"?

1 Wer? Wir?

a Hören Sie die Familiennamen. 🔊 89

– Ihle   – Hinz   – Miener   – Finster   – Siebe   – Flick

b Hören Sie die Familiennamen. 🔊 90

– Ehle   – Henz   – Mehner   – Fenster   – Seebe   – Fleck

c Hören Sie die Familiennamen noch einmal und sprechen Sie nach. 🔊 91

Ihle – Ehle   Miener – Mehner   Siebe – Seebe
Hinz – Henz   Finster – Fenster   Flick – Fleck

2 „i" oder „e"? „i" oder „e"?

a Hören Sie und markieren Sie den Akzentvokal. Ist der Akzentvokal lang _ oder kurz •? 🔊 92

– lesen   – sprechen   – sehen   – treffen

b Konjugieren Sie die Verben und ergänzen Sie die Tabelle. Hören Sie dann die Lösung und vergleichen Sie. 🔊 93

ich lese	er	ihr
ich spreche	er	ihr
ich sehe	er	ihr
ich treffe	er trifft	ihr

Der Vokal ändert sich, aber die Vokallänge bleibt gleich.

c Was hören Sie, **a** oder **b**? Kreuzen Sie an. 🔊 94

1. a. ☐ er liest   2. a. ☐ er spricht   3. a. ☐ er sieht   4. a. ☐ er trifft
   b. ☒ ihr lest   b. ☐ ihr sprecht   b. ☐ ihr seht   b. ☐ ihr trefft

d Sprechen Sie in Gruppen. Einer / Eine spricht, die anderen hören und raten.

ihr trefft   Ich höre a: er trifft   Nein, es ist b: ihr trefft

3 Wer hat welchen Familiennamen?

a Hören Sie die Familiennamen und markieren Sie den Akzentvokal. Ist er lang _ oder kurz •? Sprechen Sie dann die Namen nach. 🔊 95

– Familie Winter   – Familie Wiemer   – Familie Wenter   – Familie Wehmer

b Hören Sie die Namen von den Kindern und markieren Sie den Akzentvokal. Ist er lang _ oder kurz •? 🔊 96

– Dirk   – Lena   – Wieland   – Selma   – Emil   – Jens   – Ina   – Nicki

c In jeder Familie gibt es einen Jungen und ein Mädchen. Wer hat welchen Familiennamen? Sprechen Sie in Gruppen.

Dirk ist der Sohn von der Familie Winter. Denn sein Name hat ein kurzes „i".

6 Endlich ein Zimmer

A Zimmer gesucht – und gefunden

1 Hilfe beim Formular

Ihr Kommilitone Steven Miller aus Irland möchte eine möblierte Wohneinheit mit Küchenzeile in einem Studierendenwohnheim beantragen. Er studiert Politik im 6. Semester.
In dem Formular fehlen fünf Informationen. Helfen Sie Ihrem Kommilitonen und schreiben Sie die fünf fehlenden Informationen in das Formular.

Hier bitte ein Foto aufkleben

Studentenwerk Frankfurt am MAIN S WERK

Name: MILLER   Vorname: STEVEN   männlich ☒   weiblich ☐
geboren am: 28.8.1993   in: DUBLIN   Staatsangehörigkeit: _____ [1]
Heimatanschrift: Talbot st, Dublin Irland
E-Mail: STEVEN.MILLER@STUD.UNI-FRANKFURT.DE
Hochschule: GOETHE-UNIVERSITÄT   Studienfach: _____ [2]   bisherige Semesterzahl: _____ [3]

Ich beantrage eine möblierte ☐   eine unmöblierte ☐   Wohneinheit [4]

Unterkunftsart:
Einzelzimmer bis 12 qm ☐   Wohneinheit mit Küchenzeile ☐   Einzelzimmer in Wohngruppen ☐ [5]

---

2 Rund ums Wohnen

a Verben und Nomen in Kombination: Welche passen?

beantragen | finden | bekommen | ausfüllen | aufkleben

1. ein Formular _ausfüllen_
2. ein Zimmer _finden/beantragen_
3. Antwort _bekommen_
4. ein Foto _aufkleben_

Lernen Sie Adjektive zusammen mit dem Gegenteil.

b Finden Sie die Gegenteile.

1. unkompliziert _kompliziert_
2. möbliert _unmöbliert_
3. zusammen wohnen _alleine wohnen_

c Ergänzen Sie die Sätze von Vera im Gespräch mit Leon. Hören Sie noch einmal zur Kontrolle.

Oh, ein unmöbliertes Zimmer. | Und, hast du schon ein Zimmer in Frankfurt gefunden? | Tschüss. | Hallo | Toll! Wie schnell! Wohnst du allein? | O. k. Du kannst mir dann später schreiben!

○ _Hallo_ [1]
● Hallo Vera.
○ _Und, hast du schon ein Zimmer in Frankfurt gefunden_ [2]
● Ja, das war nicht kompliziert. Oliver hatte ein Formular für ein Zimmer im Studierendenwohnheim. Das habe ich letzte Woche ausgefüllt und nach Frankfurt geschickt. Und gestern ist schon die Antwort gekommen!
○ _Toll! Wie schnell! Wohnst du allein?_ [3]
● Ich habe ein Zimmer in der Wohngruppe beantragt. Nur leider hat das Zimmer keine Möbel.
○ _Oh, ein unmöbliertes Zimmer_ [4]
● Vera, es hat geklingelt. Das ist sicher Oliver. Er holt mich ab. Wir fahren gleich nach Frankfurt. Das Zimmer ansehen.
○ _O.k. Du kannst mir dann später schreiben_ [5]
● Ja, mach ich. Tschüss.
○ _Tschüss_ [6]

3 Gesucht und gefunden

a Ergänzen Sie das Partizip.

1. _ge_ fahr _en_   4. ____ troff ____   7. ____ gess ____   10. ____ dach ____
2. ____ komm ____   5. ____ blieb ____   8. ____ red ____   11. ____ seh ____
3. ____ gang ____   6. ____ sess ____   9. ____ wuss ____   12. ____ fund ____

b Wer hat was gemacht? Ordnen Sie die Sätze und schreiben Sie die Infinitive der Verben.

1. geschrieben / SMS / Ich / eine / habe   _Ich habe eine SMS geschrieben._   → _schreiben_
2. zu spät / bist / gekommen / Du   _____. →
3. gesprochen / Julius / mit dem Hausmeister / hat   _____. →
4. wir / am Sonntag / geschlafen / haben / lange.   _____. →
5. ihr / Rhabarberschorle / schon mal / Habt / getrunken?   _____. →
6. Oliver und Vera / bei der Möbelsuche / geholfen / haben   _____. →

c „Sein" oder „haben"? Schreiben Sie die Verben aus 3a und b in eine Tabelle in Ihr Heft.

Perfekt mit „haben"	Perfekt mit „sein"
finden → gefunden	fahren → gefahren
…	…

d Was haben Leon, Julius, Oliver und Vera gestern gemacht? Schreiben Sie einen Text in Ihr Heft und benutzen Sie die Verben aus 3c.

Leon ist gestern mit Oliver nach Frankfurt gefahren. Er hat seine Mitbewohner getroffen. …

4 Rubrik aus dem Unijournal: Früher und heute – ehemalige Studierende berichten

a Lesen Sie den Beitrag von Regina und ergänzen Sie die Verben im Perfekt.

finden | diskutieren | wohnen | ~~studieren~~ | gehen | lesen | fahren

Regina: „Ich komme aus Koblenz und habe in Freiburg _studiert_ [1]. Vor 40 Jahren war vieles anders. Ich habe zur Untermiete _____ [2]. Nur einmal im Semester bin ich nach Hause _____ [3]. Damals hatten wir noch keine Computer, wir haben viel _____ [4] und sind oft ins Kino _____ [5] und haben zusammen _____ [6]. Ich habe an der Uni schnell viele Freunde _____ [7]. Manche Kommilitonen von damals treffe ich noch heute."

b Lesen Sie den Beitrag von Malte und ergänzen Sie die Verben im Präsens, Perfekt und Präteritum.

~~kommen~~ (2x) | studieren | fahren | sein (2x) | treffen | gehen (2x) | essen | haben (3x) | wohnen | machen | kochen | sehen | arbeiten

Malte: „Ich _komme_ [1] aus Hamburg. Ich _____ hier acht Semester Architektur _____ [2]. Ich _____ zu Hause _____ [3] und _____ oft mit dem Fahrrad zur Uni _____ [4]. Meine Seminare _____ [5] fast immer am Vormittag. Mittags _____ ich meine Freunde _____ [6], wir _____ in die Mensa _____ [7] und _____ zusammen zu Mittag _____ [8]. Wir _____ immer viel Zeit und viel Spaß [9]. Jetzt _____ [10] wir alle, aber wir _____ [11] immer noch viel zusammen: Wir _____ [12] italienische Rezepte, wir _____ [13] ins Fußballstadion und wir _____ [14] Fernsehserien. Von Montag bis Freitag _____ [15] wir keine Zeit mehr. Ich _____ [16] den ganzen Tag im Büro und _____ [17] erst um acht Uhr abends nach Hause. Aber am Wochenende _____ [18] wir immer noch viel Spaß."

6 Endlich ein Zimmer

B Zimmer eingerichtet

1 Möbel und ihr Material

a Ordnen Sie die Wörter nach Kategorien und ergänzen Sie die Artikel und die Pluralformen in Ihr Heft.

Regal | Holz | Hochschrank | Bett | Matratze | Metall | Stuhl | Kunststoff | Kleiderschrank | Glas | Schreibtisch | Küchentisch | Kommode | Sessel | Sofa

Möbel: das, Regal, -e; … *Material: das Holz, ¨-er; …*

b Lesen Sie die Anzeigen im Kursbuch B, Aufgabe 1a, noch einmal und formulieren Sie mit den Adjektiven im Schüttelkasten Fragen und Antworten wie im Beispiel. Schreiben Sie diese in Ihr Heft.

groß | klein | hoch | niedrig | breit | schmal | teuer | alt | modern | nicht groß/klein genug

○ Wie findest du die Stühle? ○ Und wie findest du das Bett?
● Die sind zu modern. ● Das ist zu schmal.

2 Haben Sie den Schrank noch?

🔊 98 Ergänzen Sie das Telefongespräch. Hören Sie dann zur Kontrolle das Gespräch.

Ich habe Ihre Anzeige gelesen. Haben Sie den Schrank noch? | Ja, gerne. Und wie ist die Adresse? | ~~Guten Tag Herr Huber. Mein Name ist Leon Heise.~~ | O.k., danke. Dann bis morgen. | Das ist schade. Und ist das Regal noch da? | Super! Ich nehme das Regal. Kann ich es morgen Abend abholen?

○ Huber.
● *Guten Tag Herr Huber. Mein Name ist Leon Heise.*
○ Guten Tag Herr Heise.
● _____ [1]
○ Nein, der Schrank ist schon weg.
● _____ [2]
○ Ja, das ist noch da.
● _____ [3]
○ Ja, das geht. Können Sie um 17:30 Uhr kommen?
● _____ [4]
○ Kirchweg 90, 1. Stock.
● _____ [5]
○ Bis morgen.

3 Was war los?!

Was passt zusammen? Ordnen Sie zu.

1. Der Wohnheimtutor?   5. Der WG-Schlüssel?   ⬜ im ganzen Haus gesucht   ⬜ leider ausgefallen
2. Die Notiz?   6. Das Wochenende?   ⬜ zu Hause vergessen   ⬜ am Sonntag besucht
3. Deine Eltern?   7. Das Fenster?   [2] an der Tür hinterlassen   ⬜ mit Freunden verbracht
4. Die Heizung?   8. Der Hausmeister?   ⬜ schon erreicht   ⬜ schon aufgemacht

4 Trennbare oder untrennbare Vorsilbe?

Ordnen Sie die Verben und tragen Sie die Partizipien im Perfekt in Ihr Heft ein.

abholen | nachschauen | vergessen | mitkommen | anrufen | verbringen | bezahlen | wegfahren | erreichen | aufmachen | bekommen | besuchen | ausschneiden

trennbare Vorsilbe: abholen → abgeholt; …   *untrennbare Vorsilbe: bezahlen → bezahlt; …*

5 Ich muss das Foto aufkleben? – Ich habe es schon aufgeklebt!

Trennbare Verben: regelmäßig und unregelmäßig. Bilden Sie Sätze mit den folgenden Verben a im Präsens,
b mit dem Modalverb müssen und c im Perfekt wie im Beispiel und schreiben Sie die Sätze in Ihr Heft.

1. Möbelverkäufer – anrufen (Leon)
2. das Sofa – abholen (ich)
3. um drei Uhr – vorbeikommen (du)
4. die Tür – aufmachen (sie Plural)
5. heute – ausfallen (die Vorlesung)
6. zweimal – anklopfen (wir)
7. mich – zurückrufen (der Verkäufer)
8. das Formular – ausfüllen (du)
9. die Wohnung – aufräumen (ihr)
10. im Supermarkt – einkaufen (ich)
11. früh – aufstehen (wir)
12. das Fenster – zumachen (du)

Beispiel: ein Foto – aufkleben (Steven)

a. *Steven klebt ein Foto auf.*   b. *Steven muss ein Foto aufkleben.*   c. *Steven hat ein Foto aufgeklebt.*

6 Wie kann man es anders sagen?

Schreiben Sie die Sätze neu mit den Wörtern in Klammern.

1. Wir hatten am Wochenende keine Heizung. (verbringen)   *Wir haben das Wochenende ohne Heizung verbracht.*
2. Der Hausmeister war nicht da. (erreichen)
3. Ich habe oft telefoniert. (anrufen)
4. Er hat nicht geantwortet. (zurückrufen)
5. Unsere Heizung hat nicht funktioniert. (ausgehen)
6. Zum Glück war Julius da. (vorbeikommen)

7 Leben in der Wohngemeinschaft

a Lesen Sie die Überschrift. Welche Informationen gibt uns wohl der Text?

b Markieren Sie die Gründe: Warum leben viele junge Leute auch nach dem Studium in einer WG?

Geld sparen und Spaß haben
Viele junge Menschen in Deutschland bleiben nach dem Studium in einer Wohngemeinschaft

Es gibt ein neues Phänomen in Deutschland: Viele junge Leute haben das Studium schon abgeschlossen und haben einen Job, aber sie wohnen weiter in einer WG. Hamburg ist Nummer 1 bei diesem neuen Trend. Aber auch in anderen Städten sind die Mieten zu hoch und viele junge Menschen können sie nicht bezahlen; sie teilen einfach mit anderen Personen eine Wohnung.
Aber Geld sparen ist nicht der einzige Grund: „Ich arbeite viel zu Hause, und ich bin am Abend nicht alleine, das finde ich schön.", sagt Julia, 28 Jahre und Grafikdesignerin. Soziale Kontakte sind wichtig, junge Berufstätige wohnen lieber zusammen als allein. Manuel, 31 Jahre und Architekt, hat die gleiche Meinung: „Das Leben mit Freunden in einer WG ist praktisch: Wir können viele Freizeitaktivitäten zusammen machen." Aber es gibt nicht nur Spaß in der WG. Eine gute Organisation ist auch notwendig, denn jetzt gehen viele am Morgen zur Arbeit. Nachts eine lange Party und am nächsten Tag lange ausschlafen ist nur noch am Wochenende möglich.

c Schreiben Sie einem Freund / einer Freundin: Möchten Sie in einer Wohngemeinschaft wohnen? Was finden Sie gut? Was finden Sie nicht gut? Sammeln Sie erst Argumente und schreiben Sie dann Ihren Text.

Mietkosten teilen | Spaß haben | zusammen Partys feiern | nach der Arbeit nicht alleine sein | soziale Kontakte pflegen | Freizeitaktivitäten zusammen machen | zu laut sein | zusammen kochen | abends ... | Probleme mit der WG-Organisation haben | Geld sparen | Putzplan einhalten müssen | praktisch sein | nur wenig Privatsphäre haben

Texte planen:
1. Wörter sammeln
2. Wörter organisieren
3. Text schreiben

Liebe(r) ..., ich möchte (nicht) gern in einer Wohngemeinschaft wohnen, denn ...

6 Endlich ein Zimmer

C In der WG eingelebt

1 Aufgaben in der Wohngemeinschaft

a Verben und Nomen in Kombination: Welche passen?

aufräumen | leeren | einkaufen | ausräumen | runterbringen

1. das Zimmer _____
2. im Supermarkt _____
3. den Müll _____
4. den Geschirrspüler _____
5. den Briefkasten _____

b Wie heißt das Gegenteil?

ausmachen | ~~ausschalten~~ | einräumen | aufmachen

1. den Staubsauger einschalten und _ausschalten_
2. das Fenster zumachen und _aufmachen_
3. den Geschirrspüler ausräumen und _einräumen_
4. das Licht anmachen und _ausmachen_

Lernen Sie Wörter zusammen mit dem Gegenteil.

2 Wo ist die WG-Katze?

Schauen Sie die Bilder an und ergänzen Sie die Präpositionen.

an | auf | in | hinter | neben | über | unter | vor | zwischen

1. _an_ 2. _zwischen_ 3. ____ 4. _auf_ 5. _neben_ 6. _in_ 7. _unter_ 8. ____ 9. ____

3 Wo ist bloß …?

a Ordnen Sie den Chat.

- Hi Kristen! Mist, ich habe meinen Schlüssel vergessen. Kannst du für mich suchen? LG Leon **a** _1_
- Ich such mal in der Küche. Da warst du doch gestern Abend lange mit Irina, oder ;)? **g** ___
- Gern. Wo denn? **j** ___
- Stimmt. ;) Vielleicht liegt er auf dem Kühlschrank? **h** ___
- Nein, unter deinem Schreibtisch liegen nur Zeitschriften. Tut mir leid. **e** ___
- Vielleicht in meinem Zimmer? Liegt er unter meinem Schreibtisch? **k** ___
- Nee, zwischen den Zeitschriften ist nichts. Aber vor dem Schrank liegen ein paar Sachen … **d** ___
- Hm … und zwischen den Zeitschriften vielleicht? Ist er da? **i** ___
- Vor dem Schrank – das kann nicht sein. Vielleicht ist er gar nicht in meinem Zimmer ☹ Wo kann er bloß sein? **b** ___
- Bingo!!! Ich hab ihn! **c** ___
- Super, du bist ein Schatz! Daaaanke und bis später! ☺ **f** ___

b Wo findet Kristen am Ende den Schlüssel? _____

120 einhundertzwanzig   A1 – B1: 58

4 Der WG-Kühlschrank

Leon stellt Vera ein Rätsel. Welches WG-Mitglied hat welches Fach im Kühlschrank?
Ergänzen Sie die Tabelle.

1. Die Mitbewohnerin aus Russland hat Schokoladenpudding in ihrem Fach.
2. Kristen hat ein Glas Senf. ← mustard
3. Die Würstchen liegen neben dem Rindfleisch.
4. Der Blumenkohl liegt zwischen der Sojamilch und den Tomaten.
5. Irina hat Vanillejoghurt in ihrem Fach.
6. Der Senf steht vor den Würstchen.
7. Neben dem Schokoladenpudding sind Erdbeeren.
8. Die US-Amerikanerin liebt Frankfurter Würstchen.
9. Der Schokoladenpudding steht auf den Joghurtbechern.
10. Das Fach von Irina ist zwischen dem von André und dem von Kristen.
11. Der Mitbewohner aus Österreich isst keine tierischen Produkte.

Fach	Name	Nationalität	Inhalt	Vorlieben
1	André	Österreich	Sojamilch und tomaten, blumenkohl	ist Veganer. ← vegan
2	Irina	Russland	Vanillejoghurt, Schokoladenpudding, erdbeeren	mag es süß. ← sweet tooth
3	Kristen	Amerikanerin	Glas senf, würstchen, rindfleisch	isst gern Fleisch. ← meat likes

5 Mein Zimmer

a Leon beschreibt sein Zimmer. Ergänzen Sie die fehlenden Artikel.

> Hallo Mama!
> Mein neues Zimmer ist toll. Es ist groß und ich habe für alle Sachen einen Platz gefunden.
> Mein Bett steht in der Ecke rechts neben _____ [1] Tür. Über _____ [2] Bett ist eine Lampe.
> Der Schreibtisch steht vor _____ [3] Fenster. Mein Laptop steht rechts auf _____ [4] Schreibtisch.
> Vor _____ [5] Schreibtisch ist ein Stuhl. Unter _____ [6] Schreibtisch ist ein Papierkorb. Der Kalender hängt an _____ [7] Wand über _____ [8] Sofa. Rechts neben _____ [9] Kalender hängt das Bild vom letzten Urlaub. Links neben _____ [10] Kalender hängt das Foto von Borussia Dortmund. Zwischen _____ [11] Tür und _____ [12] Sofa ist ein Bücherregal. Und? Gefällt dir das Zimmer?
> Liebe Grüße Leon

b Schreiben Sie eine Mail an einen Freund / eine Freundin. Beschreiben Sie Ihr Zimmer. Wo ist was? Organisieren Sie Ihren Text: Machen Sie zuerst eine Liste von Ihren Gegenständen und Möbeln, schreiben Sie dann: Wo ist was? Zuletzt schreiben Sie die Mail. Vergessen Sie nicht Anrede und Gruß.

6 Endlich ein Zimmer

DaF kompakt – mehr entdecken

1 Wortschatz lernen und erweitern

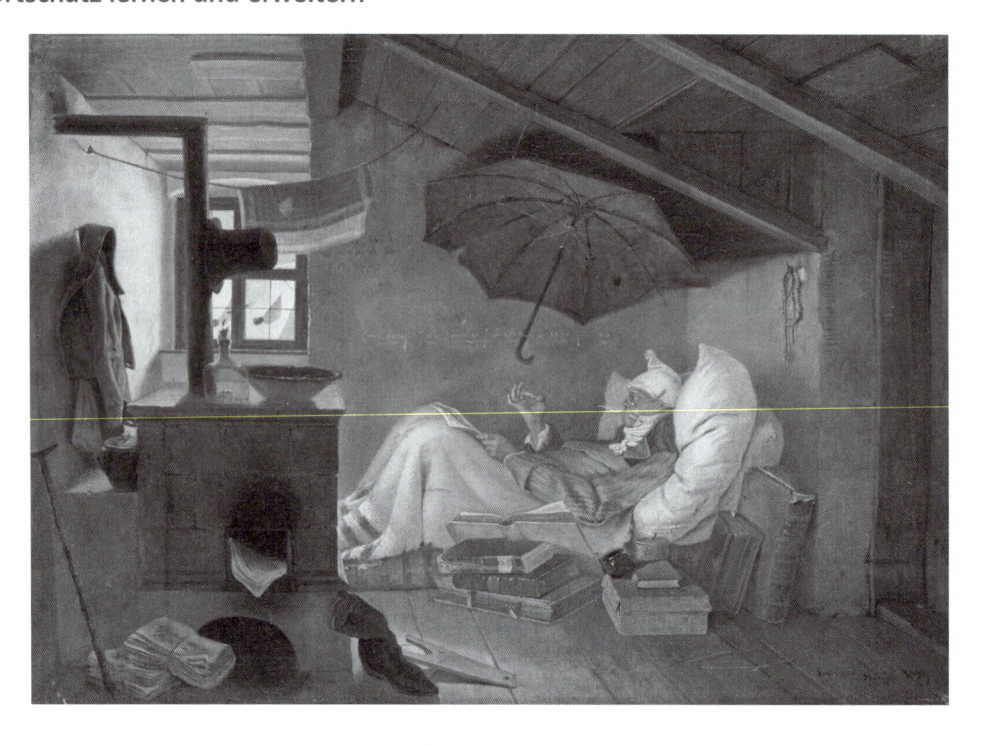

Lernen Sie mit Assoziationen, z. B. einem Bild.

Beschreiben Sie das Bild. Verwenden Sie die Redemittel.

die Bücher | der Regenschirm | die Manuskripte | der Hut | der Mantel | der Mann | der Stock | die Matratze | die Flasche | die Schüssel | …

liegt / liegen | ist / sind | steht / stehen | hängt / hängen

vor dem Bett | über dem Bett | am Ofen | im Ofen | unter der Decke | im Bett | …

Im Zimmer ist ein Bett. Im Bett liegt ein Mann. Vor dem Bett …

2 Über Sprache reflektieren

Ergänzen Sie die Tabellen. Wie heißen die Wörter in Ihrer Sprache? Vergleichen Sie im Kurs.

Deutsch	Englisch	andere Sprache(n)
1. Der Tisch ist zu groß.	1. The table is too big.	
2. Er ist viel zu teuer.	2. It is much too expensive.	

3 Miniprojekt

Sie brauchen Möbel für Ihr Zimmer.

Bilden Sie Gruppen. Jede Gruppe hat 300 Euro.
– Suchen Sie gebrauchte Möbel im Internet. Sammeln Sie Angebote und notieren Sie die Internetadresse.
– Vergleichen Sie im Kurs: Welche Gruppe hat die meisten Möbel?
– Welche Gruppe hat neue Möbel-Wörter?

Phonetik

Verben mit trennbaren und untrennbaren Vorsilben

1 Ich hole dich ab

a Hören Sie die Verben und die Sätze. 🔊 99

1. abholen – Ich hole dich ab.
2. mitspielen – Spielt ihr mit?
3. anrufen – Du rufst an.
4. anfangen – Wir fangen an.
5. anklopfen – Er klopft an.
6. aufräumen – Sie räumen auf.

b Hören Sie die Verben und Sätze in 1a noch einmal und klopfen Sie mit.

c Welche Silbe hat den Akzentvokal? Markieren Sie die Verben und Sätze in 1a.

d Sprechen Sie die Verben und Sätze aus 1a.

2 Wir vergessen dich nicht

a Hören Sie die Verben und die Sätze. 🔊 100

1. besuchen – Besuchst du mich morgen?
2. beschreiben – Können Sie das beschreiben?
3. bezahlen – Ich möchte bitte bezahlen.
4. erzählen – Er erzählt im Kurs.
5. vergleichen – Vergleichen Sie das.

b Hören Sie die Verben und Sätze in 2a noch einmal und klopfen Sie mit. 🔊 100

c Welche Silbe hat den Akzentvokal? Markieren Sie die Silben in den Verben in 2a.

d Sprechen Sie die Verben und Sätze aus 2a.

e Vergleichen Sie die Beispiele in 1a und 2a. Was fällt auf? Kreuzen Sie an.

1. Bei trennbaren Verben liegt der Akzent immer auf
   a. ☐ der Vorsilbe   b. ☐ dem Wortstamm.
2. Bei untrennbaren Verben liegt der Akzent immer auf
   a. ☐ der Vorsilbe   b. ☐ dem Wortstamm.

3 Armer Leon!

a Lesen Sie die Sätze und klopfen Sie mit. Markieren Sie die Silbe mit dem Akzentvokal.

1. Die Heizung ist ausgegangen.
2. Den Vermieter hat Leon angerufen.
3. Aber er hat ihn nicht erreicht.
4. Der Vermieter hat nicht zurückgerufen.
5. Der Vermieter hat ihn vergessen.

b Hören Sie die Sätze in 3a und vergleichen Sie. 🔊 101

c Lesen Sie die Sätze in 3a noch einmal laut.

7 Kleider machen Freunde

A „Café Waschsalon"

1 Eine komische Webseite

Sie öffnen die Homepage vom „Café Waschsalon". Jemand hat die Seite gehackt und Sie sehen nur komische Wörter. Wie heißen die Wörter richtig? Ergänzen Sie auch die Artikel und die Pluralformen.

Copysalon | Caféweg | Shopveranstaltung | Waschinternet | Ingebot | Anhaberin | Öffnungskultur | Zeitbeschreibung

1. der Copyshop, –s
2. _____
3. _____
4. _____
5. _____
6. _____
7. _____
8. _____

2 Unser Angebot – Hier können Sie ...

Lernen Sie Nomen und Verben zusammen.

a Ergänzen Sie die Verben.

essen | entspannen | hören | kopieren | lesen | surfen | treffen | trinken | trocknen | ~~waschen~~

Stress auf Wiedersehen!

Hier können Sie Ihre Wäsche _waschen_ [1] und _____ [2]. Sie können Ihre Dokumente _____ [3]. Sie können im Internet _____ [4] und _____ [5]. Sie können einen Espresso oder Milchkaffee _____ [6] oder einen kleinen Snack _____ [7]. Man kann auch Freunde _____ [8] und Konzerte _____ [9]. Oder ganz einfach mit einem guten Buch _____ [10].

b Ordnen Sie die Wörter mit Artikel und Plural rechts den Kategorien zu. Ergänzen Sie auch eigene Wörter.

Espresso | Film | Konzert | surfen | Schinkentoast | Saft | Theater | Milchkaffee | mailen | Tee | Schokoladenkuchen | ~~Waschmaschine~~ | ...

Technik: die Waschmaschine, –n
Kultur:
Speisen:
Getränke:
Internet:

3 Warum wäschst du im Waschsalon?

Markieren Sie die Argumente im Text: Warum besuchen die Kunden den Waschsalon?

Der Lieblingscocktail im Waschsalon

Viele Waschsalons haben Zusatzangebote für ihre Kunden. In Bonn kommen die Kunden auch sonntags; sie waschen, sehen fern und trinken Cocktails. In Jena stehen abends DJs neben den Waschmaschinen und legen auf. In Münster können Kunden Schinkentoast oder Spaghetti Bolognese essen – und ihre Wäsche waschen. In die Salons kommen Menschen aus allen Berufsgruppen. Der Doktorand Jan Eisenmann mag die Atmosphäre. „Ich wasche gern im Waschsalon, denn hier sitzen die Kunden manchmal bis in die Nacht zusammen, diskutieren über Politik, Philosophie, die Welt. Der Waschsalon ist mein Wohnzimmer", sagt er. „Und hier wasche ich nie allein." Der Frankfurter Soziologe Paul Maas sagt: „Waschsalons haben heute einen ‚Kult-Charakter'. Waschen und Unterhaltung, die Kunden lieben das."

4 Aufforderungen

a Was passt? Ordnen Sie zu.

a. ☐ Wunsch / Vorschlag   b. ☐ Anweisung   c. ☐ 3 Anleitung

1. Schauen Sie doch mal nach! Gehen wir doch in die Kantine!
2. Chef: Kopieren Sie den Brief bitte dreimal!
3. Maschinen / Computerprogramme: Drücken Sie „Stopp"! / „Stopp" drücken!

b Was ist ein Wunsch / Vorschlag (WV), eine Anweisung (Aw) oder eine Anleitung (Al)?

1. Versuchen wir das doch mal! _WV_
2. Gehen wir doch heute ins Kino! _____
3. Programm wählen! _____
4. Drücken Sie die grüne Taste! _____
5. Machen Sie mit Frau Schäfer einen Termin! _____
6. Kommen Sie! _____

c Lesen Sie die Sätze. Welcher Satz ist eine Anweisung (A), welcher ein Vorschlag (V)? Kreuzen Sie an.

	A	V		A	V
1. Rufen Sie Herrn Müller an.	☐	☐	4. Geben Sie doch mal „Wäscherei" ein.	☐	☐
2. Versuchen Sie das doch mal.	☐	☐	5. Schauen Sie doch mal im Internet nach.	☐	☐
3. Suchen Sie die Adresse.	☐	☐	6. Schicken Sie das Formular ab.	☐	☐

d Lesen Sie die Sätze. Für wen ist der Vorschlag: für den Partner (P) oder für den Partner und Sie (U)?

	P	U		P	U
1. Versuchen wir das doch mal.	☐	☐	4. Schauen Sie doch mal im Internet nach.	☐	☐
2. Geben Sie doch mal „Restaurant" ein.	☐	☐	5. Gehen wir doch lieber ins Kino.	☐	☐
3. Suchen Sie doch mal die Adresse.	☐	☐	6. Ach, gehen wir doch lieber in die Kantine.	☐	☐

e Formulieren Sie die Sätze wie im Beispiel.

1. unser Angebot – Sie – lesen   _Lesen Sie unser Angebot!_
2. wir – einen Milchkaffee – trinken – doch mal
3. Sie – bitte – einen Milchkaffee – machen
4. kommen – zum Konzert – doch – Sie
5. ins Theater – doch – gehen – wir

5 Aufforderungen verstehen

Spielen Sie im Kurs. Einer formuliert einen Satz mit „Sie", einer spielt.

Klavier spielen | ~~im Kurs schwimmen~~ | ein Lied singen |
das Fenster aufmachen | die Tür zumachen | ein Bild malen |
Fußball spielen | Gitarre spielen | …

6 Gehen wir doch in die Kantine! – Kommen Sie doch mit!

Formulieren Sie Wünsche oder Vorschläge mit „doch" oder „doch mal".

1. in die Kantine gehen
2. zu Hause waschen
3. Wäsche in den Waschsalon bringen
4. jetzt essen gehen
5. im Internet schauen
6. heute Nachmittag waschen

1. _Gehen wir doch in die Kantine!_

7 Kleider machen Freunde

B Pass auf, der läuft ein!

1 Der erste Waschtag

🔊 44 Hören Sie das Gespräch zwischen Max und Lena im Kursbuch B, Aufgabe 1b, noch einmal. Was ist richtig (r), was ist falsch (f)? Kreuzen Sie an.

	r	f		r	f
1. Max hat noch nie Wäsche gewaschen.	☐	☐	3. Max wohnt im Hotel Mama.	☐	☐
2. Max muss die Wäsche nicht sortieren.	☐	☐	4. Max findet Lena nett.	☐	☐

2 Nachfragen: Entschuldigung, …

a Formulieren Sie die Redemittel.

1. Sie | helfen | mir | bitte | Sie | Entschuldigen | können |
   Entschuldigen Sie, können Sie mir bitte helfen?

2. mal | das | doch | bitte | noch | Sie   Wiederholen
   _____

3. wiederholen | noch | das | mal | Sie | Können
   _____

4. muss | mal | ich | noch | nachfragen | Entschuldigung,
   _____

5. nachfragen | mal | ich | noch | Darf
   _____

b Ergänzen Sie die passenden Antworten.

Was verstehen Sie denn nicht? | Gern. Am Samstag, um 19.30 Uhr. | In der Steinstraße. |
Ja, gern. Das bedeutet „etwas noch einmal sagen". | Das bedeutet: „Schauen Sie im Wörterbuch nach." |

1. ○ Entschuldigen Sie, was bedeutet „wiederholen"? Können Sie das bitte erklären?
   ● _____ .

2. ○ Entschuldigen Sie, ich habe das nicht verstanden.
   ● _____ .

   ○ Was bedeutet „Schlagen Sie im Wörterbuch nach"?
   ● _____ .

3. ○ Entschuldigen Sie, wo ist das Internetcafé?
   ● _____ .

4. ○ Entschuldigen Sie, können Sie das noch mal wiederholen? Wann ist das Konzert?
   ● _____ .

c Schreiben Sie Fragen und Antworten wie im Beispiel.

1. ~~spät / nicht früh~~   2. aufmachen / öffnen   3. zumachen / schließen   4. bestens / sehr gut

○ Entschuldigen Sie, können Sie mir das bitte erklären?   ○ Was bedeutet „spät"?
● Ja gern. Was verstehen Sie denn nicht?   ● „Spät" bedeutet „nicht früh".

3 Höflich bitten, fragen und antworten

a Formulieren Sie die Bitten höflich wie im Beispiel.

1. Erklären Sie das!
2. Ich will Sie etwas fragen.
3. Helfen Sie mir.
4. Ich will noch mal wiederkommen.
5. Sprechen Sie langsam!
6. Ich muss noch mal nachfragen.
7. Wiederholen Sie das!
8. Ich will noch mal anrufen.

1. Können Sie das bitte erklären?

b Was sagen Sie in folgenden Situationen?

1. Jemand spricht sehr schnell.
2. Sie möchten morgen jemanden anrufen.
3. Sie brauchen Hilfe.
4. Jemand hat etwas erklärt. Sie haben es nicht verstanden.
5. Sie möchten noch einmal kommen.
6. Sie finden das Internetcafé nicht.

1. Entschuldigung, können Sie bitte langsam sprechen?

4 „Ein Paar …" oder „ein paar"?

Lena geht einkaufen. Lesen Sie die Erläuterung und ergänzen Sie!

Unterscheiden Sie: **ein paar / ein Paar**:

ein paar → ein paar Minuten (= wenige / einige Minuten)   ein Paar → ein Paar Socken (= zwei Socken)

Achtung: ein Ehepaar, ein Liebespaar, ein Zwillingspaar

Lena geht in die Stadt. Sie möchte einkaufen. Sie kauft ein ___Paar___ [1] Handschuhe für den Winterurlaub. Ein _____ [2] schwarze Socken braucht sie auch. Sie probiert auch ein _____ [3] bunte T-Shirts an und kauft auch gleich zwei. Sie sucht noch ein _____ [4] für Dirk und Petra. Sie sind ein nettes _____ [5] Dann braucht sie eine Pause und geht in ein Restaurant. Dort trifft sie ein _____ [6] Freunde. Ein _____ [7] Stunden später ist sie wieder zu Hause. Sie hatte viel Spaß, aber sie hat nicht viel gekauft!

5 Noch mehr Farben: bunt gemischt

Wie mischen Sie folgende Farben? Notieren Sie.

1. __rot__ + __gelb__ = orange   3. _____ + _____ = rosa   5. _____ + _____ = grau
2. _____ + _____ = grün   4. _____ + _____ = türkis 6. _____ + _____ = lila

6 Schreib! Schreibt! Schreiben Sie!

Schreiben Sie die Imperativformen in die Tabelle in Ihr Heft.

du	Komm!
ihr	Kommt!
Sie	Kommen Sie!

~~kommen~~ | anrufen | aufpassen | raten | entschuldigen | gehen | einladen | wegfahren | mitkommen | öffnen | schließen | schreiben | trinken | umdrehen | wiederholen | sein | zeichnen | bleiben | warten | anmachen

7 Bitte nicht kommandieren!

a Frau Wald kommandiert ihre Tochter. Formulieren Sie die Anweisungen wie im Beispiel.

1. Wäsche sortieren
2. die Waschmaschine aufmachen
3. die Wäsche einfüllen
4. das Waschprogramm wählen
5. Start drücken
6. bitte höflich sein

1. Sortier die Wäsche!

b Max bittet seine Freunde. Formulieren Sie höfliche Aufforderungen wie im Beispiel.

1. mich besuchen kommen (doch mal)
2. bitte eure Gitarren mitbringen (doch)
3. anrufen (doch mal)
4. nicht zu spät da sein (bitte)
5. schnell antworten (bitte)
6. Musik machen (doch mal)

1. Kommt mich doch mal besuchen!

7 Kleider machen Freunde

C Neue Kleider – neue Freunde

1 Was ist los im Waschsalon?

Welches Verb passt? Ergänzen Sie den Infinitiv und bilden Sie den Imperativ.

~~mitfahren~~ | haben | lesen | nehmen | vergessen | sein | laufen

1. nach Wien _mitfahren_ → _Fahr nach Wien mit!_
2. Waschpulver _____ → _____
3. die Anleitung _____ → _____
4. keine Angst _____ → _____
5. nicht so langweilig _____ → _____
6. den Konzerttipp heute Abend _____ → _____
7. zur Josefstraße _____ → _____

2 Max hat die SMS von Lena nicht bekommen!

Max wiederholt seine Einladung in einer Mail. Schreiben Sie die Mail an Lena.
Verwenden Sie die Informationen aus der SMS im Kursbuch C, Aufgabe 1c.

> Liebe Lena,
> ich habe eine SMS geschickt. Ich glaube, du hast sie nicht bekommen. Ich habe eine Frage: …

3 Volles Programm

a Max kocht mit einem Freund. Formulieren Sie die Aufforderungen von Max.

1. helfen (doch bitte mal)
2. Butter nehmen (doch)
3. das Glas festhalten (doch mal)
4. nicht so langsam sein (doch)
5. mich nicht stoßen (doch)
6. das Salz nicht vergessen (bitte)
7. das Fenster öffnen (doch bitte mal)
8. nicht so viel essen (doch)

1. Hilf doch bitte mal.

b Lena und ihre Freundinnen gehen ins Kino. Formulieren Sie Lenas Aufforderungen.

1. das Programm lesen (mal)
2. nicht so laut sprechen (doch)
3. die Tür aufmachen (mal bitte)
4. die Schokolade nicht vergessen
5. zur Kasse laufen (bitte)
6. nicht so viel Eis essen (doch)
7. auch Schokolade nehmen (doch)
8. keine Angst haben (doch)
9. ruhig sein (doch mal)

1. Lest mal das Programm vor!

4 Denk positiv!

Was passt zusammen? Verbinden Sie und schreiben Sie dann die Imperative.

denken | sein | ~~haben~~ | bleiben | nehmen | machen

1. ein Ziel _haben_ → _Hab ein Ziel!_
2. eine Reise _____ → _____
3. das Leben leicht _____ → _____
4. gesund _____ → _____
5. positiv _____ → _____
6. neugierig _____ → _____

128 einhundertachtundzwanzig

5 Soll ich? – Sollen wir? – Wollen wir?

a Schreiben Sie Minidialoge mit „sollen" wie im Beispiel unten.

Ja, gerne! | Wie du willst. | Nein, danke. | Mmh. Fangen wir an. | Nein, das geht schon.

1. Kaffee holen (ich)
2. jetzt die Wäsche sortieren (wir)
3. Jacke anprobieren (ich)
4. zum Konzert gehen (wir)
5. den neuen Tee probieren
6. nach Wien fahren (ich)

○ Soll ich Kaffee holen?   ● Ja, gerne!

b Machen Sie Minidialoge wie im Beispiel. Finden Sie auch eigene Beispiele.

1. anfangen   2. ins Kino gehen   3. Kaffee trinken   4. du sagen

○ Wollen wir anfangen?   ● Ja, fangen wir an!

Sollen / Wollen wir …?
Soll ich …?
Sollen / Wollen wir einen Kaffee trinken?
= Ich schlage vor, wir trinken einen Kaffee.
Soll ich helfen?
= Ich kann helfen.

6 Oh je, was ist das denn?

a Hören Sie Teil 3 vom Gespräch im Kursbuch C, Aufgabe 3c, noch einmal und ergänzen Sie die Lücken.   🔊 48

Das weiße _Hemd_ [1] ist jetzt ganz rosa. Max hat die dunkelrote _____ [2] mitgewaschen. Der blaue _____ [3] ist auch ganz kurz. Die schwarze _____ [4] ist auch eingelaufen. Lena hat mit _____ [5] gewaschen. Sie probiert das _____ [6], den _____ [7] und die _____ [8] an. Sie sieht klasse aus.

b Hören Sie die Ausdrücke und sprechen Sie sie nach. Welche Ausdrücke sind positiv, welche negativ? Sortieren Sie.

Super! | Das sieht ja schrecklich aus! | So ein Mist! | Das ist ja furchtbar! | Das ist ja toll! | Oh nein! | Ich Idiot! | Schade! | Das sieht ja klasse aus!

Positiv (+)   _Super!_ _____

Negativ (–)   _____

In Ausrufesätzen betont „ja" den Ausruf.

7 Friedl Hofbauer, Schriftstellerin

a Lesen Sie die Kurzbiografie und beantworten Sie die Fragen.

Friedl Hofbauer (*19. Januar 1924 in Wien, † 22. März 2014 in Wien) hat Germanistik und Sprachen studiert. Sie hat als Schriftstellerin und Übersetzerin in Wien gearbeitet und Erzählungen, Hörspiele, Romane, Theaterstücke und Lyrik für Kinder und Erwachsene geschrieben. Ihre Gedichte sind heute Klassiker im Bereich Kinderlyrik; man findet sie in zahlreichen Anthologien. Sie hat viele Preise bekommen, z. B. den Österreichischen Staatspreis für Kinderlyrik und den Deutschen Jugendbuchpreis.

1. Wann ist Frau Hofbauer geboren? _____
2. Was war ihr Beruf? _____
3. Wo hat sie gewohnt? _____
4. Was hat sie geschrieben? _____

b Welche Wörter aus dem Bereich „Literatur" finden Sie im Text?

Erzählung, …

7 Kleider machen Freunde

DaF kompakt – mehr entdecken

1 Wortschatz lernen und erweitern: Kleider und ihre Materialien

a Schreiben Sie die Wörter in die Tabelle und ergänzen Sie die Artikel, für die Kleidungsstücke auch die Pluralformen.

~~Krawatte~~ | ~~Seide~~ | Unterhemd | T-Shirt | Baumwolle | Rock | Hose | Bluse | Kleid | Wolle | Anzug | Socken | Pullover

Kleidungsstücke: die Krawatte, -n, ...
Material: die Seide, ...

b Verbinden Sie Kleidungsstücke und Materialien.

Eine Krawatte aus Seide, ...

c Schlagen Sie die Bedeutung von den Wörtern im Wörterbuch nach. Ordnen Sie sie dann mit dem Artikel und der Pluralform in die Tabelle oben ein und verbinden Sie Kleidungsstücke und Materialien.

Badeanzug | Strümpfe | Strumpfhose | Gürtel | Tasche | Badehose | Mantel | Schal | Mütze | Handschuhe | Viskose | Leder | Schlafanzug | Nachthemd | Jogginganzug | Weste | Hut | Jeans | Sweatshirt | Polyester

d Spiel: Ich sehe was, was du nicht siehst ...

Spieler 1 wählt ein Kleidungsstück und sagt: „Ich sehe was, was du nicht siehst, und das ist ... grün / rot / etc." Die anderen Spieler raten. Der Spieler 1 antwortet immer nur mit „ja" oder „nein". Wer das Kleidungsstück zuerst rät, ist dran und sagt: „Ich sehe was, was du nicht siehst, und das ist ..."

- Ich sehe was, was du nicht siehst, und das ist schwarz.
- Deine Socken?
- Nein!
- Der Mantel von Paolo?
- Ja!

2 Über Sprache reflektieren

Ergänzen Sie die Tabelle und vergleichen Sie im Kurs.

Deutsch	Englisch	andere Sprache(n)
1. Drücken Sie Stopp!	1. Press stop!	
2. Trinken wir doch einen Tee.	2. Let's have a cup of tea.	
...		

3 Miniprojekt: Kleidung und andere Gegenstände aus ungewöhnlichen Materialien

Suchen Sie im Internet merkwürdige Beispiele und präsentieren Sie sie im Kurs. Welches Beispiel ist am merkwürdigsten?

eine Bluse aus ... | Schuhe aus ... | ein Kleid aus ... | eine Skulptur aus ... | eine Brille aus ... | eine Tasche aus ... | ein Haus aus ... | ein Auto aus ... | eine Lampe aus ... | ...

- Das ist eine Skulptur aus Autoreifen.
- Das ist ein Haus aus Schnee.

Kleider = Kleidungsstücke

Material + aus, z. B. aus Seide

Lernen Sie Gegenstände und Materialien zusammen, z. B. eine Brille aus Plastik, ein Tisch aus Holz, eine Hose aus Baumwolle.

Sie können auch „upcycling" googeln.

Phonetik

7

„w" oder „f"?

1 Wundervolle Familiennamen

a Hören die Familiennamen und sprechen Sie sie dann nach. 🔊 102

1. a. ☐ Wahrenberg   b. ☐ Fahrenberg   5. a. ☐ Wichte   b. ☐ Fichte
2. a. ☐ Wehler   b. ☐ Fehler   6. a. ☐ Wiemer   b. ☐ Fiemer
3. a. ☐ Wetter   b. ☐ Vetter   7. a. ☐ Wollmer   b. ☐ Follmer
4. a. ☐ Sommerwein   b. ☐ Sommerfein   8. a. ☐ Wuhlert   b. ☐ Fuhlert

b Sie hören jetzt immer nur einen Namen aus 1a. Was hören Sie: **a** oder **b**? Kreuzen Sie an. 🔊 103

c Sprechen Sie in Gruppen. Einer / eine fragt, die anderen hören und raten: Alle Familien mit „f" sind in Frankfurt. Alle Familien mit „w" sind in Wien.

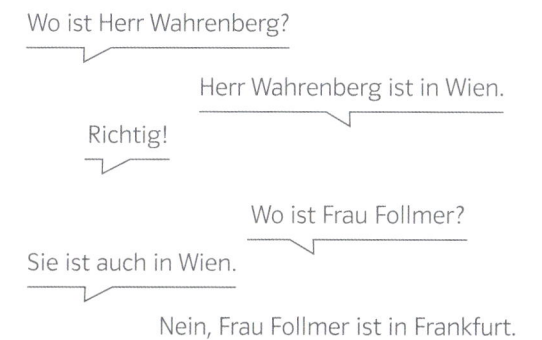

Wo ist Herr Wahrenberg?

Herr Wahrenberg ist in Wien.

Richtig!

Wo ist Frau Follmer?

Sie ist auch in Wien.

Nein, Frau Follmer ist in Frankfurt.

Bewegt sich das Blatt Papier?

f   w

2 Voll von Wolle

a Was hören Sie: **f** oder **w**? Was ist richtig: **a** oder **b**? Kreuzen Sie an. 🔊 104

1. vier   a. ☐ f b. ☐ w   4. Krawatte   a. ☐ f b. ☐ w   7. Wäsche   a. ☐ f b. ☐ w
2. Verb   a. ☐ f b. ☐ w   5. Phonetik   a. ☐ f b. ☐ w   8. Pullover a. ☐ f b. ☐ w
3. Farbe   a. ☐ f b. ☐ w   6. vorsichtig a. ☐ f b. ☐ w   9. intensiv a. ☐ f b. ☐ w

b Schreiben Sie die Wörter aus 2a in eine Tabelle in Ihr Heft.

Hier sprechen wir „f":		Hier sprechen wir „w":	
f	füllen, höflich, freundlich, öffnen	w	das Wetter, weiß, die Anweisung
v	der Vorschlag, versuchen, viel	v	die Viskose, das Klavier, privat
ph	das Alphabet, die Atmosphäre		

Bei Fremdwörtern spricht man „v" wie „w", z. B. das Klavier, der November. Achtung: „-v" am Wortende + Endung = „w", z. B. eine intensive Farbe.

3 Wir Wiener Waschweiber

a Hören Sie den Satz. 🔊 105

Wir Wiener Waschweiber wollen weiße Wäsche waschen, weiße Wäsche wollen wir Wiener Waschweiber waschen.

b Sprechen Sie den Satz in 3a zuerst ganz langsam und dann so schnell wie möglich.

A1–B1: 69   einhunderteinunddreißig **131**

8 Grüezi in der Schweiz

A Neu in Bern

1 Sehenswürdigkeiten in Bern

Aus einem Reiseführer. Lesen Sie die Texte zu den vier Sehenswürdigkeiten. Was ist richtig (r), was ist falsch (f)? Kreuzen Sie an.

Das Münster
Das spätgotische Münster (1421–1893) ist sehr schön und sehr groß. Der Turm ist 100 m hoch. Von hier kann man die Altstadt und die Berner Alpen sehen.

Der Bärenpark
ist eine besondere Attraktion in Bern. Man kann den neuen Park seit Oktober 2009 wieder besuchen. Hier leben und spielen die „Mutzen", so nennen die Berner die Braunbären. Der Bär ist das Symbol von Bern.

Der Zeitglockenturm
– die Schweizer nennen ihn „Zytgloggeturm" – war ein Stadttor von Bern. Die astronomische Uhr und das Glockenspiel sind sehr berühmt. Das Glockenspiel beginnt immer ca. drei Minuten vor der vollen Stunde.

Das Bundeshaus
mit der großen Kuppel ist der Sitz vom Schweizer Parlament und von der Regierung. Die Materialien für das Bundeshaus kommen aus vielen Regionen in der Schweiz.

	r	f
1. Im Bärenpark leben heute noch Braunbären.	☐	☐
2. Das Schweizer Parlament sitzt in der großen Kuppel.	☐	☐
3. Das Berner Münster ist nicht sehr hoch.	☐	☐
4. Das Glockenspiel im Zeitglockenturm spielt einmal in der Stunde.	☐	☐
5. Das Schweizer Parlamentsgebäude heißt „Bundeshaus".	☐	☐
6. Die Berner können seit Sommer 2009 in den neuen Bärenpark gehen.	☐	☐

2 In der Touristeninformation

Ordnen Sie die Fragen den Antworten zu.

von dem → vom
zu dem → zum
zu der → zur
bei dem → beim

1. Wie komme ich zum Bärenpark?
2. Ist das weit von hier?
3. Muss ich umsteigen?
4. Wo kann ich einen Stadtplan bekommen?
5. Kann ich auch zu Fuß zum Münster gehen?
6. Kann ich beim Bundeshaus aussteigen?
7. Fährt das Tram direkt zum Bundeshaus?

a. ☐ Ja, der Bus hält beim Bundeshaus.
b. ☐ Nein, der Bus fährt direkt zum Bärenpark.
c. ☐ Nein, das ist nicht weit.
d. ☐ Ja, das Münster ist ganz in der Nähe.
e. ☐1 Sie können mit dem Bus oder dem Tram fahren.
f. ☐ Ja. Sie müssen nicht umsteigen.
g. ☐ Hier bei uns in der Touristeninformation.

3 Entschuldigung, wie komme ich zu …?

a Schauen Sie die Zeichnungen an und notieren Sie die passende Bedeutung.

links abbiegen | rechts abbiegen | geradeaus | ~~bei~~ | über die Kreuzung | von … (bis) zu / zum / zur | hier | dort

1. _bei_
2. _____
3. _____
4. _____
5. _____
6. _____
7. _____
8. _____

b Schauen Sie den Plan an und lesen Sie dann die Wegbeschreibungen. Was ist das Ziel? Ergänzen Sie.

Kino | Sportplatz | Bahnhof | ~~Waschsalon~~

1. Gehen Sie nach rechts in die Hermann-Hesse-Strasse. Gehen Sie dann über die Kreuzung. Gehen Sie weiter geradeaus und bei der nächsten Kreuzung biegen Sie dann rechts ab in die Peter-Bichsel-Strasse. Auf der linken Seite sehen Sie dann _den Waschsalon_.
2. Gehen Sie nach links in die Rousseaustrasse, biegen Sie dann links ab in die Paul-Klee-Strasse und gehen Sie dann über die Kreuzung. Auf der rechten Seite ist dann _____.
3. Gehen Sie nach links in die Rousseaustrasse. Biegen Sie nach links in die Paul-Klee-Strasse ab. Gehen Sie geradeaus und biegen Sie dann nach rechts in die Friedrich-Dürrenmatt-Strasse ab. Gehen Sie über die nächste Kreuzung und auf der rechten Seite sehen Sie dann _____.
4. Gehen Sie nach rechts in die Hermann-Hesse-Strasse. Biegen Sie an der Kreuzung nach rechts in die Paul-Klee-Strasse ab. Gehen Sie geradeaus und biegen Sie dann links in die Max-Frisch-Strasse ab. Auf der rechten Seite sehen Sie dann _____.

In der Schweiz: „ss", nicht „ß", z. B. „Strasse".

c Ergänzen Sie die Präpositionen.

Wie komme ich _vom_ [1] Bahnhof _____ [2] Rathaus? Kann ich _____ [3] dem Rad fahren? Oder muss ich _____ [4] dem Tram oder _____ [5] dem Bus fahren? Hält der Bus _____ [6] Rathaus? Kann ich _____ [7] Münster _____ [8] Fuß _____ [9] Zytglogge gehen? Ja, ich weiß. Das sind viele Fragen.

~~vom~~ | mit | zur | mit | beim | zu | vom | zum | mit

4 Melanie am Fahrkartenautomaten

Ordnen Sie die Anweisungen den Fotos zu.

Tippen Sie Ihren Zielort ein | Sie müssen 8,80 Franken bezahlen. | ~~Tippen Sie auf „Zweifahrtenkarte".~~ | Tippen Sie auf „Zielort wählen".

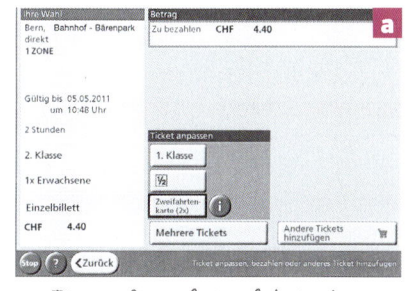

a. _Tippen Sie auf Zweifahrtenkarte_

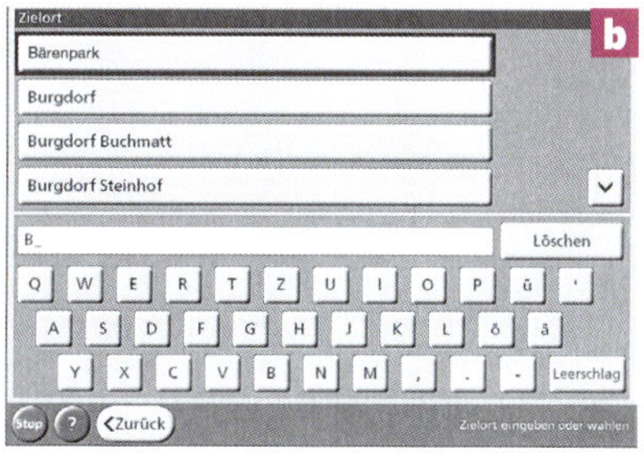

b. _____

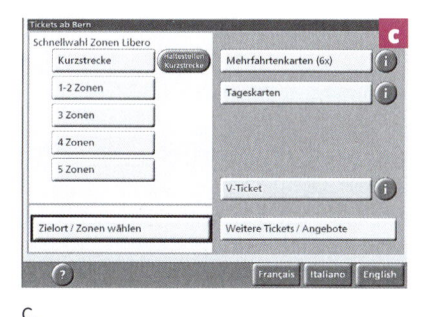

c. _____

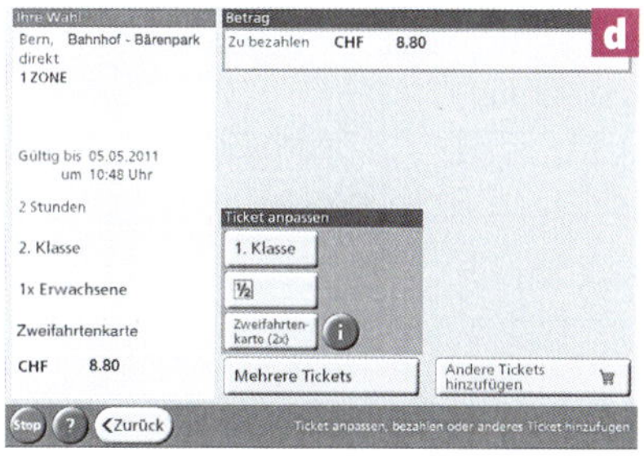

d. _____

8 Grüezi in der Schweiz

B Es geht um die Wurst

1 Einladung zur Grillparty

Welche Formulierungen passen? Ergänzen Sie. Manchmal gibt es mehrere Lösungen.

Das ist doch nicht schlimm. | Oh, vielen Dank. | Nein, danke. | Das ist mir Wurst. | Das macht doch nichts. | Sehr gerne, danke. | Das ist überhaupt kein Problem. | Danke. | ~~Nichts zu danken.~~

Achtung:
„Das ist mir Wurst" (= „Das ist mir egal") ist sehr umgangssprachlich und nicht besonders höflich.

1. ○ Vielen Dank für die Einladung.
   ● *Nichts zu danken.*
2. ○ Das tut mir echt leid.
   ● _____
3. ○ Die Flasche Wein ist für Sie.
   ● _____
4. ○ Möchtest du ein Steak?
   ● _____
5. ○ Guten Appetit!
   ● _____
6. ○ Oh, Entschuldigung.
   ● _____
7. ○ Möchtest du lieber Salat oder Gemüse?
   ● _____
8. ○ Möchtest du ein Glas Wein?
   ● _____

2 Wie peinlich!

a Melanie berichtet von der Grillparty. Lesen Sie die Satzteile und verbinden Sie sie mit „und", „oder", „denn" und „aber".

1. Ich bin schon drei Wochen in Bern		natürlich habe ich doch eine Wurst bekommen.
2. Die Stadt ist nicht sehr groß,		das Paul-Klee-Museum besuchen.
3. Ich möchte gerne das Einsteinhaus	aber	mir gefallen die Bilder von Paul Klee gut.
4. Das Paul-Klee-Museum möchte ich besuchen,	denn	es gibt viele Sehenswürdigkeiten.
5. Meine Arbeit gefällt mir sehr gut	oder	die Stadt ist sehr schön!
6. Auf einer Grillparty gestern war es peinlich,	und	die Stadt gefällt mir sehr gut.
7. Ich hatte nichts zum Grillen,		meine Kollegen sind total nett.
8. Komm doch auch mal nach Bern,		ich hatte nichts zum Grillen dabei.

b Schreiben Sie die Sätze aus 2a.
1. *Ich bin schon drei Wochen in Bern und die Stadt gefällt mir sehr gut.*
2. _____
3. _____
4. _____
5. _____
6. _____
7. _____
8. _____

c Ergänzen Sie die Wörter „alle", „nichts", „etwas" oder „man".
1. In der Schweiz bringt *man* Fleisch oder Wurst zu einer Grillparty mit.
2. Hast du _____ zum Grillen mitgebracht?
3. Melanie hat _____ zum Grillen mitgebracht.
4. _____ haben gelacht.
5. _____ haben _____ zum Grillen mitgebracht.
6. In der Schweiz macht _____ das so.
7. Warum hast du _____ gesagt?
8. Das macht doch _____!

134 einhundertvierunddreißig   A1–B1: 72

3 Das Präsens und seine Verwendung

a Welche Verwendung hat das Präsens in den Sätzen 1–6? Kreuzen Sie an.

	allgemeine Gültigkeit	Gegenwart	Zukunft
1. Melanie arbeitet jetzt in Bern.	☐	X	☐
2. Bern hat viele Sehenswürdigkeiten.	☐	☐	☐
3. Melanie fährt nächste Woche nach Genf.	☐	☐	☐
4. Alex besucht Melanie im September.	☐	☐	☐
5. Alex wohnt in Deutschland.	☐	☐	☐
6. Melanie findet Paul Klee toll.	☐	☐	☐

b Melanie möchte das Zentrum Paul Klee besuchen. Lesen Sie die Kurzinfo und markieren Sie: Wo verwendet man das Präsens als Generalisierung (pink), wo als Ausdruck für die Zukunft (grau)?

Zentrum Paul Klee

Seit Juni 2005 gibt es das Zentrum Paul Klee in Bern. Das Museum besitzt über 4000 Werke von Paul Klee, aber man zeigt nur etwa 120 bis 150 Exponate in rotierenden Ausstellungen. Es ist auch ein Forschungszentrum und ein Kulturzentrum; hier finden Konzerte statt und es gibt ein Café. Im nächsten Herbst zeigt das Museum eine Sonderausstellung zum Thema „Bäume".

4 Berner Kartoffelsuppe

a Michaels Freund Urs hat eine Berner Kartoffelsuppe zur Grillparty mitgebracht. Lesen Sie die Zutatenliste von seinem Rezept. Was passt? Ordnen Sie zu.

Zutaten für 4 Personen
1. 800 g   a. ☐ Lauch
2. 1 kleines Stück   b. ☐ Muskat
3. 6 kleine   c. 1 Kartoffeln
4. 1 große   d. ☐ Karotten
5. 1 EL   e. ☐ Bouillon
6. 1 l   f. ☐ Sahne
7. 1 Prise   g. ☐ Zwiebel
8. 1/3 TL   h. ☐ Salz
9. 1 Becher   i. ☐ Butter, flüssig
10. 4 Scheiben   j. ☐ Emmentaler Käse

Zubereitung
1. Kartoffeln und Karotten schälen.
2. Kartoffeln und Karotten klein schneiden.
3. Zwiebel und Lauch klein schneiden.
4. Zwiebel und Lauch in Öl anbraten.
5. Kartoffeln und Karotten zu den Zwiebeln geben und kurz anbraten.
6. Bouillon und Muskat zu den Kartoffeln geben.
7. Mit Salz und Pfeffer würzen.
8. 30 Minuten kochen.
9. Sahne zur Suppe geben.
10. Suppe pürieren. Eine Scheibe Emmentaler Käse in einen Suppenteller legen und die Suppe darüber gießen.

EL = Esslöffel (großer Löffel)

TL = Teelöffel (kleiner Löffel)

Prise =

b Lesen Sie die Zubereitung in 4a. Welcher Arbeitsschritt im Rezept in 4a passt zu welchem Bild? Ordnen Sie zu. Zu vier Arbeitsschritten gibt es kein Bild.

c Und was mögen Sie? Präsentieren Sie Ihr Lieblingsrezept oder eine Spezialität aus Ihrem Land im Kurs. Sammeln Sie die Rezepte und machen Sie ein Kurskochbuch für ein internationales Buffet.

8 Grüezi in der Schweiz

C Wie komme ich zum Museum?

1 Auf dem Weg zum Zentrum Paul Klee

a Lesen Sie die Beschreibungen und zeichnen Sie dann einen passenden Pfeil ein.

Melanie geht …

1. … um das Einkaufszentrum herum.
2. … durch das Einkaufszentrum. 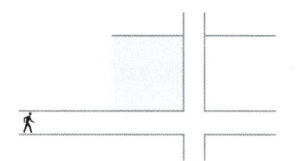
3. … um die Ecke.
4. … weiter geradeaus. 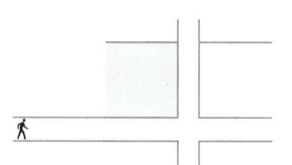
5. … bis zum Einkaufszentrum.
6. … in das Einkaufszentrum.

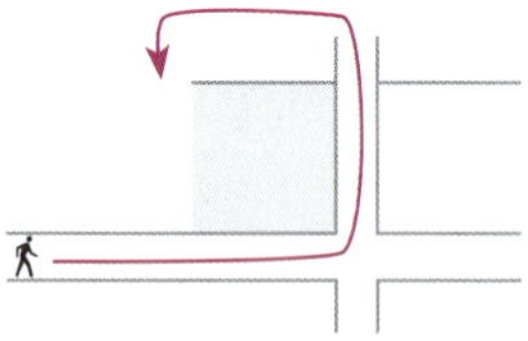

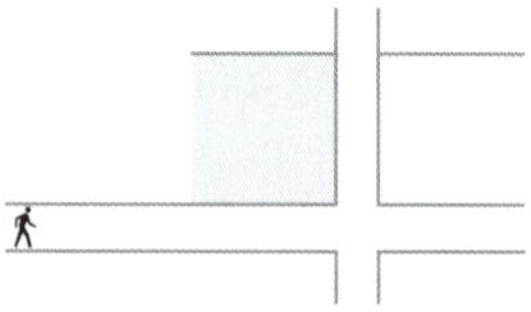

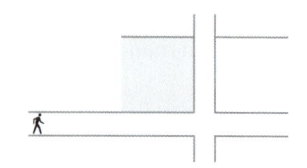

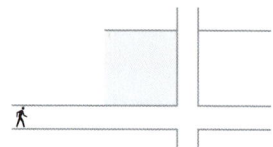

b Lesen Sie die Wegbeschreibung zum Museum und zeichnen Sie den Weg ein.

1. Sie müssen durch das Einkaufszentrum gehen.
2. Dann gehen Sie rechts um die Kathedrale herum. Da sehen Sie den Marktplatz.
3. Dann gehen Sie über den Marktplatz bis zum Supermarkt. Dann sind Sie in der Peter-Bichsel-Strasse.
4. Sie müssen nur noch links in die Hermann-Hesse-Strasse abbiegen und noch einmal links um die Ecke gehen, dann sehen Sie schon den Haupteingang von dem Museum.

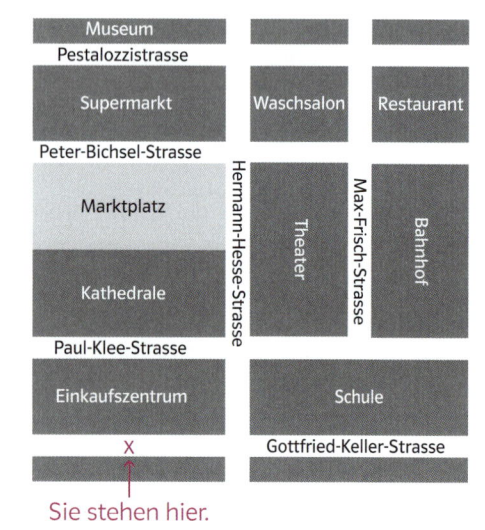

2 Richtungsangaben „durch" – „um … (herum)"

a Ergänzen Sie die Präposition und den Artikel.

1. Gehen Sie _durch die_ Tür.
2. Du fährst hier _____ _____ Ecke.
3. Komm, wir gehen _____ _____ Park.
4. Gehen Sie _____ _____ Hotel _____.
5. Sie müssen _____ _____ Bahnhof _____ fahren.
6. Du musst _____ _____ Einkaufszentrum.

Manche Präpositionen kann man mit Akkusativ und Dativ verwenden (Wechselpräpositionen), z.B. „in":

Wohin?
Sie geht in den Park (Akkusativ).

Wo?
Sie ist im Park (Dativ).

b Eine Wegbeschreibung. Ergänzen Sie Präposition und Artikel.

zum (3x) | in die (2x) | mit dem (2x) | über die | ~~vom~~ (2x) | zur (2x)

Sie kommen _vom_ [1] Bahnhof und möchten _____ [2] Bärenpark fahren? Sie können _____ [3] Bus in Richtung Zentrum Paul Klee fahren, dann kommen Sie _____ [4] Bärenpark. Sie können aber auch _____ [5] Fahrrad fahren. Dann müssen Sie _____ [6] Bahnhof _____ [7] Heiliggeistkirche fahren und dann links _____ [8] Spitalgasse abbiegen. Biegen Sie dann _____ [9] Marktgasse und fahren Sie bis _____ [10] Zytgloggenturm und dann weiter geradeaus bis _____ [11] Nydeggasse. Dann fahren Sie _____ [12] Nydeggbrücke. Biegen Sie dann rechts ab und schon sind Sie da!

3 Paul Klee – ein berühmter Berner

a Lesen Sie die Biografie von Paul Klee im Kursbuch C 3b noch einmal. Welche Wörter haben eine ähnliche Bedeutung? Ordnen Sie die Erklärungen den Verben zu.

zu Ende machen | ~~Unterricht geben~~ | anfangen | Hochzeit feiern | ein Teil von einer Gruppe sein

1. unterrichten → *Unterricht geben*
2. beenden → _____
3. gehören zu → _____
4. heiraten → _____
5. beginnen → _____

Synonyme sind sinnverwandte Wörter, wie z. B. machen = tun. Neue Wörter kann man sehr gut zusammen mit Synonymen lernen.

b Notieren Sie aus der Biographie in C 3 die wichtigsten Jahreszahlen, Wörter und Ausdrücke auf einem Blatt. Berichten Sie einem Partner mündlich darüber.

*Paul Klee
1879 in Münchenbuchsee geboren
1898 Schule in Bern beendet*
...

Notieren Sie aus Texten wichtige Daten und Fakten. Benutzen Sie Ihre Notizen als Hilfe beim mündlichen Vortrag.

c Machen Sie sich Notizen und Stichpunkte zu einer berühmten Person oder einer Person, die alle in Ihrem Kurs kennen. Stellen Sie sie vor. Die anderen sollen den Namen von der Person erraten.

4 Im Zentrum Paul Klee

a Ordnen Sie die Farben den Jahreszeiten zu. Manchmal gibt es mehrere Lösungen. Vergleichen Sie Ihre Zuordnung mit einem Partner / einer Partnerin.

rot | grün | gelb | orange | blau | ~~weiß~~ | grau | braun | lila | schwarz | rosa | beige | bunt

Frühling: _____
Sommer: _____
Herbst: _____
Winter: *weiß*

b Wie gefällt Ihnen das Bild von Paul Klee? Was bedeuten die Aussagen unten? Sind sie positiv oder negativ? Kreuzen Sie an.

Ich finde es … ☺ ☹
1. interessant.   X ☐
2. langweilig.   ☐ ☐
3. wunderschön. ☐ ☐
4. zu bunt.   ☐ ☐
5. schrecklich. ☐ ☐
6. zu abstrakt. ☐ ☐
7. intensiv.   ☐ ☐

c Bringen Sie ein Foto von Ihrem Lieblingsbild mit und zeigen Sie es im Kurs. Wie findet Ihr Partner / Ihre Partnerin das Bild?

A1–B1: 75

8 Grüezi in der Schweiz

DaF kompakt – mehr entdecken

1 Wortschatz lernen und erweitern

a Welche Ausdrücke und Wendungen haben die gleiche Bedeutung wie die Sätze 1–5? Ordnen Sie zu.

Man muss ihm immer eine Extrawurst braten. | Das ist ihm Wurst. | Es geht um die Wurst. | ~~Er spielt schon wieder die beleidigte Leberwurst.~~ | Alles hat ein Ende, nur die Wurst hat zwei.

1. Er ist wieder verärgert und spricht nicht mehr.   *Er spielt schon wieder die beleidigte Leberwurst.*
2. Er möchte immer etwas anders haben als die anderen.
3. Es hört alles einmal auf.
4. Das ist ihm egal.
5. Das ist jetzt extrem wichtig.

> „Alles hat ein Ende, nur die Wurst hat zwei" ist auch ein traditionelles Volkslied, das man gerne auf Volksfesten singt.

b Schlagen Sie diesen Ausdruck im Internet nach. Was bedeutet er?

herumwursteln

2 Über Sprache und Kultur reflektieren: Lebensmittel und Farben

a Gibt es bei Ihnen ähnliche Ausdrücke mit „Wurst" oder einem anderen Lebensmittel? Vergleichen Sie im Kurs.

Englisch   That's a piece of cake (d. h. etwas ist ganz einfach).
Portugiesisch   Viajar na maionesa (d. h. im Chaos verloren sein, keine Lösung finden).
Italienisch   Dire pane al pane, vino al vino (d. h. die Tatsachen benennen, deutlich die Wahrheit sagen).
…

b Farben und Symbole

Farben haben oft eine symbolische Bedeutung, z. B. bedeutet Grün in vielen Ländern Hoffnung, Rot ist Symbol für Liebe. In manchen Situationen trägt man Kleidung mit einer bestimmten Farbe. In den deutschsprachigen Ländern trägt die Braut Weiß bei der Hochzeit. Schwarze (dunkle) Kleidung zieht man bei einer Beerdigung an. Vergleichen Sie.

> Grün bedeutet bei uns …

> Rot ist das Symbol für …

3 Miniprojekt

Arbeiten Sie in Gruppen. Wählen Sie eine Stadt aus und planen Sie einen Rundgang zu den Sehenswürdigkeiten in der Stadt.

Was wollen Sie besichtigen? Welche Sehenswürdigkeiten gibt es?
Beschreiben Sie die Sehenswürdigkeiten und zeigen Sie Fotos.

Beschreiben Sie auch den Weg zu den Sehenswürdigkeiten und zeigen Sie einen Stadtplan.
Welche Verkehrsmittel können Sie nehmen?

Stellen Sie Ihren Rundgang im Kurs vor.

Phonetik

R-Laute

1 Die verschiedenen R-Laute

Hören Sie die Wörter und sprechen Sie sie dann nach. 🔊 106

[r] = das konsonantische „r"	[ɐ] = das vokalische „r"
braun	der Bär

2 Was denkt der Bär in Bern?

a Hören Sie die Sätze und lesen Sie mit. Achten Sie auf die R-Laute. 🔊 107

Ich bin der berühmte Bär von Bern.
Viele Touristen reisen nach Bern.
Und auch viele Besucher aus der Region.
Und alle kommen zu mir – dem braunen Bären von Bern.
Denn ich bin interessant, ich bin eine Attraktion!
Alle sind fröhlich und machen immer Fotos von mir.
Ein Maler malt ein abstraktes Bild von mir und verkauft den Besuchern das Original gleich hier.
Der Park von uns Bären ist wirklich das Zentrum von Bern!

b Hören Sie einzelne Wörter noch einmal und achten Sie auf die R-Laute. Wann sprechen wir das „r" 🔊 108
konsonantisch [r], wann vokalisch [ɐ]? Kreuzen Sie an.

Wo ist das R?	Beispiele	[r]	[ɐ]
am Anfang von einem Wort oder von einer Silbe	Region, Touristen	☐	☐
nach kurzen Vokalen	Bern, Park	☐	☐
nach langen Vokalen am Ende von einer Silbe	Bär, mir	☐	☐
nach Konsonanten	braun, Attraktion	☐	☐
in den unbetonten Vorsilben er-, ver-, zer-	verkaufen	☐	☐
bei -er am Wortende (auch: -ert, -erst, -ern, -ernd)	Besucher, Besuchern	☐	☐

c Hören Sie die Wörter in 2b noch einmal. Was fällt auf? Kreuzen Sie an.

Das konsonantische „r" hört man   a. ☐ deutlich.   b. ☐ undeutlich, klingt fast wie ein „a".
Das vokalische „r" hört man   a. ☐ deutlich.   b. ☐ undeutlich, klingt fast wie ein „a".

d Hören Sie das Wortpaar. Was fällt auf? Kreuzen Sie an. 🔊 109

„Bär" →   a. ☐ konsonantisches „r",   b. ☐ vokalisches „r",
denn nach langem Vokal am Ende von einer Silbe.
„Bären" → a. ☐ konsonantisches „r",   b. ☐ vokalisches „r",
denn am Anfang von einer Silbe.

So lernen Sie das konsonantische „r": Gurgeln Sie!

e Schreiben Sie die anderen Wörter mit „r" im Text in 2a in eine Tabelle in Ihr Heft wie in 2b.

f Sprechen Sie die Wörter in der Tabelle in 2b und dann die Sätze in 2a.

A1–B1: 77   einhundertneununddreißig   **139**

Modelltest Start Deutsch 1

Informationen zur Prüfung

Wenn Sie DaF kompakt neu A1 durchgearbeitet haben, können Sie Ihre Deutschkenntnisse mit der Prüfung „Start Deutsch 1" nachweisen. So sieht die Prüfung aus:

Fertigkeit	Teil	Aufgabe	Zeit	Punkte
Hören	1	6 kurze Alltagsgespräche (zweimal hören)	ca. 20 Minuten	25
	2	4 Durchsagen (einmal hören)		
	3	5 Ansagen am Telefon (zweimal hören)		
Lesen	1	1 oder 2 Nachrichten	ca. 25 Minuten	25
	2	10 Anzeigen, je 2 zur Auswahl		
	3	5 Schilder / Aushänge		
Schreiben	1	5 Informationen in Formular ergänzen	ca. 20 Minuten	25
	2	Kurznachricht schreiben (dazu 3 Leitpunkte)		
Sprechen	1	Sich vorstellen	ca. 15 Minuten	25
	2	Fragen stellen und auf Fragen antworten		
	3	Um etwas bitten und auf Bitten antworten		

Bewertung: Bei jedem Prüfungsteil können Sie maximal 25 Punkte erreichen.
100 – 90 Punkte = sehr gut
 89 – 80 Punkte = gut
 79 – 70 Punkte = befriedigend
 69 – 60 Punkte = ausreichend
   unter 60 = nicht bestanden

Hören

ca. 20 Minuten

110 – 116 **Hören, Teil 1**

Was ist richtig? Kreuzen Sie an: **a**, **b** oder **c**. Sie hören jeden Text zweimal.

Beispiel
0. Was sucht die Frau?
   a. ☒ Eine Bluse. b. ☐ Eine Hose. c. ☐ Einen Rock.
1. Wann kommt Frau Gruber wieder ins Büro?
   a. ☐ Am Montag. b. ☐ Am Dienstag. c. ☐ Am Mittwoch.
2. Wohin gehen die Leute?
   a. ☐ Ins Café. b. ☐ Ins Restaurant. c. ☐ In den Supermarkt.
3. Wann kommt der Zug in München an?
   a. ☐ Um 14.25 Uhr. b. ☐ Um 14.35 Uhr. c. ☐ Um 14.45 Uhr.
4. Wie viel kostet eine Kinokarte?
   a. ☐ 8,– €. b. ☐ 9,– €. c. ☐ 11,– €.
5. Was macht Emil zum Abendessen?
   a. ☐ Pizza. b. ☐ Salat. c. ☐ Suppe.
6. Welche Zimmernummer hat Herr Koller?
   a. ☐ 178. b. ☐ 278. c. ☐ 378.

Hören, Teil 2

Was ist richtig (r), was ist falsch (f)? Kreuzen Sie an. Sie hören jeden Text einmal.

                                                                                             r   f

Beispiel
0. Heute kommt man nicht zum Hauptbahnhof.   ☐   ☒

7. Fluggäste nach Hamburg müssen zu einem anderen Ausgang gehen.   ☐   ☐
8. Im Zugrestaurant gibt es nichts zu essen.   ☐   ☐
9. Tomaten gibt es heute nicht im Angebot.   ☐   ☐
10. Ein Auto steht falsch.   ☐   ☐

Hören, Teil 3

Was ist richtig? Kreuzen Sie an: **a**, **b** oder **c**. Sie hören jeden Text zweimal.

Beispiel
0. Wann kann man Herrn Maier anrufen?
   a. ☐ Heute ab 10.00 Uhr.
   b. ☐ Morgen ab 9.00 Uhr.
   c. ☒ Morgen ab 10.00 Uhr.

11. Wo wohnt Markus?
   a. ☐ In der Bachstraße.
   b. ☐ Am Mozart-Platz.
   c. ☐ In der Steinstraße.

12. Wann hat Iris morgen Zeit?
   a. ☐ Um 14.00 Uhr.
   b. ☐ Um 15.00 Uhr.
   c. ☐ Um 17.00 Uhr.

13. Wann kann Sebastian die Wäsche abholen?
   a. ☐ Am Montag.
   b. ☐ Am Freitag.
   c. ☐ Am Samstag.

14. Wo hat Michael einen Tisch reserviert?
   a. ☐ Bei Francesco.
   b. ☐ In der Pizzeria Napoli.
   c. ☐ Im Restaurant Blaustern.

15. Wie möchte Frau Studer die Informationen?
   a. ☐ In einer E-Mail.
   b. ☐ Mit der Post.
   c. ☐ Am Telefon.

Lesen

ca. 25 Minuten

Lesen, Teil 1

Lesen Sie die beiden Texte und die Aufgaben 1–5. Kreuzen Sie an: richtig (r) oder falsch (f).

Beispiel   r   f
0. Vera hat viel Arbeit.   ☐   ☒

Hi Vera,
muss noch viel arbeiten und bleibe heute bis 18.00 Uhr im Büro. Kannst du bitte einkaufen? Für das Frühstück brauchen wir noch Milch und Butter. Brot bringe ich mit. Bin um 19.00 Uhr zu Hause.
Tschau Leon

Hallo Leute,
hier alle Informationen für unseren Ausflug nach Rügen: Wir treffen uns am Samstag um 7.15 Uhr im Bahnhof, direkt am Gleis 1. Seid pünktlich, der Zug fährt schon um 7.22 Uhr ab!! Ihr müsst keine Fahrkarte kaufen, denn ich habe eine Gruppenkarte für uns alle gekauft. Der Zug zurück fährt um 21.04 Uhr ab und kommt in Greifswald um 22.36 Uhr an.
Liebe Grüße und bis Samstag ☺ Franzi

---

                                                            r   f
1. Leon kommt um sieben.   ☐   ☐
2. Vera muss Brot kaufen.   ☐   ☐

                                                            r   f
3. Treffpunkt ist am Gleis.   ☐   ☐
4. Alle müssen eine Fahrkarte kaufen.   ☐   ☐
5. Der Zug zurück fährt um 22.36 Uhr ab.   ☐   ☐

Modelltest Start Deutsch 1

Lesen, Teil 2

Lesen Sie die Texte und die Aufgaben 6 bis 10. Wo finden Sie Informationen? Kreuzen Sie an: **a** oder **b**.

Beispiel

0. Sie suchen für 4 Wochen ein preiswertes Zimmer in Wien.

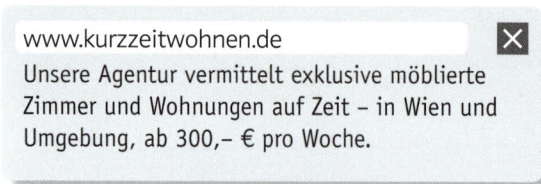

www.kurzzeitwohnen.de	www.Pension-Weber.at
Unsere Agentur vermittelt exklusive möblierte Zimmer und Wohnungen auf Zeit – in Wien und Umgebung, ab 300,– € pro Woche.	Zimmer mit Dusche / WC im Zentrum von Wien, auch wochenweise, ab 20,– € pro Tag.

a. ☐ www.kurzzeitwohnen.de   b. ☒ www.pension-weber.at

---

6. Sie möchten ein billiges Auto kaufen.

www.autohaus-danner.com	www.autohaus-baerer.de
DER Platz für gebrauchte Autos in Süddeutschland!! Bei uns finden Sie auf 9.000 m² ca. 1000 Autos – schon ab 2000 Euro!	*Mercedes, Ferrari, Porsche, ...* **Ihr Traumauto bei Bärer!** Machen Sie eine Probefahrt! Wir laden Sie ein.

a. ☐ www.autohaus-danner.com   b. ☐ www.autohaus-baerer.de

---

7. Sie möchten am Abend Sport machen.

www.lauftreff-bürger-allee.de	www.sport-tut-gut.ch
Lust auf Bewegung mit Gleichgesinnten? Wir treffen uns jeden Montag und Mittwoch in der Bürger-Allee um 6.30 Uhr für 1 Stunde Morgensport.	Die Gruppe „**Tischtennis im Park**" sucht begeisterte Ping-Pong-SpielerInnen. Treffpunkt: Stadtpark, Eingang Ost Wann? Jeden Dienstag, 18.30 Uhr.

a. ☐ www.lauftreff-bürger-allee.de   b. ☐ www.sport-tut-gut.ch

---

8. Ihre Freundin studiert und möchte nachmittags ein paar Stunden pro Woche jobben.

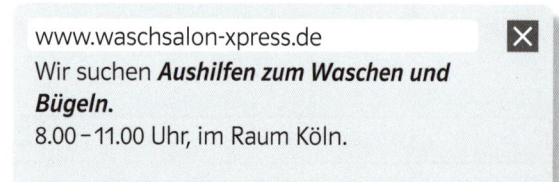

www.waschsalon-xpress.de	www.studi-babysitter.de
Wir suchen **Aushilfen zum Waschen und Bügeln.** 8.00 – 11.00 Uhr, im Raum Köln.	**Gesucht:** Kinderbetreuung für 3 Tage pro Woche. 2 Kinder um 16.00 Uhr vom Kindergarten abholen und bis 18.00 Uhr betreuen.

a. ☐ www.waschsalon-xpress.de   b. ☐ www.studi-babysitter.de

---

9. Sie suchen Freizeitpartner am Wochenende.

www.lesen-und-cafe.de	Theater-Fans e. V.
Lieben Sie Literatur? Wir treffen uns jeden Sonntagnachmittag im „Literaturcafé" am Karlsplatz und sprechen über unsere Lieblingsbücher.	Hallo Theater-Interessierte! Wir gehen regelmäßig einmal pro Monat am Donnerstagabend ins Theater oder in die Oper. Kommen Sie doch mit!

a. ☐ www.lesen-und-cafe.de   b. ☐ Theater-Fans e. V.

---

142 einhundertzweiundvierzig

10. Sie brauchen neue Gartenstühle.

www.moebel-winter.com ☒
Endlich Frühling!
Die neuen Gartenmöbel sind da: alles vom Gartentisch bis zur Hollywoodschaukel!

www.einrichten-mayer.com ☒
Jede Woche neue Angebote:
noch bis Freitag: 10% Preisnachlass auf alle Sessel, Sofas und Schränke für Ihr Wohnzimmer

a. ☐ www.moebel-winter.com   b. ☐ www.einrichten-mayer.com

Lesen, Teil 3

Lesen Sie die Texte und die Aufgaben 11–15. Kreuzen Sie an: richtig (r) oder falsch (f).

Beispiel

0. Im Schaufenster von einem Kleidergeschäft

> **Die neue Sommermode für die modebewusste Frau ist da:**
> trendy Blusen, Röcke, Kleider, Hosen und vieles mehr!!!

Hier kann man Herrenhosen kaufen.   r ☐ f ☒

13. Am Fenster von einem Restaurant

> Liebe Gäste,
> **Wir feiern unseren 3. Geburtstag!**
> Diese Woche kosten alle Mittagsmenüs nicht 7,50 €, sondern nur 5,50 €.

Ein Menü kostet jetzt 7,50 €.   r ☐ f ☐

11. An der Tür von einer Wäscherei

> Wir haben leider heute den ganzen Tag und morgen bis 12.00 Uhr geschlossen. Denn wir bekommen eine neue Heizung.

Die Wäscherei hat heute am Nachmittag geöffnet.   r ☐ f ☐

14. Bei der Straßenbahn

> Sehr geehrte Fahrgäste!
> Ab dem 22. August fährt die Straßenbahn-Linie 2 zwischen 21.00 Uhr und 6.00 Uhr nur bis Rathausplatz. Fahrgäste zur Weiterfahrt zur Winterthurerstraße nehmen bitte ab Rathausplatz die Bus-Linie 28.

Am 24. August fährt die Linie 2 nicht zum Rathausplatz.   r ☐ f ☐

12. An der Tür von Frau Professor Haberleitner

> Liebe Studierende,
> am 15. April habe ich keine Sprechstunde. Am 22. April bin ich aber wieder 2 Stunden (15.00–17.00 Uhr) für Sie da.
>   Silvia Haberleitner

Frau Professor Haberleitner ist am 15. April nicht da.   r ☐ f ☐

15. An der Tür von einer Ärztin

> **Dr. Ingrid Steiner**
> Ärztin für Allgemeinmedizin
> Sprechzeiten:
> Mo., Do.: 13.00 – 17.00
> Di.: 15.00 – 19.00
> Mi., Fr.: 8.00 – 12.00
> ohne Voranmeldung

Am Mittwochvormittag kann man zu Frau Dr. Steiner gehen.   r ☐ f ☐

Modelltest Start Deutsch 1

Schreiben

20 Minuten

Schreiben, Teil 1

Ihr Freund Eric Ewol (31) möchte seine Tochter Lisa (5) zu einem Schwimmkurs für Anfänger am Nachmittag anmelden. Herr Ewol wohnt mit seiner Familie in der Goethestraße 125 in 45127 Essen. In dem Formular fehlen fünf Informationen. Helfen Sie Ihrem Freund und schreiben Sie die fehlenden Informationen in das Formular.

Kinder-Schwimmkurse „Seestern" – Anmeldeformular

Ich möchte folgende Person zu einem Schwimmkurs für Anfänger anmelden:

Nachname: _Ewol_ [0]
Vorname: _____ [1]
Straße / Haus-Nr. _Goethestr._ [2]
Postleitzahl / Ort: _45127_ [3]
Alter: _____ Jahre [4]
Die Person möchte folgenden Kurs besuchen: [5]
Vormittagskurs   (9.00 – 10.00 Uhr)   ☐
Nachmittagskurs (15.00 – 16.00 Uhr)   ☐
Abendkurs   (18.00 – 19.00 Uhr)   ☐

Schreiben, Teil 2

Sie möchten im Mai Wien besuchen. Schreiben Sie an die Touristeninformation.

– Warum schreiben Sie?
– Informationen über Sehenswürdigkeiten, Museen, Kulturprogramm?
– Hoteladressen?

Schreiben Sie zu jedem Punkt ein bis zwei Sätze.
Schreiben Sie auch eine Anrede und einen Gruß am Schluss (ca. 30 Wörter).

Sprechen

Gruppenprüfung mit max. 4 Teilnehmern, ca. 15 Minuten

Sprechen, Teil 1: Sich vorstellen

Stellen Sie sich vor und sagen Sie etwas zu folgenden Punkten.

– Name?
– Alter?
– Land?
– Wohnort?
– Sprachen?
– Beruf / Schule / Studium?
– Hobby?

> Ich heiße Rodrigo, bin 22 Jahre alt und komme aus …

Mögliche Zusatzfragen vom Prüfer oder der Prüferin: Ihren Namen buchstabieren oder Ihre Telefonnummer nennen.

Sprechen, Teil 2: Um Informationen bitten und Informationen geben

Sie bekommen zwei Karten mit einem Wort, eine Karte zu Thema A (hier: Freizeit), eine Karte zu Thema B (hier: Essen). Stellen Sie zu dem Wort auf Ihrer Karte eine Frage und antworten Sie auf die Frage von einem anderen / einer anderen aus Ihrer Gruppe. Sprechen Sie zuerst über das Thema Freizeit, dann über das Thema Essen.

Thema Freizeit	Thema Freizeit	Thema Freizeit
Wochenende	Sport	Urlaub
Kino	Freunde	Lesen

Was machst du am Wochenende?
Ich schlafe lange.

Thema Essen	Thema Essen	Thema Essen
Kochen	Gemüse	Frühstück
Fleisch	Lieblingsessen	Sonntag

Sprechen, Teil 3: Bitten formulieren und darauf reagieren

Sie bekommen zwei Karten mit einem Bild oder einem Wort. Formulieren Sie zu den Bildern oder Wörtern auf Ihren zwei Karten eine Bitte und antworten Sie auf die Bitten von einem anderen / einer anderen aus Ihrer Gruppe.

Gib mir bitte einen Stift! Ja gern, hier ist er.

A1–B1: 259 einhundertfünfundvierzig 145

L Lösungen zum Übungsbuch

1 Ich und die anderen

A Guten Tag!

1a 1. Guten Tag. Mein Name ist Tarik Amiri. • 2. Freut mich, Herr Amiri. – Woher kommen Sie? – Ich komme aus Marokko. • 3. Herzlich willkommen im Sommerkurs!

1b 1. Grüß dich. Ich bin Leyla. Wie heißt du? • 2. Ich heiße Tarik. – Woher kommst du? • 3. Aus Marokko. Aus Casablanca. Und du? • Ich bin aus der Türkei, aus Ankara.

1c 2. Wie heißt du? • 3. Mein Name ist Marie. • 4. Woher kommst du? • 5. Ich bin aus Italien. Und du? • 6. Ich komme aus Brasilien. • 7. Willkommen im Deutschkurs!

2 2. Ich • 3. Ich bin • 4. Ich bin • 5. Ich bin • 6. Ich bin • 7. Ich • 8. Ich bin • 9. Ich

3 2d • 3a • 4b

4 1. informell • 2. formell • 3. informell • 4. informell • 5. formell • 6. informell

5 2. aus Japan • 3. aus Polen • 4. aus Italien • 5. aus Portugal • 6. aus Deutschland • 7. aus Ungarn • 8. aus Österreich • 9. aus Großbritannien • 10. aus Türkei • 11. aus Peru • 12. aus Schweden • 13. aus China • 14. aus Kanada • 15. aus Frankreich • 16. aus Weißrussland

6a 2. Sie • 3. Sie • 4. Sie • 5. Er • 6. Sie

6b 2. **T**arik ist neu im **D**eutschkurs. **E**r kommt aus **M**arokko, aus **C**asablanca. • 3. **V**eronika kommt aus **M**oskau. **S**ie studiert **C**hemie. • 4. **P**atrick und **P**aul kommen aus **F**rankreich. **S**ie studieren **G**ermanistik. • 5. **D**as ist **T**homas. **E**r kommt aus **Ö**sterreich und studiert **M**aschinenbau.

B Sprachen öffnen Türen

1 2g • 3i • 4b • 5c • 6f • 7a • 8e • 9h

2a 2. kommen • 3. sprechen • 4. sein • 5. lernen • 6. studieren • 7. wohnen • 8. arbeiten

2b 2. lerne • 3. heißt • 4. kommt / ist • 5. sind • 6. kommen / sind • 7. kommt / ist • 8. studiert • 9. ist • 10. spricht • 11. lernt • 12. kommt / ist • 13. ist • 14. arbeitet

3 2i • 3h • 4d • 5g • 6c • 7f • 8b • 9e • 10a

4 Die Mutter ist Schweizerin. Der Vater kommt aus Deutschland. Mia wohnt / lebt in Tübingen und studiert Wirtschaft. Sie spricht Deutsch als Muttersprache. Sie spricht auch sehr gut Französisch. Italienisch spricht sie nicht so gut.

5a 2d • 3h • 4f • 5e • 6a • 7c • 8g

5b 3. Wo wohnst du? • 4. Wohnst du in Leipzig? • 5. Sprichst du Spanisch? • 6. Welche Sprachen sprichst du? • 7. Arbeitest du hier? • 8. Was studierst du? • 9. Bist du neu im Deutschkurs?

6a Brasilianer • Türkin • Pole • Französin • Deutsche

6b Marokkaner • Brasilianer • Türkin • Pole • Französin • Deutsche • REGEL: männlich -er / -e; weiblich -in

C Buchstaben und Zahlen

1a B C D E F G H I J K L M N O Ö P Q R S T U Ü V W X Y Z

2a 31 • 54 • 45 • 71 • 17 • 41 • 14 • 29 • 92 • 68 • 86

2b 1. 16 • 2. 76 • 3. 84 • 4. 131 • 5. 335 • 6. 2120 • 7. 3335 • 8. 6676 • 9. 9889

2c b. dreiunddreißig • c. fünfundvierzig • d. achtundfünfzig • e. einundsechzig • f. siebenhundertsiebenundvierzig • g. achthundertachtundzwanzig • h. neunhundertvierundneunzig • i. (ein)tausendzweihundertdreizehn • j. zweitausendfünfhundertzweiundsechzig • k. dreitausendachthundertdreiunddreißig • l. fünfundvierzigtausendvierhundertachtzig • m. fünfhundertzweiundfünfzigtausenddreihundertfünfundfünfzig • n. sechshundertsechsundsiebzigtausendsechshunderteinundzwanzig

2d 2. 624218 • 3. 0174 6255 • 4. 289 45 54 0 86 • 5. 0170 21 23 78 • 6. 0221 14 39 13

3 2. 112.383 • 3. 102.908 • 4. 85.009 • 5. 84.307 • 6. 82.273 • 7. 81.110 • 8. 66.115

4 2. Woher kommen Sie? • 3. Wo wohnen Sie? • 4. Was studieren Sie? • 5. Welche Sprachen sprechen Sie? • 6. Wie ist Ihre Telefonnummer? • 7. Wie ist Ihre E-Mail-Adresse? • 8. Wie ist Ihre Adresse? • 9. Wie alt sind Sie?

5a Tübingen • Tübingen • Der Sprachkurs • Die Lehrerin • Frau Brandt • Wir • Studenten • Sprachkurs • Fünf Studenten • China • Sie • Deutsch • Leyla • Türkei • Tarik • Marokko • Informatik • Antoine • Schweiz • Er • Genf • Französisch • Muttersprache • Mein Tandempartner • Tim • München • Er • Tübingen • Portugiesisch • Wir • Deutsch • Portugiesisch • Spaß • Viele Grüße • Rodrigo

Phonetik

1d 1. Aussagesatz, z. B. Satz 2b + 3b, b • 2. Ja / Nein-Frage, z. B. Satz 3a, a • 3. W- Fragen, z. B. Satz 1a + 2a, b • 4. Rückfragen, z. B. Satz 1b, a.

2a 1b • 2b • 3a • 4b • 5b • 6a • 7b • 8b • 9a • 10b

2 Menschen und Dinge

A Früher und heute

1a 2. das Handy, -s • 3. der Computer, - • 4. der Laptop, -s • 5. das Smartphone, -s • 6. der mp3-Spieler, - • 7. USB-Stick, -s • 8. das Navigationsgerät, -e • 9. die Schreibmaschine, -n • 10. das Tablet, -s

1b 2. ein Smartphone – Das • 3. ein Tablet – Das • 4. ø USB-Sticks – Die • 5. ein Navigationsgerät – Das • 6. ein Plattenspieler – Der

3a **heute – Präsens:** ich habe, du hast, er / sie / es hat, wir haben, ihr habt, sie hatten • **früher – Präteritum:** ich hatte, du hattest, er / sie / es hatte, wir hatten, ihr hattet, sie hatten

3b 2. Früher hatte man D-Mark-Scheine, heute hat man Euro-Scheine. • 3. Früher hatte man Plattenspieler, heute hat man mp3-Spieler. • 4. Früher hatte man Schreibmaschinen, heute hat man Computer. • 5. Früher hatte man Bücher aus Papier, heute hat man E-Books. • 6. Früher hatte man Landkarten, heute hat man Navigationsgeräte. • 7. Früher hatte man Videokassetten, heute hat man DVDs. • 8. Früher hatte man Disketten, heute hat man USB-Sticks. • 9. Früher hatte man Postkarten, heute hat man E-Mails. • 10. Früher hatte man Videospiele, heute hat man Spiele-Apps.

4a 1. ein Smartphone • 2. ein Tablet – einen Laptop – ein Tablet • 3. ein Navigationsgerät – kein Navigationsgerät • 4. eine Kamera – eine Fotofunktion • 5. ein Auto – einen VW Golf • 6. einen CD-Spieler – einen mp3-Spieler • 7. ein Smartphone – ein Tablet – ein Smartphone • 8. einen Tandempartner • 9. Stifte – keine Bleistifte • 10. einen Plattenspieler

4b Haben – hatten – hören – benutzen – Lesen – es gibt – brauchen

4c 2i • 3b • 4h • 5e • 6f • 7a • 8c • 9d

4d *Mögliche Lösung:* Als Kind hatte ich Videospiele, Postkarten und viele Bücher aus Papier. Ich habe Spiele-Apps, E-Books und einen mp3-Spieler. Ich brauche ein Tablet und einen Computer.

B Familiengeschichten

1a 1. Schwiegereltern • 3. Schwager • 4. Cousins • 5. Enkelkinder • 6. Tante • 7. Neffen • 8. Nichte • 9. Urenkel

1b 2. Tante • 3. Schwägerin • 4. Schwager • 5. Nichte • 6. Neffe • 7. Cousin • 8. Schwiegervater • 9. Schwiegermutter

2a 2. Meine • 3. eure • 4. Unsere • 5. Ihr • 6. eure • 7. deine • 8. Meine • 9. Ihre • 10. Mein • 11. Sein • 12. seine • 13. deine • 14. Meine

2b 2. meine • 3. meine • 4. Meine • 5. Ihr • 6. mein • 7. Ihr • 8. Meine • 9. mein • 10. Meine • 11. Ihre • 12. Seine • 13. Mein • 14. meine • 15. Seine • 16. sein

3a 2a • 3e • 4h • 5b • 6g • 7c • 8f

3b 1. Ich bin Ingenieurin und arbeite bei Mercedes. • 2. Ich bin verheiratet und habe zwei Kinder. • 3. Viele Menschen sind nicht verheiratet oder sie sind geschieden • 4. Paul und Simone haben zwei Kinder, aber sie sind nicht verheiratet • 5. Ich bin noch Studentin, aber ich bin schon verheiratet. • 6. Er ist schon 45 Jahre alt, aber er ist nicht verheiratet.

4 *Mögliche Lösung:* Meine Familie ist relativ klein. Da sind meine Eltern Kristina und Jörg und meine Geschwister Sebastian und Elisabeth. Meine Mutter ist 45 und mein Vater ist 50 Jahre alt. Mein Bruder Sebastian ist 10 und meine Schwester Elisabeth ist 16 Jahre alt. Wir wohnen in Koblenz. Meine Großeltern leben noch, aber sie wohnen in der Schweiz.

C Wir gehen essen

1 2f • 3e • 4b • 5a • 6d • 7c

2a 1. Montag • 2. Dienstag • 3. Mittwoch • 5. Freitag • 6. Samstag • 7. Sonntag

2b 1f • 2g • 3c • 4b • 5a • 6d • 7e

2c 2. Am Samstag schließt das „Topkapi" um 1 Uhr. • 3. Am Sonntag öffnet das Bio-Restaurant um 10 Uhr. • 4. Am Sonntag schließt das Bio-Restaurant um 13 Uhr. • 5. Am Freitag öffnet das „Brunnenstüberl" um 12 Uhr. • 6. Am Freitag schließt das „Brunnenstüberl" um 15 Uhr 30.

3a **Vorspeise:** Karottensuppe, Tomatencremesuppe, Tomatensalat • **Hauptspeise / Hauptgericht:** Tafelspitz mit Kartoffeln und Salat, Wiener Schnitzel mit Pommes frites und Salat, Zanderfilet mit Kartoffeln und Salat • **Dessert / Nachspeise / Nachtisch:** Apfelstrudel, Eis mit Sahne, Eis ohne Sahne

4a a2 • b4 • c7 • d3 • e9 • f5 • g8 • h6 • i1

4b 2f • 3c • 4e • 5j • 6i • 7h • 8b • 9a • 10g

5b Mögen Sie Fisch? – Nein, ich mag keinen Fisch. / Ja, Fisch mag ich sehr. Aber Fleisch mag ich nicht.

Phonetik

1c 1. sch • 2. sch • 3. sch • 4. s • 5. sch • 6. sch • 7. s • 8. s

1d *Mögliche Lösungen:* Ich mag Schokolade. Ich nehme eine Vorspeise. Ich esse gern Wurst. Ich nehme einen Espresso.

1e 1. türkisch, vegetarisch, Fisch, Schwester, schreiben, chinesisch, Schweiz • 2. sprechen, Spezialität, Spanien • 5. studieren, Studentin • 6. Lichtenstein • 7. Samstag, Donnerstag, Österreich, Dienstag

2 *Mögliche Lösung:* Samstags bestelle ich in meinem Lieblingsrestaurant meine Lieblingstorte mit viel Schokolade und einen Espresso. Das schmeckt köstlich.

3 Studentenleben

A Uni und Termine

1a **Studium:** eine Übung / ein Tutorium haben • ein Referat halten • zur Sprechstunde gehen • eine Klausur schreiben • Hausaufgaben machen • mit Kommilitonen lernen • eine Besprechung haben
Freizeit: in der Mensa essen • die Familie besuchen • am Wochenende einen Ausflug nach … machen • einen Termin beim Arzt haben • frei haben • Sport machen

1b 2. 20 Stunden • 3. am Montagnachmittag ab 16.00 Uhr – am Dienstagvormittag – am Dienstagnachmittag ab 16.00 Uhr – am Mittwochvormittag zwischen 10.00 und 12.00 Uhr – am Mittwochnachmittag ab 16.00 Uhr – am Donnerstagnachmittag zwischen 14.00 und 16. Uhr – am Freitagvormittag bis 10.00 Uhr – am Freitagnachmittag – am Samstag und Sonntag

1c Am Montagnachmittag hat sie eine Vorlesung in Mathematik. • Am Dienstagnachmittag hat sie eine Vorlesung in Markt und Wettbewerb. • Am Mittwochvormittag hat sie eine Vorlesung in Statistik. • Am Mittwochnachmittag hat sie eine Übung in Statistik. • Am Donnerstagvormittag hat sie eine Übung in Markt und Wettbewerb und eine Übung in Marketing. • Am Donnerstagnachmittag hat sie eine Übung in Mathematik. • Am Freitagvormittag hat sie eine Vorlesung in Projektmanagement.

2a 2c • 3g • 4a • 5f • 6d • 7e

2b 3. Nein. Ich habe heute keinen Termin. • 4. Nein. Am Wochenende jobbe ich nicht. • 5. Nein. Morgen haben wir nicht frei. • 6. Nein. Die Sekretärin ist nicht da. • 7. Nein. Ich habe nicht viel zu tun. • 8. Nein. Ich gehe nicht zur Sprechstunde von Professor Hans.

3a 08:15 Vorlesung • 10:30 Besuch von Frau Heinen • 12:30 Arbeitsessen im Restaurant „Am Markt" • 13:45 Besprechung im Rektorat • 15:10 Gesprächstermin mit zwei spanischen Studentinnen • 15:40 Gesprächstermin mit Franziska Urban • 20:00 Studententheater

3b 1. halb sieben • 2. zwanzig nach sieben • 3. Viertel nach acht • 4. Viertel vor zwölf • 5. Viertel nach zwei • 6. Viertel vor vier • 7. vier Uhr • 8. halb sechs

4b 1. Lisa • 2. Lennard • 3. Philipp

4c 1. am Semesterende • 2. vormittags – nachmittags – abends – nachts • 3. den ganzen Tag • 4. meistens – oft – manchmal – selten • 5. am Wochenende

B Im Supermarkt

1a **Obst / Früchte:** der Apfel, Äpfel • die Orange, -n / Apfelsine, -n • die Weintraube, -n • **Gemüse:** die Karotte, -n • die Kartoffel, -n • die Tomate, -n • **Fleisch / Wurst:** das Rindfleisch, - • das Schnitzel, - • das Steak, -s • die Fleischwurst, - • **Eier und Milchprodukte:** der Joghurt, -s • der Käse, - • die Butter, - • die Milch, - • die Sahne, - • **Brot / Getreideprodukte:** das Brötchen, - • das Müsli, -s • **Süßigkeiten:** das Eis, - • die Marmelade, -n • die Schokolade, -n

einhundertsiebenundvierzig 147

L Lösungen zum Übungsbuch

2a

die Flasche	Apfelsaft, Bier, Cola, Ketchup, Öl, Milch, Wein, Orangensaft
das Glas	Marmelade, Würstchen, Gurken
die Dose	Bier, Cola, Kekse, Mais, Thunfisch, Champignons
der Becher	Joghurt, Sahne
die Packung / das Päckchen	Brötchen, Butter, Nudeln, Müsli, Kekse, Milch, Zucker, Salz, Mehl
die Schachtel	Kekse, Eier
die Tafel	Schokolade
der Beutel / die Tüte	Brötchen, Kekse, Tee, Schwarzbrot, Kartoffelchips, Reis, Müsli, Orangen, Äpfel
die Tube	Mayonnaise, Ketchup
die Schale	Weintrauben, Erdbeeren, Champignons
nicht zählbar	Salz, Zucker, Mehl, Pfeffer

2b 2 Schalen Erdbeeren – 3 Päckchen Butter – 4 Tüten Kartoffelchips – 2 Tüten Müsli – 3 Gläser Mayonnaise – 2 Becher Joghurt – 2 Tuben Senf – 2 Dosen Thunfisch – 3 Flaschen Orangensaft – 2 Tafeln Schokolade – 5 Schachteln Pralinen, 2 Gläser Marmelade

2c **1.** Wir brauchen Butter. Wie viel brauchen wir denn? 1 Päckchen. • **2.** Wir brauchen Sahne. Wie viel brauchen wir denn? 3 Becher • **3.** Wir brauchen Würstchen. Wie viele brauchen wir denn? 7 Stück • **4.** Wir brauchen Thunfisch. Wie viel brauchen wir denn? 2 Dosen • **5.** Wir brauchen Gurken. Wie viele brauchen wir denn? 2 Stück • **6.** Wir brauchen Eier. Wie viele brauchen wir denn? 10 Stück / 1 Schachtel

3 2b • 3c • 4d • 5a • 6e • 7f • 8g
4a 2 58 % • 3 33 % • 4 4 % • 5 25 %
4b Bürokraft, Kellner, Kassierer oder Verkäufer im Supermarkt, Nachhilfelehrer für Schüler oder Studenten, Programmierer, Sänger (auf Hochzeiten), Weihnachtsmann

C Endlich Wochenende

1a 2e • 3d • 4a • 5b • 6f
1b Bsp.: **2.** Ja. Ich kenne sie. / Nein. Ich kenne sie noch nicht. • **3.** Ja. Ich kenne ihn. / Nein. Ich kenne ihn noch nicht. • **4.** Ja. Ich kenne es. / Nein. Ich kenne es noch nicht. • **5.** Ja. Ich kenne ihn. / Nein. Ich kenne ihn noch nicht. • **6.** Ja. Ich kenne sie. / Nein. Ich kenne sie noch nicht.
1c **Ich besuche ...** **2.** sie jeden Freitag. • **3.** dich morgen. • **4.** ihn übermorgen. • **5.** euch heute Abend. • **6.** sie am Samstag. **7.** euch am Donnerstagabend. **8.** sie am Sonntagnachmittag.
2a **2.** Was ist Rügen? • **3.** Wen besuchst du am Wochenende? • **4.** Was machst du am Wochenende?
2b **2.** Wer wohnt auf Rügen? • **3.** Wen besuchst du? • **4.** Was besuchst du? • **5.** Wer / Was ist sehr interessant? • **6.** Wer kommt heute? • **7.** Was war gut? • **8.** Was hat Sebastian?

3 *Mögliche Beispiele:* gutes Wetter / Das mag ich: Es ist kalt. Die Sonne scheint. Es sind nur 3 Grad. Es schneit. Es sind 25 Grad. • schlechtes Wetter / Das mag ich nicht: Es sind minus 5 Grad. Es ist bewölkt. Es regnet. Es sind 35 Grad. Es gewittert. Es ist windig.
4 **2.** Leider ist das Wetter schlecht. Das ist schade. • **3.** Zum Glück scheint die Sonne. • **4.** Leider ist das Museum geschlossen. • **5.** Zum Glück ist im Haus von Franziskas Bruder viel Platz. • **6.** Leider sehe ich euch nur selten. • **7.** Zum Glück haben wir ein langes Wochenende.
5c *Beispiellösung:* Liebe / Lieber ..., am Freitag fahren wir nach Konstanz (am Bodensee). Wir wohnen dann bei Freunden. Das Wetter ist gut. Wir besuchen ein Museum und besichtigen die Stadt: Das archäologische Museum und den botanischen Garten finde ich besonders interessant. Die Stadt ist sehr schön. Am Sonntag fahren wir leider schon wieder nach Hause. Viele Grüße ...

Phonetik

2c Job – Kurs • Mensa – Übung – Arbeit • Student – Gespräch – Klausur • Vorlesung – Sprechstunde • Referat – Praktikant • Semester – Termine – Professor
3a 1a • 2a • 3b • 4b • 5a • 6b • 7b • 8a • 9b

4 Wirtschaft und Kultur

A Hier kann man gut leben und arbeiten

1 Webentwicklerin: in Meetings gehen, am Schreibtisch sitzen, E-Mails schreiben, Termine planen • Schauspieler: viel lesen, Text lernen, Sprechübungen machen, zur Probe gehen, am Abend arbeiten
2a wir müssen, du musst, ihr müsst, er muss, sie muss / müssen • du kannst, wir können, er kann, sie kann / können, ihr könnt, ich kann
2b **2.** kann • **3.** Kannst • **4.** musst • **5.** muss • **6.** kann • **7.** Könnt • **8.** müssen • **9.** können
2c **2.** man ist fähig • **3.** man ist fähig • **4.** es ist möglich
2d **Es ist (nicht) möglich:** er kann sein Buch nicht finden – ich kann heute nicht laut sprechen – Könnt ihr morgen schon um 10 Uhr kommen? – Viele Schauspieler können erst um 10:30 kommen – Beatriz kann ihren Hund nicht ins Büro mitnehmen – Morgens kann er oft lange schlafen • **Man ist fähig (Kompetenz):** Leopold kann gut Texte lernen. – Sie kann Spanisch, Deutsch und Englisch sprechen.
2g **2.** Am Sonntag muss er arbeiten / Er muss am Sonntag arbeiten. • **3.** Um 8 Uhr muss sie im Büro sein. / Sie muss um 8 Uhr im Büro sein. • **4.** Am Wochenende kann sie wegfahren. / Sie kann am Wochenende wegfahren. • **5.** Er kann morgens lange schlafen. / Morgens kann er lange schlafen. • **6.** Jeden Tag muss sie im Büro arbeiten. / Sie muss jeden Tag im Büro arbeiten.
2h 1
3a **2.** Er probt nicht sehr gern, denn er muss oft lange warten. • **3.** Er mag seinen Job, denn er spielt gern andere Menschen. • **4.** Leopold und Beatriz leben gern in Schwäbisch Hall, denn sie haben hier viele Freunde. • **5.** Beatriz liebt ihre Arbeit, denn sie kann kreativ sein. • **6.** Sie kennt Deutschland schon sehr gut, denn am Wochenende kann sie oft wegfahren.

148 einhundertachtundvierzig

3b 2. Am Sonntag schläft sie lange, denn sie muss nicht arbeiten. • 3. Er spricht Portugiesisch, aber er spricht kein Spanisch. • 4. Haben Sie Fragen oder ist alles klar? • 5. Ich nehme den Tafelspitz und ich nehme einen Salat. • 6. Wir kochen Spaghetti oder wir gehen in ein Restaurant. • 7. Sie spricht Spanisch und Englisch und sie lernt Deutsch.

3c

1. Hauptsatz	Konnektor – Pos. 0	2. Hauptsatz / 2. Satzteil
Am Sonntag schläft sie lange	denn	sie muss nicht arbeiten.
Er spricht Portugiesisch	aber	er spricht kein Spanisch.
Haben Sie Fragen	oder	ist alles klar?
Ich nehme den Tafelspitz	und	ich nehme einen Salat.
Wir kochen Spaghetti	oder	wir gehen in ein Restaurant.
Sie spricht Spanisch und Englisch	und	sie lernt Deutsch.

3d Er spricht Portugiesisch, aber kein Spanisch. Ich nehme den Tafelspitz und einen Salat. Wir kochen Spaghetti oder gehen in ein Restaurant. Sie spricht Spanisch und Englisch und lernt Deutsch.
Sätze mit „denn" kann man nicht verkürzen.

B Restaurant oder Picknick

1 2. • 4. • 3. • 1.
2a 2b • 3a • 4b • 5b • 6a
2b **Man ist (nicht) fähig:** Leopold kann sehr gut Texte lernen. Beatriz kann sehr gut Englisch sprechen. • **Es ist (nicht) nötig:** Beatriz muss am Wochenende nicht früh aufstehen. Am Freitag muss Beatriz arbeiten. Leopold muss Sprechübungen machen. • **Es ist (nicht) erlaubt:** • Im Bus darf man nicht essen. Man darf draußen rauchen. – Im Bus darf man nicht laut Musik hören. – Beatriz darf ihren Hund im Bus mitnehmen. – Man darf im Stadtpark ein Picknick machen. • **Man wünscht sehr direkt / plant etwas (nicht):** Beatriz' Schwester will im August nach Deutschland kommen. – Leopold will jetzt ein Bier trinken. – Leopold und Beatriz wollen am Freitag eine Radtour machen • **Man wünscht höflich etwas (nicht):** Leopold möchte ein Picknick machen. – Beatriz möchte im August Urlaub nehmen. • **Etwas gerne haben:** Leopold mag Streuselkuchen. – Beatriz mag ihren Job.
2c *Mögliche Beispiele:* **Wunsch:** Ich möchte einen Kaffee trinken. – Du willst einen Film gucken. • **Erlaubnis:** Ihr dürft die Bücher lesen. • **Fähigkeit / Möglichkeit:** Ich kann Englisch sprechen. • **Notwendigkeit / Pflicht:** Sie müssen die Texte lernen. • **Etwas gern haben:** Er mag Schokolade.
2d 1. mag • 2. möchte • 3. mögen • 4. möchten • 5. mag • 6. möchte
3a 2. können • 3. kann • 4. können • 5. muss • 6. muss • 7. darf
3b 1. können • 2. muss, darf • 3. will, können • 4. dürft • 5. Musst, kannst • 6. muss • 7. könnt, müssen • 8. Willst, kann

C Im Beruf

1a 2. Köche kochen Essen. 3. Verkäufer verkaufen Kleidung. 4. Autorinnen schreiben Texte. 5. Automechaniker reparieren Autos. 6. Künstlerinnen malen Bilder. 7. Zahnärzte behandeln Patienten. 8. Lehrer unterrichten Kinder.
1b die Fachfrau, die Kaufleute, die Kauffrauen • die Landwirtin, die Buchhändlerinnen.
Architekt – Architekten / Architektinnen – Architektin • Informatiker – Informatikerin – Informatiker / Informatikerinnen • Maschinenbauer – Maschinenbauerin – Maschinenbauer / Maschinenbauerinnen • Werbefachmann – Werbefachfrau – Werbefachleute / Werbefachfrauen • Journalist – Journalistin – Journalisten / Journalistinnen • Praktikant – Praktikantin – Praktikanten / Praktikantinnen
2 Baum 1: Frühling, März, April, Mai • Baum 2: Sommer, Juni, Juli, August • Baum 3: Herbst, September, Oktober, November • Baum 4: Winter, Dezember, Januar, Februar
3a 2. Am dritten Juli. 3. Am ersten Dezember. 4. Am siebten November.
3b 1b • 3a • 4a
3c 2. vom 31.8. bis 4.9. • 3. von 18:45 bis 19:30 Uhr • 4. vom 31.10. bis 17.11.
3d Frau Müller: 1.8. bis 12.8. • Frau Meier: 11.7. bis 15.7. und 12.9. bis 30.9.
4b Weltmarktführer • in Deutschland 6.300 Mitarbeiter • über 400 Gesellschaften • in mehr als 80 Ländern • weltweit über 68.000 Mitarbeiter

Phonetik

1c **kurz:** Wippe, Locke, Kuller, Wenner • **lang:** Dahner, Niemer, Kuhler, Weener
1d 2. doppelte Vokale sind lang → Weener • 3. Vokale vor doppelten Konsonanten sind kurz → Wenner, Kuller • 4. i + e ist immer lang → Niemer
2b **Kurze Vokale:** Sänger, Arzt, Kellner, Journalist, Professor, Jurist • **Lange Vokale:** Betriebswirt, Schauspieler, Chemiker, Philosoph

5 Spiel und Spaß

A Das macht Spaß!

1a a1 • b3 • c2 • d4 • e6 • f5
1b 1c • 2– • 3a • 4b
1c 2. Do • 3. z. B. • 4. od. • 5. su. • 6. WE • 7. Tel. • 8. u. • 9. zz.
1d *Mögliche Lösung:* Hallo, ich möchte gern Musik mithören u. ins Konzert gehen. Wann und wohin geht es? LG Lydia
2

	ich	du	er / sie / es	wir	ihr	sie / Sie
lesen	lese	liest	liest	lesen	lest	lesen
sprechen	spreche	sprichst	spricht	sprechen	sprecht	sprechen
treffen	treffe	triffst	trifft	treffen	trefft	treffen
fahren	fahre	fährst	fährt	fahren	fahrt	fahren
schlafen	schlafe	schläfst	schläft	schlafen	schlaft	schlafen
laufen	laufe	läufst	läuft	laufen	lauft	laufen
wissen	weiß	weißt	weiß	wissen	wisst	wissen

einhundertneunundvierzig 149

L Lösungen zum Übungsbuch

3a 2. lese • 3. laufen • 4. läufst • 5. schläfst • 6. weiß • 7. triffst
4a 1. lesen • 2. haben • 3. treffen • 4. schauen • 5. fahren
4b 1a+c • 2a+d • 3a+c • 4a+d • 5a+d • 6a+c
5a 2f • 3a • 4e • 5c • 6b

B Hochschulsport

1a 1f • 2f • 3f • 4r • 5f • 6r
1c 2. Individualsport • 3. Öffnungszeiten • 4. Mitarbeiter • 5. Sporthallen • 6. Rabatt • 7. Angebot
2a 1. mit • 2. ab • 3. auf • 4. an
2b *Mögliche Lösungen:* 2. Wir kommen zum Probetraining mit. • 3. Tobias und Annika probieren den Schwimmkurs aus. • 4. Schwimmen findet montags und freitags statt. • 5. Ich stehe um 7 Uhr auf. • 6. Du rufst Professor Mertens an.
2c

Position 1	Position 2		Satzende
3. Wann	stehst	du am Wochenende	auf?
8. Wann	rufst	du	Florian an?
4. Probieren	Annika und Tobias	das Lauftraining	aus?
5 Können	wir	am Montag	anfangen?
6. Ruft	ihr	mich	an?
7. Kannst	du	uns	abholen?

3 **Vorteile Individualsport:** Man kann flexibel Sport treiben. • Man kann zu Hause, im Park oder im Wald aktiv sein. • Man muss kein Geld für ein Fitnessstudio oder einen Sportkurs bezahlen. • Man hat Ruhe.
Vorteile Mannschaftssport: Man kann im Sportkurs neue Leute kennenlernen. • Es ist gut für die Motivation und Disziplin, denn man bekommt Unterstützung von den Teamkollegen. • Trainer gibt Orientierung. • Man hat Kontakt mit anderen Personen.

C Gut gelaufen

1a der Halbmarathon, die Halbmarathons – die Distanz, die Distanzen – die Strecke, die Strecken – das Publikum – der Triathlet, die Triathleten – die Triathletin, die Triathletinnen – der Platz, die Plätze – der Rekord, die Rekorde – das Ziel, die Ziele
1b a
1c 1r • 2f • 3r • 4f • 5r • 6r
1d 2. schaffen • 3. motivieren • 4. klappen • 5. feiern • 6. starten
1e 1. ist … gestartet • 2. hat … trainiert • 3. hat … geschafft • 4. hat … motiviert • 5. hat … geklappt • 6. haben … gefeiert
2a 2. Die Organisatoren haben den Lauf gut organisiert. • 3. Ihr habt das Startgeld beim Start bezahlt. • 4. Axel Meyer hat die Strecke in 33:01 Minuten geschafft. • 5. Wir haben 2014 gesiegt. • 6. Der Leonardo-Campus-Run hat Spaß gemacht. • 7. Alles hat sehr gut funktioniert. • 8. Du hast intensiv für den Lauf trainiert. • 9. Tobias ist beim Lauftraining gestürzt. • 10. Tobias hat Ruhe gebraucht. • 11. Tobias und Annika haben eine neue Sportart gesucht.
3a 2. bin … gestürzt • 3. habe … gemacht • 4. war • 5. habe … trainiert • 6. war • 7. bin … gestartet • 8. hatte • 9. ist … passiert • 10. bin … gestürzt • 11. habe … gelacht • 12. hat … gesagt

3b Liebe Oma!
Gestern war ich mit Tobias und Jonas beim Campus-Run in Münster. Insgesamt sind fast 800 Teilnehmer gestartet. Du weißt ja, Jonas hat viel trainiert. Er hat die Strecke in einer Superzeit geschafft – persönliche Bestzeit! Der Lauf war super und die Organisatoren haben alles gut geplant. Nur Florian hatte Pech – er ist gestürzt. Jetzt darf er nicht mehr laufen. Der Arme! Sport ist jetzt tabu, aber nach einer Stunde hat er wieder gelacht. Nächstes Jahr will ich unbedingt mitmachen! Liebe Grüße und bis bald, Annika
4a *Lösungsvorschläge:* **schon oft:** – im Supermarkt jobben – ein Konzert besuchen – eine Fremdsprache lernen – ein Museum besuchen – in einem Team zusammen arbeiten • **manchmal:** – Essen kochen – ein Instrument spielen – Geschirr spülen – einen Sprachkurs machen • **einmal:** – ein Praktikum machen – Fallschirm springen – Hausarbeit machen – Fußball spielen • **noch nie:** – für einen Lauf trainieren – Urlaub am Meer machen – ein Auto kaufen
4b *Beispiele:* 1. Ich habe schon oft im Supermarkt gejobbt. • 2. Ich habe schon oft ein Konzert besucht. • 3. Ich habe schon oft eine Fremdsprache gelernt. • 4. Ich habe schon oft ein Museum besucht. • 5. Ich habe schon in einem Team gearbeitet.

Phonetik

2a **lang:** sehen, lesen • **kurz:** treffen, sprechen
2b ihr trefft • er spricht, ihr sprecht • er sieht, ihr seht • er liest, ihr lest
2c 2a • 3a • 4b
3a **lang:** Wiemer, Wehmer • **kurz:** Winter, Wenter
3b **lang:** Lena, Wieland, Emil, Ina • **kurz:** Dirk, Jens, Nicki, Selma

6 Endlich ein Zimmer

A Zimmer gesucht – und gefunden

1 1. Irländisch • 2. Politikwissenschaften • 3. 6 • 4. möblierte • 5. Wohneinheit mit Küchenzeile
2a 1. ausfüllen • 2. finden – bekommen – beantragen • 3. bekommen – finden • 4. aufkleben
2b 1. kompliziert • 2. unmöbliert • 3. allein wohnen
3 1. Hallo • 2. Und, hast du schon ein Zimmer in Frankfurt gefunden? • 3. Toll! Wie schnell! Wohnst du allein? • 4. Oh, ein unmöbliertes Zimmer. • 5. O. k. Du kannst mir dann später schreiben! • 6. Tschüss.
3a 1. gefahren • 2. gekommen • 3. gegangen • 4. getroffen • 5. geblieben • 6. gesessen • 7. gegessen • 8. geredet • 9. gewusst • 10. gedacht • 11. gesehen • 12. gefunden
3b 2. Du bist zu spät gekommen → kommen • 3. Julius hat mit dem Hausmeister gesprochen → sprechen • 4. Wir haben am Sonntag lange geschlafen. → schlafen • 5. Habt ihr schon mal Rhabarberschorle getrunken? → trinken • 6. Oliver und Vera haben bei der Möbelsuche geholfen. → helfen
3c **mit „haben":** treffen → getroffen; sitzen → gesessen; essen → gegessen; denken → gedacht; sehen → gesehen; schreiben → geschrieben; sprechen → gesprochen; schlafen → geschlafen; trinken → getrunken; helfen → geholfen
mit „sein": fahren → gefahren; kommen → gekommen; gehen → gegangen; bleiben → geblieben

150 einhundertfünfzig

3d *Mögliche Lösung:* Leon ist gestern mit Oliver nach Frankfurt gefahren. Er hat seinen Wohnheimtutor Julius getroffen. Sie sind ins Restaurant gegangen und haben Schnitzel gegessen. Leon hat Vera eine SMS geschrieben. Sie ist nicht nach Frankfurt gefahren. Sie ist bei ihren Eltern. Am Sonntag hat sie lange geschlafen und ist zu Hause geblieben. Leon und Oliver haben am Abend mit Julius Bier getrunken und in einem Hostel geschlafen.

4a 1. studiert • 2. gewohnt • 3. gefahren • 4. gelesen • 5. gegangen • 6. diskutiert • 7. gefunden

4b 2. habe studiert • 3. habe gewohnt • 4. bin gefahren • 5. waren • 6. habe getroffen • 7. sind gegangen • 8. haben gegessen • 9. hatten • 10. arbeiten • 11. machen • 12. kochen • 13. gehen • 14. sehen • 15. haben • 16. bin • 17. komme • 18. haben

B Zimmer eingerichtet

1a **Möbel:** der Hochschrank, ¨e; das Bett, -en; die Matratze, -en; der Stuhl, ¨e; der Schreibtisch, -e; der Kleiderschrank ¨e; der Küchentisch, -e; die Kommode, -n; das Sofa, -s; der Sessel, -
Material: das Metall, -e; der Kunststoff, -e; das Glas, ¨er

2 1. Ich habe Ihre Anzeige gelesen. Haben Sie den Schrank noch? • 2. Das ist schade. Und ist das Regal noch da? • 3. Super! Ich nehme das Regal. Kann ich es morgen Abend abholen? • 4. Ja, gerne. Und wie ist die Adresse? • 5. O. k. danke. Dann bis morgen.

3 1. schon erreicht • 3. am Sonntag besucht? • 4. leider ausgefallen • 5. zu Hause vergessen • 6. mit Freunden verbracht • 7. schon aufgemacht • 8. im ganzen Haus gesucht

4 **trennbare Vorsilbe:** nachschauen → nachgeschaut; mitkommen → mitgekommen; anrufen → angerufen; wegfahren → weggefahren; aufmachen → aufgemacht; ausschneiden → ausgeschnitten
untrennbare Vorsilbe: vergessen → vergessen; verbringen → verbracht; bezahlen → bezahlt; bekommen → bekommen; besuchen → besucht

5 1. a. Leon ruft Möbelverkäufer an. – b. Leon muss Möbelverkäufer anrufen. – c. Leon hat Möbelverkäufer angerufen. • 2. a. Ich hole das Sofa ab. – b. Ich muss das Sofa abholen. – c. Ich habe das Sofa abgeholt. • 3. a. Du kommst um drei Uhr vorbei. – b. Du musst um drei Uhr vorbeikommen. – c. Du bist um drei Uhr vorbeigekommen. • 4. a. Ihr gebt nicht viel Geld aus. – b. Ihr müsst nicht viel Geld ausgeben. – c. Ihr habt nicht viel Geld ausgegeben. • 5. a. Sie machen die Tür auf. – b. Sie müssen die Tür aufmachen. – c. Sie haben die Tür aufgemacht. • 6. a. Die Vorlesung fällt heute aus. – b. Die Vorlesung muss heute ausfallen. – c. Die Vorlesung ist heute ausgefallen. • 7. a. Wir klopfen zweimal an. – b. Wir müssen zweimal anklopfen. – c. Wir haben zweimal angeklopft. • 8. a. Der Verkäufer ruft nicht zurück. – b. Der Verkäufer muss nicht zurückrufen. – c. Der Verkäufer hat nicht zurückgerufen. • 9. a. Du füllst das Formular aus. – b. Du musst das Formular ausfüllen. – c. Du hast das Formular ausgefüllt. • 10. a. Ihr räumt die Wohnung auf. – b. Ihr müsst die Wohnung aufräumen. – c. Ihr habt die Wohnung aufgeräumt. • 11. a. Ich kaufe im Supermarkt ein. – b. Ich muss im Supermarkt einkaufen. – c. Ich habe im Supermarkt eingekauft. • 12. a. Wir stehen früh auf. – b. Wir müssen früh aufstehen. – c. Wir sind früh aufgestanden.

6 2. Wir haben den Hausmeister nicht erreicht. • 3. Ich habe oft angerufen. • 4. Er hat nicht zurückgerufen. • 5. Unsere Heizung ist ausgegangen. • 6. Zum Glück ist Julius vorbeigekommen.

7a *Mögliche Lösung:* Viele junge deutsche Menschen möchten lange in einer Wohngemeinschaften wohnen. Wohngemeinschaften sind nicht teuer …

7b Geld sparen – am Abend nicht alleine – soziale Kontakte sind wichtig – mit Freunden in einer WG ist praktisch – Freizeitaktivitäten zusammen machen

7c *Mögliche Lösung:*
Lieber Christian, ich möchte gern in einer Wohngemeinschaft wohnen, denn ich kann nach der Arbeit am Abend nicht allein sein. Ich kann mit Tom und Lisa zusammen kochen und Kaffee trinken. Soziale Kontakte sind für mich wichtig. Am Wochenende können wir viele Aktivitäten oder Sport zusammen machen. Ich finde muss den Putzplan einhalten (ich räume nicht gern die Küche auf ☺), aber es ist o. k., denn die Miete ist nicht hoch. Mit dem WG-Leben kann man Geld sparen. Liebe Grüße Sahra

C In der WG eingelebt

1a 1. aufräumen • 2. einkaufen • 3. runterbringen • 4. ausräumen • 5. leeren

1b 2. aufmachen • 3. einräumen • 4. ausschalten

2 1. an • 2. zwischen • 3. vor • 4. auf • 5. neben • 6. in • 7. unter • 8. hinter • 9. über

3a a1 • b7 • c10 • d6 • e4 • f11 • g8 • h9 • i5 • j2 • k3

3b auf dem Kühlschrank

4

Fach	Name	Nationalität	Inhalt	Vorlieben
1	André	Österreich	Sojamilch, Blumenkohl, Tomaten	ist Veganer
2	Irina	Russland	Vanillejoghurt, Schokoladenpudding, Erdbeeren	mag es süß.
3	Kristen	USA	Senf, Würstchen, Tartar	isst gern Fleisch.

5a 1. der • 2. dem • 3. dem • 4. dem • 5. dem • 6. dem • 7. der • 8. dem • 9. dem • 10. dem • 11. der • 12. dem

5b *Mögliche Lösung:* Liebe Nicole, gestern habe ich mein Zimmer in der WG bekommen. Es ist schon eingerichtet: ich habe ein Bett, es steht an der Wand neben der Tür. Über dem Bett hängen meine Bilder aus Ägypten. Unter dem Fenster steht mein Schreibtisch. Ich habe auch ein Sofa und einen Teppich. Vor dem Sofa steht noch ein Tisch. Ich mag mein Zimmer. Mal sehen, morgen kaufe ich noch eine Lampe. Liebe Grüße aus Stuttgart Lisa

Phonetik

1c 2. **mit**spielen – mit • 3. **an**rufen – an • 4. **an**fangen – an • 5. **an**klopfen – an • 6. **auf**räumen – auf

2c 2. be**schrei**ben • 3. be**zah**len • 4. er**zäh**len – er**zähl**t • 5. ver**glei**chen

2e 1a • 2b

3a 2. **an**gerufen • 3. er**rei**cht • 4. zu**rück**gerufen • 5. ver**ges**sen

L Lösungen zum Übungsbuch

7 Kleider machen Freude

A Café Waschsalon

1 Waschsalon • Inhaberin • Angebot • Internetcafé • Wegbeschreibung • Öffnungszeit • Kulturveranstaltung

2a 2. trocknen • 3. kopieren • 4. surfen • 5. lesen • 6. trinken • 7. essen • 8. treffen • 9. hören • 10. entspannen

2b **Kultur:** Film – Konzert – Theater • **Speisen:** Schinkentoast – Schokoladenkuchen • **Getränke:** Espresso – Saft – Tee – Milchkaffee • **Internet:** surfen – mailen

3 waschen – fernsehen – essen – trinken – Musik – DJs hören. – Man ist nie allein. – Kulturcharakter. – Man trifft viele unterschiedliche und neue Leute. – tolle Atmosphäre

4a 1a • 2b

4b 2. WV • 3. Al • 4. Al • 5. Aw • 6. Aw

4c 1. A • 2. V • 3. A • 4. V • 5. V • 6. A

4d 1. U • 2. P • 3. P • 4. P • 5. U • 6. U

4e 2. Trinken wir doch mal einen Milchkaffee. • 3. Machen Sie bitte einen Milchkaffee. • 4. Kommen Sie doch zum Konzert. • 5. Gehen wir doch ins Theater.

6 2. Waschen wir doch zu Hause! • 3. Bringen wir die Wäsche mal in den Waschsalon! • 4. Gehen wir doch jetzt essen! • 5. Schauen wir doch mal im Internet! • 6. Waschen wir doch heute Nachmittag!

B Pass auf, der läuft ein!

1 1r • 2f • 3f • 4r

2a 2. Wiederholen Sie das doch bitte noch mal. • 3. Können Sie das noch mal wiederholen. • 4. Entschuldigung, ich muss noch mal nachfragen. • 5. Darf ich noch mal nachfragen?

2b 1. Ja, gern. Das bedeutet „etwas noch einmal sagen". • 2. Natürlich. Was verstehen Sie denn nicht? – Das bedeutet „Schauen Sie im Wörterbuch nach". • 3. In der Steinerstraße. • 4. Gern. Am Samstag, um 19.30 Uhr.

2c 2. Was bedeutet „aufmachen". „Aufmachen" bedeutet „öffnen". • 3. Was bedeutet „ zumachen"? „Zumachen" bedeutet „schließen". • 4. Entschuldigung, was bedeutet „bestens"? „Bestens" bedeutet „sehr gut".

3a 2. Entschuldigen Sie, darf ich Sie etwas fragen? • 3. Können Sie mir bitte helfen? • 4. Darf ich noch mal wiederkommen? • 5. Entschuldigen Sie, können bitte etwas langsamer sprechen? • 6. Entschuldigung, ich muss noch mal nachfragen. • 7. Können Sie das bitte noch mal wiederholen? • 8. Darf ich noch mal anrufen?

3b 2. Ich möchte morgen gern noch mal anrufen. • 3. Können Sie mir bitte helfen? • 4. Entschuldigung, das habe ich nicht verstanden. • 5. Kann ich morgen noch mal kommen? • 6. Entschuldigung, wo finde ich das Internetcafé?

4 2. Paar • 3. paar • 4. paar • 5. Paar • 6. paar • 7. paar

5 2. gelb + blau • 3. rot + weiß • 4. grün + blau • 5. schwarz + weiß • 6. rot + blau

6 **du:** Ruf an! – Pass auf! Rate! – Entschuldige! – Geh! – Lade ein! – Fahr weg! – Komm mit! – Öffne! Schließ! – Schreib! – Trink! – Dreh um! – Wiederhole! – Sei! – Zeichne! – Bleib! – Warte! – Mach an! • **Ihr:** Ruft an! – Passt auf! – Ratet! – Entschuldigt! – Geht! – Ladet ein! – Fahrt weg! – kommt mit! – Öffnet! – Schließt! – Schreibt! – Trinkt! – Dreht um! – Wiederholt! – Seid! – Zeichnet! – Bleibt! – Wartet! – Macht an! • **Sie:** Rufen Sie an! – Passen Sie auf! – Raten Sie! – Entschuldigen Sie! – Gehen Sie! – Laden Sie ein! – Fahren Sie weg! – Kommen Sie mit! Öffnen Sie! – Schließen Sie! – Schreiben Sie! Trinken Sie! – Drehen Sie um! – Wiederholen Sie! – Seien Sie …! – Zeichnen Sie! – Bleiben Sie! – Warten Sie! – Machen Sie … an!

7a 2. Mach die Waschmaschine auf! • 3. Füll die Wäsche ein! • 4. Wähl das Waschprogramm! • 5. Drück Start! • 6. Sei bitte höflich!

7b 2. Bringt doch bitte mal eure Gitarren mit! • 3. Ruft doch mal an! • 4. Seid bitte nicht zu spät da! • 5. Antwortet bitte schnell! • 6. Macht doch mal Musik!

C Neue Kleider – neue Freunde

1 2. Waschpulver nehmen → Nimm Waschpulver! • 3. lesen → Lies die Anleitung! • 4. haben → Hab keine Angst! • 5. sein → Sei nicht so langweilig! • 6. den Konzerttipp heute Abend → Vergiss den Konzerttipp! • 7. laufen → Lauf zur Josefstraße!

2 *Mögliche Lösung:* Kommst du mit ins Café Waschsalon? Da ist heute ein Gitarrenkonzert. Es heißt „Jazz meets Soul". Der Gitarrist ist aus Belgien. Ich lade dich ein. Soll ich Karten kaufen? Hast du Lust? Grüße, Max.

3a 2. Nimm doch Butter! • 3. Halt doch mal das Glas fest! • 4. Sei doch nicht so langsam! • 5. Stoß mich doch nicht! • 6. Vergiss das Salz bitte nicht! • 7. Öffne doch mal bitte das Fenster! • 8. Iss doch nicht so viel!

3b 2. Sprecht doch nicht so laut! • 3. Macht doch bitte mal die Tür auf! • 4. Vergesst die Schokolade nicht! • 5. Lauft bitte zur Kasse! • 6. Esst doch nicht so viel Eis! • 7. Nehmt doch auch noch Schokolade! • 8. Habt doch keine Angst! • 9. Seid doch mal ruhig!

4 2. machen → Mach eine Reise! • 3. nehmen → Nimm das Leben leicht! • 4. bleiben → Bleib gesund! • 5. denken → Denk positiv! • 6. sein → Sei neugierig!

5a *Mögliche Lösungen:* 2. Sollen wir jetzt die Wäsche sortieren? Mmh. Fangen wir an. • 3. Soll ich die Jacke anprobieren? Nein, das geht schon. • 4. Sollen wir zum Konzert gehen? Ja, gern. • 5. Sollen wir den neuen Tee ausprobieren? Nein, danke. • 6. Soll ich nach Wien fahren? Wie du willst.

5b 2. Wollen wir ins Kino gehen? Ja, gehen wir ins Kino. • 3. Wollen wir Kaffee trinken? Ja, trinken wir Kaffee • 4. Wollen wir „du" sagen? Ja, sagen wir „du".

6a 2. Socke • 3. Pulli • 4. Jacke • 5. 90 Grad • 6. Hemd • 7. Pulli • 8. Jacke

6b **Positiv (+):** Das ist ja toll! – Das sieht ja klasse aus! • **Negativ (–):** Das sieht ja schrecklich aus! – So ein Mist! – Das ist ja furchtbar! – Oh nein! – Ich Idiot! – Schade!

7a 1924 • Schriftstellerin • Wien • Erzählungen – Hörspiele – Romane – Theaterstücke – Lyrik für Kinder und Erwachsene

7b Erzählungen – Hörspiele – Romane – Theaterstücke – Lyrik – Gedichte – Klassiker – Kinderlyrik – Germanistik

Phonetik

1b 1a • 2b • 3b • 4a • 5b • 6a • 7b • 8a
2a 1f • 2w • 3f • 4w • 5f • 6f • 7w • 8w • 9f
2b

	Wir sprechen „f"		Wir sprechen „w"
f	Farbe	w	Krawatte, Wäsche
v	vier, vorsichtig, intensiv	v	Verb, Pullover
ph	Phonetik		

8 Grüezi in der Schweiz

A Neu in Bern

1 1r • 2f • 3f • 4r • 5r • 6f
2 2c • 3b • 4g • 5d • 6a • 7f
3a 2. von … bis … • 3. hier • 4. links abbiegen • 5. dort • 6. rechts abbiegen • 7. über die Kreuzung • 8. geradeaus
3b 2. der Sportplatz • 3. das Kino • 4. den Bahnhof
3c 2. zum • 3. mit • 4. mit • 5. mit • 6. beim • 7. vom • 8. zu • 9. zur
4 b. Tippen Sie Ihren Zielort ein! • c. Tippen Sie auf Zielort wählen! • d. Sie müssen 8,80 Franken bezahlen.

B Es geht um die Wurst

1 2. Das ist doch nicht so schlimm. / Das macht doch nichts. / Das ist überhaupt kein Problem. • 3. Oh, vielen Dank. / Danke. • 4. Nein, danke. / Sehr gerne, danke. • 5. Danke. • 6. Das macht doch nichts. / Das ist doch nicht so schlimm • 7. Das ist mir Wurst. • 8. Nein, danke. / Sehr gerne, danke.
2a/b 2. Die Stadt ist nicht sehr groß, aber die Stadt ist sehr schön / es gibt viele Sehenswürdigkeiten. • 3. Ich möchte gern das Einsteinhaus und / oder das Paul-Klee Museum besuchen. • 4. Das Paul-Klee Museum möchte ich besuchen, denn mir gefallen die Bilder von Paul Klee gut. • 5. Meine Arbeit gefällt mir sehr gut und meine Kollegen sind total nett. • 6. Auf einer Grillparty gestern war es peinlich, denn ich hatte nichts zum Grillen dabei. • 7. Ich hatte nichts zum Grillen, aber natürlich habe ich doch eine Wurst bekommen. • 8. Komm doch auch mal nach Bern, denn es gibt viele Sehenswürdigkeiten / die Stadt ist sehr schön.
2c 2. etwas • 3. nichts • 4. Alle • 5. Alle, etwas • 6. man • 7. nichts • 8. nichts
3a allgemeine Gültigkeit: 2.,6. • Gegenwart: 5. • Zukunft: 3., 4.
3b Generalisierung: gibt es – besitzt – man zeigt – es ist – hier finden … statt • Zukunft: zeigt
4a 2a • 3d • 4g • 5i • 6e • 7h • 8b • 9f • 10j
4b Bild a: Schritt 2 • Bild b: Schritt 10 • Bild c: Schritt 7 • Bild d: Schritt 3 • Bild e: Schritt 1 • Bild f: Schritt 4

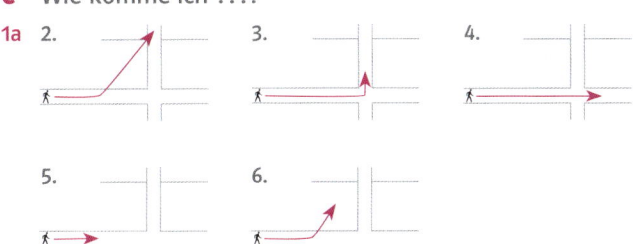

C Wie komme ich …?

1a 2. 3. 4. 5. 6.

2a 2. um die • 3. durch den • 4. um das … herum • 5. um den … herum • 6. durch
2b 2. zum • 3. mit dem • 4. zum • 5. mit dem • 6. vom • 7. zur • 8. in die • 9. in die • 10. zum • 11. zur • 12. über die
3a 2. zu Ende machen • 3. ein Teil von einer Gruppe sein • 4. Hochzeit feiern • 5. anfangen
3b 1901 nach Italien gereist • 1905 nach Paris gereist • 1906 die Pianistin Lili Strupf geheiratet und in München gewohnt • 1911 zur Künstlergruppe „Blauer Reiter" gekommen • 1914 mit A. Macke und L. Moilliet nach Tunesien gereist • 1921–1931 Malerei an der Kunstschule „Bauhaus" in Dessau und Weimar unterrichtet • 1931–1933 Professor an Kunstakademie Düsseldorf • 1933 von Nationalsozialisten entlassen • 1940 in der Schweiz gestorben

DaF kompakt – mehr entdecken

1a 2. Man muss ihm immer eine Extrawurst braten. • 3. Alles hat ein Ende, nur die Wurst hat zwei • 4. Das ist ihm Wurst • 5. Es geht um die Wurst.

Phonetik

2b **konsonantisch:** Region, Touristen, Park, Bern, braun, Attraktion • **vokalisch:** Bär, mir, verkaufen, Besucher, immer
2c **konsonantisches „r":** deutlich • **vokalisches „r":** undeutlich, klingt fast wie ein „a"
2d **Bär:** vokalisches „r" • **Bären:** konsonantisches „r"
2e berühmte, reisen, interessant, fröhlich, Maler, abstrakt, Original, wirklich

P Modelltest

Hören: **Teil 1** 1c – 2a – 3b – 4a – 5c – 6b • **Teil 2** 7r – 8f – 9f – 10r • **Teil 3** 11a – 12b – 13a – 14c – 15a
Lesen: **Teil 1** 1r – 2f – 3r – 4f – 5f • **Teil 2** 6a – 7b – 8b – 9a – 10a • **Teil 3** 11f – 12r – 13f – 14f – 15r
Schreiben: **Teil 1** 1. Lisa • 2. 125 • 3. Essen • 4. 5 • 5. Nachmittagskurs
Teil 2: *Mögliche Lösung:* Sehr geehrte Damen und Herren, mein Name ist … und ich möchte im Mai nach Wien fahren. Ich möchte ein paar Informationen bekommen: Welche Sehenswürdigkeiten sind interessant? Wie ist das Kulturprogramm in Wien im Mai? Zeigt ein Museum eine Ausstellung? Ich suche auch ein Hotel. Können sie mir bitte Adressen geben? Mit freundlichen Grüßen xy

T Transkriptionen

🔊 1

Christiane Brandt: Guten Morgen. Ich bin Ihre Deutschlehrerin. Ich heiße Christiane Brandt. Und wie heißen Sie?
Tarik: Ich bin Tarik Amri.
Christiane Brandt: Freut mich, Herr Amri. Woher kommen Sie?
Tarik: Ich komme aus Marokko.
Christiane Brandt: Herzlich willkommen im Sommerkurs.

Tarik: Hallo. Ich bin neu im Deutschkurs.
Leyla: Grüß dich. Ich bin Leyla. Ich lerne auch Deutsch. Wie heißt du?
Tarik: Ich heiße Tarik.
Leyla: Woher kommst du?
Tarik: Aus Marokko, aus Casablanca. Und du?
Leyla: Ich bin aus der Türkei, aus Ankara.

🔊 2

Ich studiere Architektur. • Lukas studiert Chemie. • Tarik studiert Elektrotechnik. • Christiane studiert Germanistik. • Beatriz studiert Informatik. • Veronika studiert Jura. • Karsten studiert Physik. • Alexander studiert Mathematik. • Maik studiert Kulturwissenschaften. • Rodrigo und Leyla studieren Medizin. • Leonie studiert Philosophie. • Mia studiert Wirtschaft.

🔊 3

Leyla: Hallo Rodrigo, hallo Veronika. Das ist Tarik.
Tarik: Hallo.
Veronika: Hallo. Woher kommst du, Tarik?
Tarik: Ich komme aus Marokko, aus Casablanca.
Rodrigo: Marokko – Casablanca, Humphrey Bogart … Play it again, Sam …
Tarik: Ha, ha, ha …
Veronika: Was studierst du, Tarik?
Tarik: Ich studiere Elektrotechnik. Und du?
Veronika: Ich studiere Jura.
Tarik: Und du, Rodrigo? Was studierst du?
Rodrigo: Ich studiere Medizin.
Leyla: Ich auch. Rodrigo und ich studieren zusammen Medizin.

🔊 4

Leonie: Hallo Rodrigo. Wie geht es dir?
Rodrigo: Gut, und dir?
Leonie: Auch gut. Das ist Mia. Wir studieren zusammen.
Rodrigo: Hallo, Mia. Was macht ihr denn im Sprachenzentrum?
Leonie: Wir lernen Chinesisch. Mia und ich machen im Sommer ein Praktikum in China.
Rodrigo: Ihr lernt Chinesisch – das ist ja super.
Leonie: Oh … der Kurs beginnt … Tschüss Rodrigo.
Rodrigo: Tschüss. Und viel Spaß im Sprachkurs!

🔊 5

Mia: Guten Tag, mein Name ist Mia Brunner. Ich habe heute einen Termin bei Professor Hansen.
Sekretärin: Entschuldigung, wie ist Ihr Name?
Mia: Brunner. Ich buchstabiere: B – R – U – N – N – E – R.
Sekretärin: Vielen Dank, Frau Brunner. Kommen Sie bitte heute Nachmittag.

🔊 7

Lehrerin: Guten Tag. Ich heiße Regina Kuhler-Zhang. Ich bin Ihre Lehrerin. Ich habe hier eine Namensliste, aber die Liste ist nicht ganz korrekt. Bitte sagen Sie mir Ihren Vornamen und Ihren Familiennamen. Nummer 1 auf der Liste ist Frau Brunner. Frau Brunner, wie ist Ihr Vorname?
Mia: Mein Vorname ist Mia. M – I – A.
Lehrerin: Dann kommt Alexander Rath. Rath mit t oder th?
Alexander: Mit th. Ich buchstabiere R – A – T – H.
Lehrerin: Danke. Nummer 3 ist Herr Lukas Hoffmann. Hoffmann mit Doppel-f?
Lukas: Ja, mit Doppel-f und Doppel-n.
Also, H – O – F – F – M – A – N – N.
Lehrerin: So, dann kommt Herr Möller. Herr Möller, wie ist Ihr Vorname?
Maik: Mein Vorname ist Maik.
Lehrerin: Wie schreibt man das? M – I – K – E?
Maik: Nein. M – A – I – K.
Lehrerin: Danke. Und Leonie Goetze?
Leonie: Das bin ich. Goetze mit tz und oe, nicht mit o Umlaut.
Lehrerin: Oh danke, also G – O – E – T – Z – E. Dann steht hier noch Kerstin, aber da ist kein Familienname. Kerstin, wer ist das?
Kerstin: Das bin ich. Mein Familienname ist Janowsky.
Lehrerin: Wie schreibt man das? Buchstabieren Sie bitte.
Kerstin: J – A – N – O – W – S – K – Y.
Lehrerin: Vielen Dank. Jetzt ist die Liste korrekt.

🔊 9

Leonie: Leonie Goetze.
Tarik: Hallo Leonie. Hier spricht Tarik. Wie geht es dir?
Leonie: Na ja. Es geht so. Viel Arbeit.
Tarik: Hast du die Telefonnummer von Mia und Maik?
Leonie: Einen Moment … Ja hier.
Mia hat die Nummer 0174 3 08 65 26.
Tarik: 0174 3 08 65 26. Und die Nummer von Maik?
Leonie: Maik hat im Moment kein Handy, aber ich habe die Festnetznummer … das ist die 27 34 11 8.
Tarik: Noch einmal bitte.
Leonie: 27 34 11 8.
Tarik: Danke. Und Lukas?
Leonie: Lukas? … Moment, Lukas wohnt nicht in Tübingen. Die Vorwahl ist 0711 für Stuttgart und dann 45 33 31.
Tarik: Also 0711 für Stuttgart und dann 45 33 31. Richtig?
Leonie: Ja, richtig.
Tarik: Vielen Dank, Leonie. Tschüss.
Leonie: Tschüss.

🔊 11

Leonie: Leonie Götze.
Rodrigo: Hallo Leonie, hier spricht Rodrigo. Du, ich habe ein Problem. Ich suche einen Sprachtandempartner. Es gibt ein Online-Formular, aber ich habe im Moment kein Internet. Machst du das für mich?
Leonie: Kein Problem. Einen Moment, bitte. Das ist die Website „Deutsch als Fremdsprache und Interkulturelle Programme", oder?
Rodrigo: Ja, richtig.

Leonie: Also, Rodrigo ist der Vorname, Alves Barbosa ist der Nachname. Du wohnst in Tübingen … und wie ist die Postleitzahl?
Rodrigo: Die Postleitzahl ist 72076.
Leonie: 72076. Und wie ist deine Adresse? Fichtenweg 3, oder?
Rodrigo: Nein, nicht Fichtenweg 3. Ich wohne Fichtenweg 10!
Leonie: O.k. Fichtenweg 10. Gut. Und deine Muttersprache ist Spanisch.
Rodrigo: Nein, Spanisch ist nicht meine Muttersprache. Ich komme aus Brasilien. Meine Muttersprache ist Portugiesisch!
Leonie: Ach so! Du sprichst Portugiesisch als Muttersprache und möchtest Deutsch sprechen. Also, ich schreibe, Zielsprache ist Deutsch. O.k., und wie ist deine Telefonnummer?
Rodrigo: 07071 für Tübingen, und dann 45 31 06.
Leonie: Die Vorwahl ist 07071 und die Telefonnummer ist 45 31 06. Und deine Handynummer brauche ich auch.
Rodrigo: Handynummer … ähm … 0171 3 34 79 86.
Leonie: 0171 3 34 79 86. Das ist alles. Nein, stopp. Wie ist deine E-Mail-Adresse?
Rodrigo: Meine E-Mail-Adresse ist Rodrigo-alvesba@xmu.de.
Leonie: Entschuldigung, noch einmal bitte.
Rodrigo: Rodrigominus – A – L – V – E – S – B – A@xmu.de
Leonie: O.k., das ist alles.
Rodrigo: Vielen Dank.
Leonie: Kommst du morgen zum Sprachenzentrum?
Rodrigo: Natürlich. Bis morgen.
Leonie: Tschüss.

12

Felix: Jan, was machst du da?
Jan: Ich schreibe ein einen Artikel für die Studentenzeitung. Das Thema ist „Dinge kommen und gehen". Hier habe ich viele alte Sachen von früher …
Felix: Klasse! Was ist das denn? Ist das ein Plattenspieler?
Jan: Ja, genau! Das ist ein Plattenspieler. Und der Plattenspieler funktioniert noch. Hier sind auch Schallplatten …
Felix: Cool! Und das hier? Was ist das denn?
Jan: Das sind Disketten.
Felix: Disketten? Was sind Disketten?
Jan: Die hatte man früher als Speicher beim Computer. Unglaublich, die Disketten haben nur 1,4 Megabytes.
Felix: Echt?
Jan: Ja, echt. Mein USB-Stick heute hat 64 Gigabytes. Das sind 46.600 Disketten …
Felix: wow …

13

Felix: Was ist das denn? Ist das eine Musikkassette?
Jan: Nein, Felix, das ist keine Musikkassette. Das ist eine Videokassette. Die ist für Filme. Die Kassette hier zeigt Jurassic Parc von Steven Spielberg. Der Film ist genial …
Felix: Jurassic Park – das ist der Film mit Dinosauriern. Der ist auch auf Youtube, richtig?
Jan: Richtig!
Felix: Und das hier? Sind das Kreditkarten?
Jan: Nein. Das sind keine Kreditkarten. Das sind Telefonkarten, aber die funktionieren nicht mehr … oh je, sind die alt … und ich auch …
Felix: Mein Onkel Jan ist sehr alt … schon 21 … alter Onkel!!!
Jan: Pass auf, Kleiner …

14

Jan: Felix! Hier sind alte Familienfotos. Wer ist das? Kennst du sie?
Felix: Wen? Die vier Personen hier? Hm … Ist das meine Mutter?
Jan: Die zwei in der Mitte sind mein Vater und meine Mutter. Das sind deine Großeltern. Da sind sie noch jung, 35 Jahre alt.
Felix: Was? Das sind Opa Jürgen und Oma Sabine? Hihi … Und die Kinder? Bist du der Junge hier?
Jan: Nein, das bin ich nicht. Der Junge, das ist mein Bruder Bastian. Und das Mädchen ist meine Schwester Karolin, deine Mutter.
Felix: Und du? Wo bist du?
Jan: Ich bin nicht auf dem Foto. Ich bin erst 1995 geboren.
Felix: Du bist der kleine Bruder von Mama und Onkel Bastian.

15

Jan: Auf dem Foto hier sind Oma Gisela und Bernhard. Da sind sie in Spanien, auf Mallorca. Das war 2001. Sie wohnen jetzt in Spanien.
Felix: Ich kenne Gisela und Bernhard nicht. Das sind also meine Urgroßeltern …
Jan: Ja und nein. Gisela ist meine Großmutter und deine Urgroßmutter. Aber Bernhard ist nicht mein Großvater. Mein Großvater heißt Klaus. Oma Gisela und Opa Klaus sind geschieden. Oma Gisela hat einen neuen Freund – das ist Bernhard. Sie und Bernhard sind nicht verheiratet. Opa Klaus hat auch eine andere Frau. Sie sind verheiratet und wohnen in Österreich.

16

Felix: Das Foto hier ist aber sehr alt …
Jan: Hm, das ist sehr alt. Ich glaube, das ist schon 80 Jahre alt. Das Baby ist Oma Gisela. Sie ist 1932 geboren.
Felix: Und der Mann und die Frau sind meine Ururgroßeltern?
Jan: Richtig. Aber, wie heißen sie? Warte mal … Ich hab's. Erwin und Mathilde.
Felix: Die Namen sind lustig. Hatten Erwin und Mathilde noch andere Kinder?
Jan: Nein. Gisela hat keine Geschwister. Sie ist Einzelkind.
Felix: Ich habe auch keine Geschwister.

17

Jan: Hier ist noch ein Foto. Das sind meine Cousine Hanna und mein Cousin Fabian. Das sind die Kinder von Onkel Thomas und Irene. Auf dem Foto ist Hanna 12 und ihr Bruder 10 Jahre alt. Fabian ist heute 20 und studiert in den USA. Seine Schwester arbeitet schon. Sie wohnt jetzt in Paris. Sie sind beide sehr nett.
Felix: Der Hund ist süß!
Jan: Das ist Big Ben, ein Labrador. Er lebt noch, er ist schon sehr alt. Ein Hundeopa …

einhundertfünfundfünfzig 155

Transkriptionen

18

Stefanie: Stefanie Wilhelms.
Jan: Hallo Steffi, hier ist Jan.
Stefanie: Hallo. Wie geht es dir? Ist dein Neffe Felix noch da?
Jan: Ja. Felix ist noch bis Mittwoch hier. Felix und ich, wir möchten essen gehen, am Montag oder am Dienstag, so um 18 Uhr. Aber kein Fastfood, also keine Hamburger, keine Pommes frites. Kommst du auch? Wann hast du Zeit?
Stefanie: Am Dienstag geht nicht. Ich arbeite am Dienstag. Am Montag … ähm … Moment mal, ja das geht. Aber bitte nicht vegetarisch. Es gibt ein gutes türkisches Restaurant. Da kostet das Menu nur 5,40 Euro.
Jan: Ja. Das ist das „Topkapi" – aber das ist am Montag geschlossen. Montag ist Ruhetag.
Stefanie: Hast du eine andere Idee?
Jan: Es gibt ein neues österreichisches Restaurant, das „Brunnenstüberl". Man sagt, das Essen dort ist sehr gut.
Stefanie: Ein österreichisches Restaurant? Das kenne ich nicht. Ist es am Montag geöffnet?
Jan: Am Montag? … Moment … was sagt meine Restaurant-App … Ja. Am Montag ist es geöffnet. Am Donnerstag ist dort Ruhetag.
Stefanie: Und wann? Um 18 Uhr?
Jan: 18 Uhr? Nein. Das geht nicht. Das Restaurant „Brunnenstüberl" öffnet erst um 18.30 Uhr.
Stefanie: Prima. Dann gehen wir also am Montag um 19 Uhr ins „Brunnenstüberl". Ich freue mich.
Jan: Bis Montag. Tschüss.
Stefanie: Tschüss, Jan. Bis Montag.

19

Jan: Die Speisekarte ist klein, aber fein. Was essen wir? Eine Suppe? Aber Suppe und Hauptgericht – das ist zu viel. Es gibt Fisch und Tafelspitz. Tafelspitz, das ist Rindfleisch. Ich esse aber kein Rindfleisch. Ich esse gern Fisch. Hmm … ich nehme ein Zanderfilet. Mmm … lecker. Und ich trinke einen Weißwein.
Felix: Fisch … Aber ich mag keinen Fisch.
Jan: Es gibt auch Wiener Schnitzel mit Pommes frites.
Felix: O.k. Wiener Schnitzel mag ich. Aber ich mag keine Pommes.
Stefanie: Wie bitte, du isst keine Pommes frites? Alle Kinder essen Pommes.
Felix: Ich esse aber keine Pommes.
Stefanie: Das verstehe ich. Ich esse auch keine Pommes. Ich nehme ein Wiener Schnitzel, aber nur mit Salat, ohne Pommes frites. Und als Dessert … ach, es gibt nur Eis und Apfelstrudel. Nein … ich nehme kein Dessert. Und ich trinke ein Mineralwasser.
Felix: Ich nehme auch ein Wiener Schnitzel, aber keine Pommes.
Jan: Das ist doch kein Problem. Dann nimmst du, Felix, ein Wiener Schnitzel mit Kartoffeln, nicht mit Pommes. Und Stefanie nimmt ein Wiener Schnitzel nur mit Salat. Dann bestellen wir jetzt das Essen.

20

Jan: Wir möchten gerne bestellen.
Kellner: Ja gern. Was bekommen Sie?
Jan: Ich nehme ein Zanderfilet und einen Weißwein.
Kellner: Ein Zanderfilet und einen Weißwein. Danke. Und was bekommen Sie?
Stefanie: Ich nehme ein Wiener Schnitzel und ein Mineralwasser. Aber ich möchte das Schnitzel nur mit Salat, ohne Kartoffeln. Geht das?
Kellner: Das geht natürlich. Das Mineralwasser mit oder ohne Kohlensäure?
Stefanie: Mit Kohlensäure bitte.
Kellner: Und was nimmst du?
Felix: Ich möchte auch ein Wiener Schnitzel mit Kartoffeln, aber ohne Salat.
Kellner: Und was möchtest du trinken?
Felix: Ich trinke eine Cola.

21

Jan: Wir möchten gern bezahlen.
Kellner: Zusammen oder getrennt?
Jan: Zusammen bitte.
Stefanie: Nein, getrennt.
Jan: Nein, heute bezahle ich.
Stefanie: Vielen Dank.
Kellner: Zwei Wiener Schnitzel, ein Zanderfilet, eine Cola, ein Weißwein und ein Mineralwasser … das macht 55 Euro und 40 Cent.
Jan: 60 Euro.
Kellner: Vielen Dank. Und 40 Euro zurück. Danke für Ihren Besuch und auf Wiedersehen.

22

Franziska: Franziska Urban.
Niels: Hallo kleine Cousine, hier ist Niels.
Franziska: Hallo. Na, Herr Doktor? Wie ist das Praktikum in der Klinik?
Niels: Doktor bin ich noch nicht, vielleicht nächstes Jahr. Und das Praktikum? Na ja, es geht so. Es ist interessant, aber die Arbeitszeiten in der Klinik sind nicht so toll: Ich arbeite oft am Abend und in der Nacht. Und wie ist es im ersten Semester an der Universität in Greifswald? Du studierst Wirtschaft, oder?
Franziska: Ja genau. Der Semesterbeginn im Oktober war ziemlich stressig. Wir sind 300 Studenten im ersten Semester. Am Anfang war alles neu und ich hatte viele Fragen: Wann sind die Vorlesungen? Wo sind die Übungen? Wie heißen die Professoren? Aber jetzt kenne ich viele andere Studenten, wir lernen zusammen und machen auch etwas zusammen am Wochenende, meistens am Sonntag. Aber von Montag bis Samstag lerne ich. Studieren – das ist viel Arbeit.

156   einhundertsechsundfünfzig

23

Niels: Im Studium hat man immer viel Arbeit. Das hatte ich auch. Sag mal, hast du nächste Woche Zeit?
Franziska: Mein Stundenplan ist sehr voll – ich habe 20 Semesterwochenstunden. Moment, also Montag geht gar nicht. Da habe ich am Vormittag zwei Vorlesungen, und am Montagnachmittag habe ich auch keine Zeit. Da ist Mathematikvorlesung. Wir schreiben bald eine Klausur …
Niels: Schade! Und am Dienstag? Am Dienstagvormittag arbeite ich, aber am Dienstagnachmittag habe ich frei.
Franziska: Am Dienstagvormittag habe ich Zeit, aber nicht am Nachmittag. Da habe ich auch Vorlesung. Und um 17 Uhr habe ich einen Termin beim Arzt. Am Mittwoch- und Donnerstagnachmittag kann ich auch nicht. Da sind Übungen. Am Donnerstag ist außerdem Sprechstunde bei Professor Beyer. Ich habe einen Termin um 19 Uhr.
Niels: Was?? So spät?
Franziska: Wir sind sehr viele Studenten … und einen Termin bekommen – das ist immer ein Problem. Und die Sekretärin von Professor Beyer … Ich glaube, kein Student mag sie.
Niels: Und am Freitag jobbst du im Supermarkt. Das weiß ich von Oma Martha.
Franziska: Oma Martha erzählt immer alles. Aber das stimmt. Am Freitagmittag esse ich immer bei Oma und am Nachmittag arbeite ich ein paar Stunden.
Niels: Und kannst du am Freitagabend?
Franziska: Am Abend geht gar nicht. Ich halte bald ein Referat und arbeite mit zwei Kommilitonen zusammen. Die zwei haben nur am Abend Zeit. Wir arbeiten sogar in der Nacht. Aber am Wochenende, also Samstag und Sonntag, kann ich.
Niels: Samstagabend passt gut. Da arbeite ich auch nicht. Super! Also, bis Samstagabend.
Franziska: Bis Samstag. Tschau.
Niels: Tschau.

24

Frau Bultmann: Sekretariat Professor Jung. Bultmann am Apparat.
Franziska: Guten Tag. Hier ist Franziska Urban. Ich möchte kurz mit Professor Jung sprechen. Geht das?
Frau Bultmann: Guten Morgen, Frau Urban. Tut mir leid. Professor Jung hat um Viertel nach zehn Vorlesung. Er ist schon im Hörsaal. Die Vorlesung dauert bis Viertel vor zwölf. Und um zwölf Uhr isst er sicher in der Mensa.
Franziska: Und um wie viel Uhr ist er wieder im Büro?
Frau Bultmann: Ich denke mal, um ein Uhr. Aber um halb zwei kommt eine andere Studentin. Sie hat heute einen Termin mit Professor Jung. Und danach hat er noch zwei andere Termine im Rektorat, um zwei Uhr und um halb drei.
Franziska: Halb zwei … mmmh … Ich habe eine Übung bis Viertel nach eins. Ich brauche nicht lange. Ich habe nur ein, zwei Fragen zum Referat. Das geht ganz schnell.
Frau Bultmann: Dann kommen Sie doch um fünf vor halb zwei. Fünf Minuten Zeit hat er bestimmt für Sie. Oder aber Sie kommen um drei Uhr. Von drei bis sechs ist er heute im Büro.
Franziska: Um drei Uhr habe ich eine Vorlesung. Dann komme ich um zwanzig nach eins. Vielen Dank und auf Wiederhören.
Frau Bultmann: Gern geschehen. Also dann bis heute Mittag.

25

Franziska: Hallo.
Clara: Hallo Franziska! Du, hast du am Freitagnachmittag Zeit? Nina und ich lernen zusammen.
Franziska: Am Freitagnachmittag kann ich nicht. Da jobbe ich im Supermarkt.
Clara: Echt? Was machst du?
Franziska: Ich arbeite an der Kasse.
Clara: Cool. Von wann bis wann arbeitest du?
Franziska: Von zwei bis acht.
Clara: Schließt dann der Supermarkt?
Franziska: Nein, um 10. Der Supermarkt ist von morgens sieben bis abends 10 Uhr geöffnet.
Clara: Dann komm doch um kurz nach acht. Wir kochen dann zusammen.
Franziska: Tut mir leid, am Freitagabend geht gar nicht. Ich halte bald ein Referat und arbeite mit zwei Kommilitonen zusammen.
Clara: O. k. Viel Erfolg!
Franziska: Danke! Bis später!
Clara: Bis später!

26

Oma: Na Franzi, wie war die Kartoffelsuppe?
Franziska: Die war wieder lecker!
Oma: Möchtest du noch etwas?
Franziska: Nein, danke. Ich bin satt. Es ist schon halb zwei und ich habe wenig Zeit. Um zwei beginnt die Arbeit im Supermarkt.
Oma: Ach, ich habe diese Woche keinen Prospekt vom Supermarkt. Gibt es keine Angebote?
Franziska: Doch natürlich. Brauchst du etwas? Ich kaufe das für dich.
Oma: Was ist denn im Angebot? Ich brauche Bananen. Sind die im Angebot?
Franziska: Bananen sind nicht im Angebot, aber Weintrauben. Sie kosten nur 2 Euro 19 und sind wirklich lecker. Bohnen sind auch im Angebot.
Oma: Bohnen brauche ich nicht. Und was ist mit Fleisch?
Franziska: Das Rindfleisch und die Geflügelfleischwurst sind im Angebot. 1 Kilo Rindfleisch kostet nur 9,99 Euro und die Geflügelfleischwurst … Moment … – Was sagt meine App? – … 100 Gramm Geflügelfleischwurst kosten nur 97 Cent. Milch und Joghurt sind auch sehr günstig. Ein Liter Milch für 1,09.
Oma: Und Getränke?
Franziska: Bier und Mineralwasser sind im Angebot. Die Flasche Mineralwasser kostet 79 Cent.
Oma: 79 Cent – das ist wirklich nicht teuer. Was gibt es denn noch?
Franziska: Müsli und Marmelade.
Oma: Müsli mag ich nicht. Und was ist mit Brot?
Franziska: Vollkornbrot, Schwarzbrot und Brötchen sind auch im Angebot. Gut, dann schreiben wir jetzt eine Einkaufsliste. Hast du Papier und einen Stift?

Transkriptionen

🔊 27

Franziska: Also, was brauchst du?
Oma: Ich brauche Mineralwasser.
Franziska: 6 Flaschen?
Oma: Ja, bitte 6 Flaschen Mineralwasser.
Franziska: Brauchst du auch Milch?
Oma: Ja. Ich brauche einen Liter Milch. Und ich brauche auch Butter …
Franziska: Butter … Wie viel Butter? Ein Päckchen?
Oma: Ja, ein Päckchen. Und ich brauche auch noch 300 Gramm Käse.
Franziska: Welchen Käse? Butterkäse, Schweizer Käse, Gouda, Camembert, Bergkäse …
Oma: Ich nehme immer den Gouda, den Käse aus Holland.
Franziska: Also 300 Gramm Gouda. Was noch?
Oma: Drei Becher Joghurt und ein Glas Marmelade. Gibt es Orangenmarmelade?
Franziska: Ich schaue mal … Also … drei Becher Joghurt und ein Glas Orangenmarmelade. Brauchst du kein Fleisch?
Oma: Doch. Ich nehme 2 Pfund Rindfleisch für Sonntag. Am Sonntag kommen deine Eltern zum Essen.
Franziska: Zwei Pfund? Das ist ein Kilo, oder?
Oma: Richtig. Ich sage immer noch Pfund. Ein Pfund sind 500 Gramm. Also, 2 Pfund Rindfleisch sind ein Kilo.
Franziska: Gut. Also 1 Kilo Rindfleisch. Brauchst du auch Obst und Gemüse? Oder kaufst du das morgen auf dem Wochenmarkt?
Oma: Kartoffeln brauche ich nicht. Salat und Tomaten kaufe ich immer auf dem Markt. Aber Äpfel brauche ich … also zwei Kilo Äpfel. Dann backe ich am Sonntag auch einen Apfelkuchen. Das ist dann alles.
Franziska: O.k. Zwei Kilo Äpfel. Möchtest du keine Weintrauben? Die sind lecker!
Oma: Na gut. Bitte noch 500 Gramm Weintrauben.
Franziska: 500 Gramm Weintrauben … Hast du noch Brot?
Oma: Nein, ich habe kein Brot mehr. Ich brauche noch einen Beutel Schwarzbrot, aber nur einen kleinen, also 250 Gramm sind genug.
Franziska: Gut, Schwarzbrot, einen Beutel, aber nur 250 Gramm.

🔊 28

Verkäufer: Guten Tag. Was darf es sein?
Franziska: Guten Tag. Ich hätte gern Rindfleisch.
Verkäufer: Wie viel möchten Sie?
Franziska: Ich nehme 1 Kilo.
Verkäufer: Gerne. Darf es sonst noch etwas sein?
Franziska: Dann bekomme ich noch Bratwürstchen.
Verkäufer: Wie viele Bratwürstchen möchten Sie?
Franziska: 3 Bratwürstchen, bitte.
Verkäufer: Möchten Sie sonst noch etwas?
Franziska: Und ich hätte gern noch 200 Gramm Geflügelfleischwurst.
Verkäufer: Geschnitten oder am Stück?
Franziska: Am Stück, bitte. Das ist dann alles.
Verkäufer: Vielen Dank.
Franziska: Vielen Dank. Auf Wiedersehen.

🔊 29

Franziska: Hallo Clara, wie geht's?
Clara: Na ja, geht so. Ich habe viel Arbeit. Im Moment habe ich wirklich Stress. Ich bin den ganzen Tag in der Uni und abends lerne ich für die Klausuren.
Franziska: Noch eine Woche Uni – dann haben wir ein langes Wochenende.
Clara: Ein langes Wochenende?
Franziska: Am nächsten Donnerstag ist Feiertag, und am Freitag macht die Uni einen Brückentag, das heißt, wir haben am Freitag frei! 4 Tage Wochenende! Das ist wirklich lang!
Clara: Das ist ja super! Vier Tage frei!! Dann machen wir mal einen Ausflug mit Patrick und Nina. So viel Stress an der Uni – ich brauche eine Pause.
Franziska: Das machen wir! Warst du schon einmal auf Rügen?

🔊 30

Clara: Rügen? Das ist eine Insel, aber ich war noch nicht da. Ich höre immer, sie ist sehr schön.
Franziska: Sie ist fantastisch. Mein Bruder arbeitet als Lehrer auf Rügen. Leider sehe ich ihn nur selten; er hat immer viel Arbeit und … er ist im Moment verliebt: Er hat eine neue Freundin. Sie kommt aus Dänemark. Ich kenne sie aber noch nicht … Ich habe eine Idee: Du, Patrick, Nina und ich, wir besuchen sie. Mein Bruder hat ein großes Haus.
Clara: Das ist gut. Dann brauchen wir kein Hotel. Das ist sehr teuer. Und was machen wir auf Rügen?
Franziska: Zuerst besuchen wir die Kreidefelsen. Die sind super. Interessant ist auch der Hafen Sassnitz. Ich finde ihn sehr schön. Dort gibt es Fisch. Ich mag Fisch …
Clara: Ich mag aber keinen Fisch.
Franziska: Stimmt, du isst keinen Fisch. Aber die Schiffe sind einfach toll. Es gibt dort auch Museen und kleine Geschäfte. Auf Rügen gibt es auch viele alte Kirchen. Die Pfarrkirche Altenkirchen ist über 800 Jahre alt. In Middelhagen gibt es ein Schulmuseum. Ich kenne es nicht, aber mein Bruder findet es toll.
Clara: Das ist ja alles sehr interessant. Und wann fahren wir?
Franziska: Am Mittwochabend, nach der Übung mit Professor Wiegand. Was meinst du?
Clara: Super. Ich spreche mit Patrick und Nina. Ich sehe sie morgen in der Uni.
Franziska: Ich habe eine andere Idee. Ihr besucht mich morgen und wir planen den Ausflug zusammen. O.k.?
Franziska: Clara, bist du noch da? Halloooo? Ich höre dich ganz schlecht. Hallooooo? Also, dann bis morgen.

🔊 31

Moderator: … Nun zum Wetter: Heute erwarten wir eine Höchsttemperatur von 12 Grad, es ist leicht bewölkt und windig, der Wind kommt aus Nord-Nordost. Weiter geht's mit …

🔊 32

Moderator: Beatriz und Leopold, sprechen wir jetzt über eure Arbeit. Wie ist eure Arbeitszeit? Beatriz …
Beatritz: Ähm. Ich muss früh im Büro sein, denn ich habe viel Arbeit. Aber am Wochenende, da kann ich lange schlafen. Ich kann Samstag und Sonntag auch wegfahren, denn da habe ich frei.

158 einhundertachtundfünfzig

Moderator: Leopold, für dich als Schauspieler ist das anders.
Leopold: Richtig, ich muss oft am Wochenende arbeiten. Wir haben auch am Sonntag Probe oder wir spielen am Abend. Aber ich muss nicht im Büro sitzen, denn ich kann meine Texte auch im Park lernen. Das ist kein Problem: Ich kann sehr gut Texte lernen.
Moderator: Und du Beatriz, du hast einen Bürojob …
Beatriz: Ja, ich muss viel Zeit am Schreibtisch sitzen und muss auch oft in lange Meetings gehen. Aber das ist kein Problem, denn ich mag meine Arbeit.
Moderator: Gut, hören wir nun einen Song von …

🔊 33

Moderator: Beatriz, du kommst aus Spanien. Und woher genau?
Beatriz: Ich bin aus Madrid.
Moderator: Aha! Du sprichst sehr gut Deutsch, Kompliment.
Beatriz: Ja, vielen Dank. Ich spreche jeden Tag Deutsch bei der Arbeit und mit Freunden und lese auch sehr viel.
Moderator: Guter Tipp für alle Deutschlerner! Beatriz, du bist Webentwicklerin bei Würth und musst viel am Computer arbeiten. Was machst du denn in deiner Freizeit, also zum Beispiel am Wochenende?
Beatriz: Ich mache Sport und ich gehe oft ins Theater. Ich liebe die deutsche Literatur!
Moderator: Aha. Und noch eine Frage: Warum arbeitest du in Künzelsau, aber lebst in Hall?
Beatriz: Ich lebe in Hall, denn ich mag die Stadt sehr. Nach Künzelsau zu Würth fahre ich nur 30 Minuten.
Moderator: Ja, das ist nicht viel und Schwäbisch Hall ist wirklich sehr schön. Vielen Dank für eure Zeit … und nun möchte ich dich etwas fragen, Leopold …

🔊 34

Leopold: Hallo Beatriz!
Beatriz: Hallo Leopold! Leider kann ich heute Abend nicht ins Kino gehen. Kollegen von Würth Barcelona sind hier. Ich muss am Abend mit ihnen ins Restaurant gehen.
Leopold: Oh, das ist schade! Aber dann kann ich noch meinen Text lernen.
Beatriz: Du, morgen habe ich frei. Am Nachmittag habe ich Zeit. Du auch? Willst du eine Fahrradtour machen?
Leopold: Gute Idee! Moment … Ah, morgen ist schon Freitag … ähm, also am Freitagvormittag muss ich zur Probe gehen. Sie dauert bis halb drei, aber dann habe ich Zeit.
Beatriz: Gut, ich kann mit dem Fahrrad zum Theater kommen. Du hast sicher Hunger nach der Arbeit. Wo möchtest du essen?
Leopold: Hm … Willst du wieder ein Picknick machen?
Beatriz: Ja gern!
Leopold: Wieder im Stadtpark?
Beatriz: Ja, das war schön. Dann kaufe ich Brot, Gebäck und Obst.
Leopold: Ja super! Und ich kaufe die Getränke!
Beatriz: Prima.
Leopold: Ähm – eine Bitte – kannst du auch Streuselkuchen kaufen, den mag ich sehr gern!
Beatriz: Ja, gern. Bis morgen! Tschüss!
Leopold: Tschüss, bis morgen!

🔊 35

Moderator: … und nun möchte ich dich etwas fragen, Leopold … du probst jetzt ein neues Stück bei den Freilichtspielen in Hall.
Leopold: Richtig, ich habe gerade viele Probentermine.
Moderator: Ist die Schauspielerei dein erster Beruf?
Leopold: Nein, zuerst war ich Koch, denn meine Eltern haben ein Restaurant. Aber die Arbeit war langweilig, immer Gemüse kochen, Fleisch braten …
Moderator: Vom Koch zum Schauspieler – war das ein langer Weg?
Leopold: Ja. Zuerst war ich noch ein Jahr Gitarrist in einer Rock-Band, aber wir waren nicht sehr gut.
Moderator: Als Gitarrist warst du schon auf der Bühne. Das bist du jetzt als Schauspieler auch. Ist Schauspieler der richtige Beruf für dich?
Leopold: Ja, denn als Schauspieler hat man viele Berufe gleichzeitig. Einmal ist man König, einmal ist man Bauer. Nächste Woche spiele ich einen Koch! Das ist ein kurzer TV-Spot für eine Pasta-Firma.
Moderator: Ah, da kann man dich ja bald im Fernsehen sehen! Wir machen eine kurze Pause und hören Musik …

🔊 36

Beatriz: Hallo Leopold, am Donnerstag, also am 16., ist der Kino-Start von „Victoria". Möchtest du am Samstag mit Ulla und mir ins Kino gehen?
Leopold: Hi, am Samstag kann ich nicht, das ist der 18.5, da ist Premiere! Aber wir können den Film am 20. ansehen.
Beatriz: Sorry, vom 19. bis zum 23. geht bei mir nicht! Aber am Freitag, also am 24.!?
Leopold: Ja, da geht es! Aber wir sehen uns schon am Samstag bei der Premiere um 20 Uhr! … Bis dann!

🔊 37

Tobias: Hallo Florian, was liest du denn da?
Florian: Hallo Tobias. Schau hier: die Anzeigen am Schwarzen Brett.
Tobias: Und? Ist was Interessantes dabei?
Florian: Ja, bei „Sport & Freizeit": Eine Gruppe sucht Fußballspieler. Vielleicht kann ich endlich wieder Fußball spielen. Für dich ist das ja leider nichts, ich weiß. Für dich gibt es ja nur Bücher.
Tobias: Stimmt, ich lese sehr gerne, aber ich mache auch andere Dinge. Ich gehe zum Beispiel gerne ins Theater. Leider muss ich immer alleine gehen, denn …
Florian: Vielleicht musst du das bald nicht mehr. Schau mal, hier steht was.
Tobias: „Hallo Theaterfreund!" klingt echt gut. Was machst du denn dieses Wochenende? Triffst du wieder deine Freunde?
Florian: Ja, genau. Am Samstagabend treffe ich Andreas, Bernd und Uli. Aber am Sonntagmorgen jogge ich um 8.00 Uhr.
Tobias: Wie bitte? Du läufst so früh?
Florian: Ja, mein Lieber. Ich weiß. Das ist nichts für dich, du schläfst ja gerne lange, du alter Langschläfer!
Tobias: Am Sonntag aber nicht. Da wollen Annika und ich vormittags lernen und nachmittags ins Kino gehen.
Florian: Aha!

Transkriptionen

🔊 38

Tobias: Ja, hallo.
Florian: Hallo Tobias. Na, wie geht's? Kommst du heute Abend mit ins Kino?
Tobias: Ich … ähm … nein.
Florian: Mensch, Tobias. Du hattest doch so viel Spaß das letzte Mal!
Tobias: Ja, schon, aber. Ich muss dir was sagen. Ich ähm, ich bin gestürzt.
Florian: Oh! Ist es schlimm? Was ist passiert?
Tobias: Keine Panik, Florian! Es ist nicht so schlimm. Aber … ich darf im Moment nicht laufen.
Florian: Und wie ist das passiert? Bist du beim Lesen vom Sofa gestürzt?
Tobias: Nein, natürlich nicht! Ich habe Sport gemacht und …
Florian: Was? Du hast Sport gemacht?
Tobias: Ja, also, ich bin beim Campus-Run gestartet und …
Florian: Du bist beim Campus-Run gestartet! Unglaublich!
Tobias: Ja, ich habe auch viel trainiert! Ich war beim Hochschulsport und habe jeden Tag Sport gemacht. Und beim Campus-Run, na ja, am Anfang war auch alles gut, aber dann bin ich plötzlich gestolpert und gestürzt.
Florian: Ach herrje.
Tobias: Also für mich ist klar: Ich lese lieber oder gehe lieber ins Theater. Da kann nichts passieren!

🔊 39

Vera: Hallo Leon.
Leon: Hallo Vera.
Vera: Und, hast du schon ein Zimmer in Frankfurt gefunden?
Leon: Ja, das war nicht kompliziert. Ich habe am Montag ein Formular ausgefüllt für ein Zimmer im Studentenwohnheim. Und gestern haben sie schon die Antwort geschickt.
Vera: Toll! Wie schnell! Wohnst du allein?
Leon: Nein, in der Wohngruppe. Wir sind 4 Studenten. Nur leider hat das Zimmer keine Möbel.
Vera: Oh, ein unmöbliertes Zimmer.
Leon: Ah, das ist sicher Oliver. Wir fahren gleich nach Frankfurt. Das Zimmer sehen.
Vera: O. k. Du kannst später berichten ….
Leon: Ja, mach ich. Tschüss.
Vera: Tschüss.

🔊 40

Frau Schmidt: Hier Schmidt. Guten Tag.
Leon: Guten Abend. Mein Name ist Leon Heise. Ich habe Ihre Anzeige mit dem Schreibtisch gelesen. Ist der Schreibtisch noch da?
Frau Schmidt: Ja.
Leon: Sehr gut! Kann ich ihn heute Abend abholen?
Frau Schmidt: Nein, das geht leider nicht. Aber Sie können am Donnerstagabend kommen, da sind wir da.
Leon: Gut. 18.00 Uhr, geht das?
Frau Schmidt: Ja, das geht.
Leon: Und wie ist die Adresse?
Frau Schmidt: Hier in Frankfurt, Wiesbadener Straße 128 b, bei Schmidt. Wir wohnen im 2. Stock.
Leon: O. k., Wies-ba-de-ner Stra-ße. Entschuldigung, können Sie die Hausnummer noch einmal wiederholen?
Frau Schmidt: 128 b.
Leon: 128 b. Und der Name ist „Schmidt", mit „dt"?
Frau Schmidt: Richtig!
Leon: Vielen Dank, bis Donnerstag, 18.00 Uhr.
Frau Schmidt: Ja, bis Donnerstag. Auf Wiederhören.
Leon: Auf Wiederhören.

🔊 41

Leon: Hi Vera, wie geht es dir? Mir geht es super in Frankfurt. Aber das Leben in der WG ist manchmal echt anstrengend. Ich muss viel machen: Nächste Woche muss ich die Küche aufräumen und das Bad putzen. Na ja, ich gehe doch lieber einkaufen … Du kannst ja mal zurückrufen … Tschüss.

🔊 42

Kristen: Hallo?
Leon: Hallo Kristen! Du, ich habe ein Problem. Ich finde meinen USB-Stick nicht. Ich brauche ihn, du weißt doch, mein Referat heute … Hoffentlich habe ich ihn nur zu Hause vergessen. Kannst du mal suchen?
Kristen: O. k., ich schaue mal nach. Wo soll ich suchen?
Leon: Hm, schau mal in meinem Zimmer, auf dem Schreibitisch. Liegt er da?
Kristen: Moment … auf deinem Schreibtisch liegen viele Bücher und dein Tablet, aber kein USB-Stick.
Leon: Mist! Vielleicht liegt er auf dem Boden, unter dem Schreibtisch?
Kristen: Nein, tut mir leid, hier ist nichts.
Leon: Und im Regal? Ist er vielleicht da?
Kristen: Hier im Regal liegt er auch nicht.
Leon: Vielleicht liegt er zwischen den Zeitschriften?
Kristen: Nein, nichts. Sorry. Vielleicht liegt er hinter dem Fernseher? … Hm … nein, hier liegt er auch nicht.
Leon: Vielleicht ist er ja gar nicht in meinem Zimmer …
Kristen: Ich suche mal in der Küche. Da warst du doch gestern lange mit Irina, oder?
Leon: Mhh, ja, stimmt … hm … Vielleicht liegt er auf dem Kühlschrank?
Kristen: Hmm … Hier auf dem Kühlschrank …? Ja, tatsächlich, hier liegt ein USB-Stick. Ist das deiner?
Leon: Ja, super, vielen Dank! Du bist ein Schatz! Ich komme gleich und hole ihn … bis gleich!
Kristen: Bis gleich, Leon.

🔊 43

Frau Wald: Hallo, Herr Schneider, Mittagspause! Kommen Sie mit in die Kantine?
Max: Ja, gerne. Eine Sekunde noch, ja?
Frau Wald: Sie schauen so ernst. Gibt's ein Problem?
Max: Nein, … na ja vielleicht ein kleines Problem. Ich habe keine Waschmaschine. Also mein Apartment ist sehr klein. Da ist kein Platz für eine Waschmaschine. Und ich muss doch waschen.
Frau Wald: Und warum bringen Sie die Wäsche nicht in die Wäscherei?
Max: Viel zu teuer.

Frau Wald: Dann gehen Sie doch in einen Waschsalon.
Max: Gute Idee, kennen Sie vielleicht einen Waschsalon hier in Bonn?
Frau Wald: Nein, leider nicht. Aber schauen Sie doch im Internet nach. Das können wir gleich machen. Geben Sie doch mal „Waschsalon" plus „Bonn" ein.
Max: Jetzt?! Sie wollen doch in die Kantine gehen.
Frau Wald: Ja, ja, gleich. Versuchen wir das doch mal!
Max: Hm.
Frau Wald: Zeigen Sie mal! … Ah, hier ist was. Schauen Sie mal hier: „Café Waschsalon". Da ist auch ein Plan. Toll, der ist direkt im Zentrum, nur 5 Minuten von hier. Klicken Sie doch mal auf „home", bitte!
Frau Wald: Schauen Sie mal, da haben Sie alle Informationen.
Max: Hm … Inhaberin Mara Langner, Josefstraße 135. Josefstraße? … Die kenn' ich. … Ja, super! Da kann man ja auch kopieren, Mails schicken, Kaffee trinken, und es gibt auch Kulturveranstaltungen.
Frau Wald: Na also! Dann haben Sie ja schon eine Lösung.
Max: Ja, toll! Vielen Dank!
Frau Wald: Das war wirklich ein kleines Problem. Aber jetzt hab' ich ein großes Problem.
Max: Ja?
Frau Wald: Hunger! Und die Kantine macht gleich zu.
Max: Gehen wir schnell!

🔊 44

Max: Entschuldigen Sie bitte, können Sie mir helfen? Ich habe ein Problem.
Lena: Ja? Was ist denn das Problem?
Max: Ähm. Ja, also, es ist ein bisschen peinlich. Ich habe noch nie Wäsche gewaschen. Ich bin ziemlich unsicher – 30 Grad, 60 Grad, 90 Grad –, am besten 90, oder? Da wird alles schön sauber.
Lena: Um Gottes willen! Sie müssen zuerst alles sortieren, also nach Material: Baumwolle, Wolle, Seide, und so.
Max: Ähm. Verzeihung. Das war ein bisschen schnell. Können Sie das noch mal wiederholen?
Lena: Also, ich meine: Sie müssen nachschauen: Welches Material ist das und mit wie viel Grad darf ich das waschen?
Max: Entschuldigung, ich muss noch mal nachfragen: Und wo kann ich das nachschauen?
Lena: Schauen Sie mal hier, hier in meinem Rock, da steht: 100 Prozent Baumwolle und hier 40 Grad.
Max: Ach so. Das ist ja ganz einfach.
Lena: Genau. Waschen Sie wirklich das erste Mal?
Max: Ja, leider. Bis jetzt hat das immer meine Mutter gemacht.
Lena: Hm, „Hotel Mama"!
Max: Na ja, stimmt schon. Aber jetzt ist Schluss. Ich will das jetzt alles selbst machen.
Lena: Das find' ich super! Also, wenn Du noch Fragen hast … Entschuldigung – Sie noch Fragen haben.
Max: Kein Problem. Wollen wir nicht „du" sagen?
Lena: Na klar, gern. Ich bin Lena.
Max: Freut mich. Ich heiße Max.
Lena: Freut mich auch, dich kennenzulernen.
Max: Ja, und mich erst.

🔊 45

Max: So! Jetzt hab' ich alles sortiert. Komm doch bitte noch mal.
Lena: Hm, warte mal einen Moment, ich muss meine Maschine anmachen. So, da bin ich. Oh je, was ist das denn?
Max: Ich habe die Wäsche schon sortiert: hier 30 Grad, da 60 und da 90 Grad.
Lena: Ja, ja, aber die Farben sind ja alle zusammen. Schau mal hier, die blauen Socken zusammen mit dem weißen Unterhemd.
Max: Aber das ist alles Baumwolle. Du hast doch gesagt: Das Material ist wichtig.
Lena: Ja gut, aber du musst auch nach Farben sortieren, z. B. die schwarzen Jeans, die grüne Jacke und das dunkelblaue Hemd kannst du zusammen waschen.
Max: Ach so. Und der rote Pullover kommt auch dazu.
Lena: Nein, pass auf! Das ist doch Wolle. Der läuft ein. Den musst du extra waschen.
Max: Und die Hose hier?
Lena: Die Hose ist weiß, die kannst du mit dem gelben T-Shirt und dem weißen Unterhemd waschen. Aber sei vorsichtig, dreh sie um.
Max: Kompliziert. Jetzt muss ich ja alles noch mal sortieren.
Lena: Ist das schlimm? Öffne schon mal die Maschine. Wir machen das schnell zusammen.
Max: Oh, danke. Entschuldige die Arbeit, bitte. Ähm, möchtest du vielleicht später einen Kaffee trinken? Ich lade dich ein.
Lena: Sehr gern, das ist nett.

🔊 46

Lena: Hallo, Max. Du bist ja schon da.
Max: Hallo Lena. Schön, dass du kommst. Hast du Durst oder sollen wir jetzt zuerst die Wäsche machen?
Lena: Ja, fangen wir direkt an.
Max: O. k. Ich sortiere und du schaust zu, ja?
Lena: O. k. Boah, das geht ja schnell.
Max: Na ja, ich als Profi! Außerdem war das ja ganz wenig.
Lena: Ich hab' auch nur wenig. Wollen wir unsere Sachen zusammen waschen? Du die hellen und ich die dunklen oder so?
Max: Wie du willst.
Lena: Gut. Dann tue ich alle dunklen Sachen in meine Maschine und du nimmst die hellen.
Max: Mach ich.
Lena: Oh, hör mal, die üben schon.
Max: Ja, klingt toll. Sollen wir jetzt einen Kaffee trinken?
Lena: Ja, gern. Soll ich helfen?
Max: Nein danke, das geht schon.

🔊 47

Max: Lena, schau mal hier! Oh Gott!
Lena: Nein, schau du mal. Ist ja schrecklich!!!

einhunderteinundsechzig **161**

Transkriptionen

🔊 48

Max: Lena, schau mal, das weiße Hemd ist rosa! Die beige Jeans ist lila. Das ist ja furchtbar! Das war die dunkelrote Socke da, die war auch in der Maschine. Ich Idiot!!!
Lena: Na schau mal hier – meine Maschine: Dein blauer Pulli – der ist ganz kurz. Und hier die schwarze Jacke ist auch eingelaufen. Ist ja schrecklich!! Oh mein Gott, was hab' ich gemacht? Ich hab ja mit 90 Grad gewaschen. Das ist ja noch nie passiert!
Max: Das war bestimmt die Musik – weißt du was: probier mal das Hemd und den Pulli an. Die passen dir bestimmt.
Lena: O. k. … Die sind noch nass, aber ich versuch's mal. … Na, wie sehe ich aus?
Max: Super!
Lena: Danke! Soll ich die schwarze Jacke auch anprobieren?
Max: Ja, probier mal an!
Lena: Und?
Max: Das sieht doch klasse aus. Die Superidee: neue Kleider im Waschsalon!
Lena: Wir sind schon zwei Profis!
Max: Hm. Und Kleider machen Freunde.

🔊 50

Herzlich willkommen und Grüezi in Bern, in der Hauptstadt der Schweiz. Hier vorne sehen Sie das Münster. Von dem 100 Meter hohen Turm haben Sie einen wunderbaren Blick über die Altstadt und die Berner Alpen. 1421 hat man mit dem Bau begonnen, die Turmspitze ist erst …

🔊 51

Eine besondere Attraktion ist der Bärenpark. Hier leben und spielen unsere „Mutzen", so nennen wir Berner unsere Braunbären. Der Bär ist das Wappentier, also das Symbol der Stadt Bern. Der Legende nach tötete der Stadtgründer Berthold V. von Zähringen einen Bären und …

🔊 52

Eine andere Sehenswürdigkeit ist der Zeitglockenturm oder, wie wir in der Schweiz sagen, der Zytgloggeturm. Es war früher ein Stadttor von Bern. Die Zytglogge, mit der astronomischen Uhr und dem Glockenspiel ist sehr berühmt. Das Glockenspiel setzt sich immer ca. drei Minuten vor der vollen Stunde in Bewegung und Sie können …

🔊 53

Hier das große Gebäude mit der Kuppel ist das Bundeshaus aus dem Jahr 1902. Das Bundeshaus ist der Sitz von Parlament und Regierung. Beim Bau des Parlamentsgebäudes hat man Materialien aus allen Regionen in der Schweiz verwendet …

🔊 54

Melanie: Guten Tag!
Angestellte: Grüezi, kann ich Ihnen helfen?
Melanie: Ja, bitte. Wie komme ich zum Bärenpark? Ist das weit von hier?
Angestellte: Nein, nein. Das ist nicht weit. Schauen Sie, wir sind hier und der Bärenpark ist hier. Sie können hier vom Bahnhof mit dem Bus fahren, das Tram fährt nicht zum Bärenpark. Schauen Sie, der Bus Nr. 11, äh, nein, ich meine Nr. 12 in Richtung „Zentrum Paul Klee" fährt zum Bärenpark.
Melanie: Ach, das ist ja wirklich nicht weit. Da fahre ich mit dem Rad.
Angestellte: Mit dem Velo können Sie natürlich auch fahren. Hm, haben Sie schon das Münster und die Zytglogge besichtigt?
Melanie: Im Münster war ich gestern. Wirklich sehr schön. Zur Zytglogge und zum Bundeshaus möchte ich heute gehen. Da gehe ich zu Fuß, sie sind ja beide ganz in der Nähe.
Angestellte: Ja, in Bern liegen die Sehenswürdigkeiten sehr zentral. Man kommt sehr gut zu Fuß hin und muss nicht dem Auto fahren. Hier habe ich noch eine Broschüre mit allen wichtigen Sehenswürdigkeiten und einen Stadtplan.
Melanie: Vielen Dank und auf Wiedersehen.
Angestellte: Adieu und viel Spaß in Bern.

🔊 55

Melanie: Entschuldigung, wie komme ich zum Bundeshaus?
Passant: Hm, gehen Sie hier geradeaus über die Kreuzung. Biegen Sie dann links ab in das Amthausgässchen. Gehen Sie dort geradeaus über die Amthausgasse in die Inselgasse. Biegen Sie dann rechts ab in die Kochergasse und dann gehen Sie geradeaus. Dann kommen Sie zum Bundeshaus.
Melanie: Hm, also hier geradeaus, dann links in das Amthausgässchen. Dann geradeaus und dann rechts in die Kochergasse und dann wieder geradeaus.
Passant: Ja, richtig.
Melanie: Vielen Dank, auf Wiedersehen.
Passant: Gern geschehen, uf Wiederluege.

🔊 56

Melanie: Entschuldigung, wie komme ich zur Zytglogge?
Passantin: Gehen Sie hier geradeaus bis zur Hotelgasse. Biegen Sie dort rechts ab. Gehen Sie dann geradeaus bis zur Kramgasse. Dort sehen Sie gleich links die Zytglogge.
Melanie: Aha, also, hier geradeaus bis zur Hotelgasse. Dort rechts und bei der Kramgasse links.
Passantin: Ja, richtig.
Melanie: Vielen Dank, auf Wiedersehen.
Passantin: Gern geschehen, uf Wiederluege.

🔊 57

Michael: Hoi, Melanie! Herzlich willkommen! Komm rein.
Melanie: Hallo, Michael. Vielen Dank für die Einladung.
Michael: Nichts zu danken.
Melanie: Ach ja, hier, bitte, die Blumen sind für dich.
Michael: Oh, vielen Dank. Die sind wirklich sehr schön. Komm, wir gehen in den Garten, wir grillen schon, dann legen wir auch gleich dein Fleisch auf den Grill.
Melanie: Mein Fleisch?!?
Michael: Ja, Steak oder Wurst.
Melanie: Äh, ähm … ich habe gar kein Fleisch mitgebracht. Oh, Entschuldigung, aber …
Michael: Ach, das ist kein Problem. Weißt du, zum Grillen bringen wir Schweizer immer unser Fleisch mit.

162 einhundertzweiundsechzig

Melanie: Aber du hast auch nichts gesagt. In Deutschland sagen wir das vorher und dann bringt jeder was zum Grillen mit: einen Salat oder auch Fleisch. Oh! Wie peinlich! Und ich … ich bringe nur Blumen mit. Das tut mir echt leid!
Michael: Ach, Melanie, das ist doch nicht so schlimm! Komm, ich stell dich jetzt den anderen Gästen vor. Hört mal, das ist Melanie.
Melanie: Die deutsche Kollegin ohne Wurst.
Michael: Hier, Melanie, möchtest du eine Cervelat probieren? Das ist eine Schweizer Spezialität.
Melanie: Sehr gerne. Vielen Dank.
Michael: Bitte schön. Und guten Appetit!
Melanie: Danke. Mmh, sehr lecker die Wurst!

🔊 58
Melanie: Verflixt! Jetzt bin ich doch falsch hier. So ein Mist! Wo ist denn nun das Museum? … Entschuldigung, wie komme ich zum „Zentrum Paul Klee"?
Passantin: Ah, das ist ganz leicht. Das „Zentrum Paul Klee" ist hier ganz in der Nähe. Sie müssen hier um die Ecke gehen, bis zum Einkaufszentrum. Gehen Sie durch das Einkaufszentrum und dann links in die Giacomettistrasse. Gehen Sie auf der Giacomettistrasse weiter und dann sehen Sie schon den Haupteingang.
Melanie: Aah, also gleich hier um die Ecke und durch das Einkaufszentrum und dann links in die Giacomettistrasse.
Passantin: Ja, genau.
Melanie: Vielen Dank!
Passantin: Bitte, gern geschehen. Viel Vergnügen im Museum!

🔊 59
Paul Klee hat gerne experimentiert. Er hat mit vielen verschiedenen Materialien und Techniken gearbeitet. Einige von seinen Bildern haben Punkte, andere haben geometrische Formen, Kreise, Vierecke, Dreiecke, Trapeze und Halbkreise. Es ist oft die Natur, die er in geometrischen Formen zeigt. Linie, Form und Farbe sind in seinen Bildern zentral.
Dieses Bild ist eines seiner berühmten abstrakten Naturbilder. Wir sehen bunte Vierecke, Quadrate und Rechtecke, große und kleine, helle und dunkle, mit leuchtenden aber auch dezenten Farben. In der Mitte gibt es viele kleine Vierecke – zentral ist das weiße Rechteck – und am Rand sehen Sie vor allem große. Die dominierenden Farben sind gelb, orange und violett, in den unterschiedlichen Nuancen. Auch die Sekundärfarben violett und grün sind häufig. Schwarze Linien trennen die Vierecke voneinander. Klee hat dieses Bild seiner Zeit als Lehrer am Bauhaus gemalt. Dort hat er auch viel über Farben reflektiert und eine neue Farbenlehre entwickelt …

🔊 62
Sie haben die 3 0 7 5 1 1 gewählt. Leider ist niemand zu Hause.

🔊 63
Meine Nummer ist 6 2 4 2 1 8.

🔊 64
Hallo, Leute. Bin gerade nicht zu Hause. Ihr könnt mich unter meiner Handynummer erreichen: 0174 62 55.

🔊 65
Guten Tag. Das ist der Anschluss 089 / 45 54 0 86. Bitte sprechen Sie nach dem Piep-Ton.

🔊 66
Sprecherin: Hallo, Tim. Gibst du mir die Nummer von Tina?
Sprecher: Hm, die Nummer ist 0 170 21 23 78.

🔊 67
Sprecherin: Entschuldigung, wie ist die Telefonnummer von Klaus?
Sprecher: Ähm, die Vorwahl ist 0221 und dann 14 39 13.

🔊 68
Welche Studienfächer sind in Deutschland sehr beliebt? Hier die Zahlen. Welches Fach ist Nummer 1? Nummer 1 ist Betriebswirtschaftslehre: Das sind 209.724 Studierende. Nummer 2 ist Maschinenbau mit 112.383 Studenten. Und Nummer 3? Rechtswissenschaften – das Fach studieren 102.908 Studenten. Nun kommt Medizin mit 85.009 Studenten, dann Wirtschaft mit 84.307 Studenten und Informatik mit 82.273 Studenten. Es folgen Germanistik mit 81.110 und Elektrotechnik mit 66.115 Studenten. Nun zu den Kulturnachrichten …

🔊 78
Professor Jung: Habe ich heute viele Termine?
Frau Bultmann: Sie haben heute sogar sehr viele Termine. Um Viertel nach acht haben Sie Vorlesung …, also in fünfzehn Minuten.
Professor Jung: Das ist doch klar – Vorlesungen vergesse ich nicht.
Frau Bultmann: Letztes Semester haben Sie aber …
Professor Jung: Ja, das stimmt … Ähm … Also, was ist heute auf dem Terminkalender?
Frau Bultmann: Nach der Vorlesung, um halb elf kommt Ihre Kollegin Frau Heinen. Sie hat ein paar Fragen … Und dann haben Sie ein Arbeitsessen mit Ihren Kollegen. Um halb eins im Restaurant „Am Markt". Um Viertel vor zwei haben Sie eine Besprechung im Rektorat.
Professor Jung: Schon um Viertel vor zwei? Da habe ich aber nicht viel Zeit für das Essen mit meinen Kollegen.
Frau Bultmann: Und um drei Uhr beginnt Ihre Sprechstunde.
Professor Jung: Wie viele Studenten sind denn auf der Liste? Drei Studenten. Um zehn nach drei kommen Frau Gonzales und Frau Díaz. Das sind zwei Studentinnen aus Spanien im ersten Semester. Um zwanzig vor vier kommt Franziska Urban. Sie war schon gestern hier, aber Sie hatten keine Zeit. Sie hat nur ein paar Fragen.
Professor Jung: Stimmt, gestern hatte ich einfach viel Arbeit. Sie kommt also heute um zwanzig vor vier. Ist das alles?
Frau Bultmann: Heute Abend um acht spielt das Studententheater.
Professor Jung: Ja, ja. Das ist klar. Sie kommen doch auch, oder?
Frau Bultmann: Natürlich. Zum Studententheater komme ich immer.
Professor Jung: Heute ist ein langer Tag … also, an die Arbeit.

einhundertdreiundsechzig 163

Transkriptionen

82

1. Gut, ich komme am Donnerstag nach Frankfurt, das ist der 7.8. Bis bald, tschüss. • 2. Wann bitte? Am 9.6., ist das richtig? Das ist in 10 Tagen … • 3. Nein, am Montag, also am 2.5., habe ich keine Zeit, aber am Dienstag … • 4. Kannst du morgen, also am 10.1., schon um 8 Uhr ins Büro kommen?

83

1. Wir fahren vom 17.3. bis 22.3. nach Stuttgart, kommst du mit? • 2. Oh schade! Das Restaurant ist vom 31.8 bis zum 4.9. geschlossen. • 3. Ja, der nächste freie Termin ist von 18 Uhr 45 bis 19 Uhr 30. • 4. Ich möchte vom 31.10. bis zum 17.11. Urlaub machen.

84

Fr. Meier: Guten Morgen Frau Müller. Ich habe hier den neuen Urlaubsplaner. Planen Sie Urlaub im Sommer?
Fr. Müller: Ja also, mein Mann feiert am 05.04. Geburtstag. Es gibt eine große Party. Ich möchte da gerne vom 04.04. bis zum 06.04. Urlaub machen. Und dann fahren wir nach Schweden: vom 01.08. bis zum 12.08. Und Sie, Frau Meier?
Fr. Meier: Ja, also, ich fahre vom 11.07. bis zum 15.07. nach Italien. Dann möchte ich im September noch mal Urlaub machen. Vielleicht vom 12.09. bis zum 30.09.
Fr. Müller: Drei Wochen Urlaub im September! Super!
Fr. Meier: Ja. Das ist mein Jahresurlaub. Ich fahre im September immer lange in Urlaub. Also, dann notiere ich jetzt die Termine.

88

Interviewer: Herzlichen Glückwunsch, Frau Langer! Sie sind die Siegerin heute beim Leonardo-Campus-Run. Wie fühlen Sie sich?
Beate Langer: Vielen Dank. Ich bin sehr glücklich und zufrieden und ein bisschen müde.
Interviewer: Sie haben schon viel Erfahrung mit diesem Lauf hier in Münster und Sie haben schon dreimal gesiegt.
Beate Langer: Ja, ich habe schon 2012 und 2014 gesiegt und 2010 bin ich das erste Mal gestartet.
Interviewer: Und Sie haben sicher viel trainiert für den Campus-Run, oder?
Beate Langer: Nein, leider nicht, die letzten drei Monate war ich nicht so aktiv, denn ich war krank, ich hatte Probleme mit meinem Fuß.
Interviewer: Und wie war der Lauf? Hatten Sie Probleme?
Beate Langer: Nein, alles hat super geklappt. Das Wetter war gut, die Sonne war nicht so stark, und man hat nicht so viel Energie investiert.
Interviewer: Und haben Sie schon einen neuen Plan für das nächste Jahr?
Beate Langer: Ich fahre auch Rad und ich schwimme. Nächstes Jahr starte ich wieder beim Iron-Man auf Hawaii, da war ich schon 2014 das erste Mal.
Interviewer: Dann wünsche ich Ihnen alles Gute für die Zukunft. Machen Sie heute noch eine Party mit Ihren Freunden?
Beate Langer: Danke sehr. Ja klar, mit meiner Freundin Judith Noll habe ich oft zusammen trainiert und heute feiern wir auch zusammen mit anderen Freunden.
Interviewer: Dann viel Spaß und danke für das Interview. Bis zum nächsten Mal.
Beate Langer: Vielen Dank. Bis zum nächsten Mal.

110

Verkäuferin: Guten Tag, kann ich Ihnen helfen?
Kundin: Ja, ich suche eine Bluse in Weiß oder Gelb. Sie muss zu dieser blauen Hose, aber auch zu diesem grünen Rock passen.
Verkäuferin: Wir haben da leichte Sommerblusen in verschiedenen Farben. Schauen Sie, hier ist zum Beispiel eine weiße Bluse.

111

Hr. Haller: Firma Infactory, Martin Haller, guten Tag.
Fr. Ebener: Guten Tag, Ebner hier, ich möchte gern Frau Gruber sprechen.
Hr. Haller: Frau Gruber, hm, tut mir leid, die ist heute nicht mehr da. Und am Montag und Dienstag hat sie Urlaub. Sie ist erst wieder am Mittwoch ab 8.30 Uhr im Büro.
Fr. Ebener: Gut, dann rufe ich am Mittwoch noch einmal an. Danke, auf Wiederhören!

112

Kollege 1: Ah, ich habe schon großen Hunger. Gehen wir zusammen etwas essen?
Kollege 2: Ja, gern, ich habe aber nur eine halbe Stunde Zeit. Also, in ein Restaurant kann ich jetzt nicht mit.
Kollege 3: Viel Zeit habe ich auch nicht, denn ich muss noch was im Supermarkt einkaufen. Aber da hinten ist doch ein Café, wir können dort schnell hingehen.
Kollege 1: Gute Idee, viel Zeit habe ich ja auch nicht!
Kollege 2: Also gut, dann los.

113

Bahnkunde: Entschuldigen Sie, wissen Sie vielleicht, wann wir in München ankommen? Denn um 14.45 Uhr geht mein Zug nach Wien.
Zugbegleiter: Hm, wir sind in ca. 25 Minuten in München, also um 14.35 Uhr.
Bahnkunde: Ah, um 14.35 Uhr, das passt. Danke für die Auskunft.

114

Ulli: Hallo Tim.
Tim: Hallo Ulli, du, es ist schon kurz vor neun und ich stehe vor dem Kino, soll ich gleich Karten kaufen?
Ulli: Ja, super, mach das bitte! Ich komme leider ein bisschen zu spät.
Tim: Macht nichts. Wo möchtest du denn sitzen? Hinten auf den Plätzen für 11 Euro oder lieber auf den Plätzen für 9 Euro.
Ulli: Na möglichst weit hinten, aber heute ist ja Kino-Montag, da kosten alle Karten nur 8 Euro.
Tim: Ja, richtig, hier lese ich es gerade: Heute alle Plätze für 8 Euro. Das ist prima!

🔊 115
Sabine: Emil, kann ich heute Abend bei dir essen? Denn ich habe nicht eingekauft. Ich hatte einfach keine Zeit.
Emil: Aber klar Sabine, was soll ich uns denn machen? Gemüsesuppe oder Salat oder eine Pizza?
Sabine: Hm, Salat habe ich schon heute Mittag gegessen und Pizza mag ich nicht so, aber auf eine Suppe habe ich richtig Lust.
Emil: Gut, ich habe genug Gemüse für einen ganzen Topf Suppe.
Sabine: Mmh, das klingt gut.

🔊 116
Mann: Entschuldigung, ich suche das Büro von Herrn Koller. Ist das nicht hier im 3. Stock?
Frau: Herr Koller, Moment, äh, nein, Herr Koller hat sein Büro im 2. Stock, Zimmer 278.
Mann: Ah, vielen Dank, dann habe ich das falsch aufgeschrieben, ich dachte Zimmer 378.
Frau: Nein, nein, Zimmer 278, da müssen Sie in den zweiten Stock.
Mann: Ah ja, danke noch mal.

🔊 117
Sprecher: Eine Durchsage: Achtung Passagiere Richtung Hauptbahnhof! Die Straßenbahn-Linie 20 fährt heute nur bis Rathausplatz. Nehmen Sie dort bitte die Bus-Linie 15, die Bus-Linie 15 fährt direkt zum Hauptbahnhof.

🔊 118
Sprecherin: Achtung! Eine Änderung für die Fluggäste von Flug 724 nach Hamburg. Ihr Gate hat sich geändert. Bitte gehen Sie zum Ausgang B 48. Ich wiederhole: Fluggäste von Flug 724 nach Hamburg: Bitte gehen Sie zum Ausgang B 48.

🔊 119
Sprecherin: Liebe Reisende, wir begrüßen Sie auf der Fahrt im ICE 309 nach Berlin. Wir haben heute leider eine schlechte Nachricht: Wir haben heute keine warmen Gerichte für Sie, denn der Herd im Zugrestaurant ist kaputt. Wir bringen Ihnen aber gern Salate, belegte Brötchen oder Kuchen.

🔊 120
Sprecher: Liebe Kundinnen und Kunden, kommen Sie in unsere Obst- und Gemüseabteilung. Dort erwarten Sie heute viele Angebote: Bio-Karotten 1 Kilo für nur 1,50 Euro, Tomaten aus der Region 1 Kilo für nur 99 Cent und ein Bund Frühlingszwiebeln gibt's heute für 50 Cent. Also, auf in die Obst- und Gemüseabteilung!

🔊 121
Sprecher: Achtung! Eine Durchsage für den Fahrer vom blauen Opel Astra mit dem Kennzeichen KS-TG-4398. Ihr Auto steht in einer Durchfahrt. Bitte fahren Sie so schnell wie möglich aus der roten Zone. Ich wiederhole: eine Durchsage für den Fahrer vom blauen Opel Astra mit dem Kennzeichen KS-TG-4398.

🔊 122
Assistentin: Guten Tag, hier Büro Maier. Sie wollten mit Herrn Dr. Maier sprechen. Leider ist Herr Dr. Maier heute nicht im Haus. Morgen hat er um 9.00 Uhr eine Besprechung, also rufen Sie am besten ab 10.00 Uhr an. Auf Wiederhören.

🔊 123
Markus: Hallo Claudia, hier spricht Markus, ich sag dir schnell, wie du zu mir kommst. Also, du fährst mit der U-Bahn-Line 3 bis zum Mozart-Platz, dort nimmst du den Ausgang Steinstraße. Auf dem Mozart-Platz siehst du links eine Bäckerei. Dort gehst du in die Bachstraße, ich wohne in der Nummer 17.

🔊 124
Iris: Hallo Eva, Iris hier. Leider kann ich heute nicht um 14.00 Uhr kommen. Geht es bei dir morgen um 15.00 Uhr? Ich habe dann ca. zwei Stunden Zeit, so bis 17.00 Uhr, passt das? Bitte ruf mich noch heute an. Danke!

🔊 125
Sebastian: Hi, Sebastian hier. Leider war ich zu spät bei der Wäscherei, die war heute schon geschlossen. Hm, und morgen komme ich nicht in Stadt. Du weißt ja, Samstag ist immer Training. Ich kann die Wäsche also erst am Montag abholen. Tut mir leid, ich hoffe, du brauchst sie nicht dringend.

🔊 126
Michael: Hi, ich bin's Michael. Weißt du was? Einen Tisch reservieren für heute Abend – das war gar nicht so leicht! Die Pizzeria Napoli war leider schon voll. Und Francesco hat heute Ruhetag. Zum Glück haben wir im Restaurant Blaustern einen Platz bekommen. Pizza essen wir eben ein anderes Mal.

🔊 127
Fr. Studer: Guten Tag Herr Dr. Krause, hier Inge Studer. Ich möchte gern Informationen über die Veranstaltung „Studieren im Alter" haben. Heute Abend bin ich im Theater. Da können Sie mich telefonisch nicht erreichen. Bitte schicken Sie mir eine E-Mail, denn mit der Post dauert das zu lange. Meine Mail-Adresse haben Sie ja. Vielen Dank und auf Wiederhören.

einhundertfünfundsechzig **165**

Q Quellen

Bildquellen

Cover: 1 Shutterstock (Jorg Hackemann), New York; **2** Corbis (Hero Images/Hero Images), Berlin; **8.1** Thinkstock (bartosz_zakrzewski), München; **8.2** Klett-Archiv (Andreas Kunz), Stuttgart; **8.3** Klett-Archiv (Andreas Kunz), Stuttgart; **8.4** Universität Tübingen, Dezernat III, Internationale Angelegenheiten Studium und Studierendenaustausch, Abteilung Deutsch als Fremdsprache und Interkulturelle Programme; **9.1** Landratsamt Tübingen; **10.1** Illustration: Sarah Matuszewski, entnommen aus: UNICUM 03/2015, S. 8/9; **13.1** Universität Tübingen; **16.1** Klett-Archiv (Markus Hess), Stuttgart; **16.2** Klett-Archiv (Markus Hess), Stuttgart; **16.3** Klett-Archiv (Markus Hess), Stuttgart; **16.4** Klett-Archiv (Markus Hess), Stuttgart; **17.1** Klett-Archiv (Andreas Kunz), Stuttgart; **17.2** Fotolia.com (WonderfulPixel), New York; **17.2** Fotolia.com (WonderfulPixel), New York; **17.3** Fotolia.com (WonderfulPixel), New York; **17.4** Fotolia.com (WonderfulPixel), New York; **17.5** Fotolia.com (WonderfulPixel), New York; **17.6** Shutterstock (Pakkad Sah), New York; **17.7** Shutterstock (Pakkad Sah), New York; **17.8** Shutterstock (Pakkad Sah), New York; **17.9** Shutterstock (Pakkad Sah), New York; **17.10** Shutterstock (Pakkad Sah), New York; **17.11** Shutterstock (Pakkad Sah), New York; **18.1** Thinkstock (Zoonar RF), München; **18.2** Shutterstock (Gabriele Maltinti), New York; **18.3** Thinkstock (MartinM303), München; **18.4** Shutterstock (tommaso lizzul), New York; **18.4** Shutterstock (XXLPhoto), New York; **18.6** Thinkstock (nathaphat), München; **18.7** Thinkstock (Toa55), München; **18.8** iStockphoto (RG-vc), Calgary, Alberta; **20.1** Thinkstock (Wavebreakmedia Ltd), München; **20.2** Shutterstock (wavebreakmedia), New York; **20.3** Shutterstock (Elzbieta Sekowska), New York; **20.4** Shutterstock (Pressmaster), New York; **20.5** Thinkstock (leremy), München; **21.1** Shutterstock (DeiMosz), New York; **22.1** Fotolia.com (butenkow), New York; **22.2** Shutterstock (Irina Fuks), New York; **22.3** Fotolia.com (kab-vision), New York; **22.4** Shutterstock (Colorlife), New York; **23.1** Thinkstock (nimnull), München; **23.2** Shutterstock (Colorlife), New York; **26.1** Thinkstock (Claudio Baldini), München; **26.2** Fotolia.com (davis), New York; **26.3** Thinkstock (Goodshoot), München; **26.4** Fotolia.com (Photographee.eu), New York; **26.5** Thinkstock (Jean-philippe WALLET), München; **26.6** Fotolia.com (contrastwerkstatt), New York; **26.7** Thinkstock (Ingram Publishing), München; **26.8** Fotolia.com (industrieblick), New York; **26.9** Thinkstock (Anna Gontarek-Janicka), München; **28.1** Fotolia.com (Dionisvera), New York; **28.2** Fotolia.com (Tim UR), New York; **28.3** Fotolia.com (Jiri Hera), New York; **28.4** Fotolia.com (ExQuisine), New York; **28.5** Fotolia.com (euthymia), New York; **28.6** Fotolia.com (photocrew), New York; **28.7** Fotolia.com (ExQuisine), New York; **28.8** Fotolia.com (monticelllo), New York; **28.9** Thinkstock (pavlen), München; **28.10** Fotolia.com (dispicture), New York; **28.11** Fotolia.com (tpzijl), New York; **28.12** Fotolia.com (fotobauer_11), New York; **28.13** Thinkstock (Pastetus), München; **28.14** Fotolia.com (Africa Studio), New York; **28.15** Fotolia.com (photocrew), New York; **28.16** Fotolia.com (rdnzl), New York; **28.17** Thinkstock (karam miri), München; **28.18** Shutterstock (Mariyana M), New York; **28.19** Thinkstock (rasslava), München; **28.20** Shutterstock (Oleksiy Mark), New York; **30.1** Tourismuszentrale Rügen; **30.2** Tourismuszentrale Rügen; **30.3** Tourismuszentrale Rügen; **30.4** Tourismuszentrale Rügen; **31.1** Shutterstock (ekler), New York; **31.2** Fotolia.com (nezezon), New York; **31.3** Fotolia.com (nezezon), New York; **31.4** Fotolia.com (nezezon), New York; **31.5** Fotolia.com (nezezon), New York; **31.6** Fotolia.com (nezezon), New York; **31.7** Fotolia.com (nezezon), New York; **31.8** Fotolia.com (Artco), New York; **31.8** Fotolia.com (nezezon), New York; **34.1** © Würth Group; **34.2** Freilichtspiele Schwäbisch Hall/Jürgen Weller; **36.1** Thinkstock (OlenaMykhaylova), München; **38.1** Freilichtspiele Schwäbisch Hall/Jürgen Weller; **39.1** Shutterstock (Kiselev Andrey Valerevich), New York; **42.1** Thinkstock (bartosz_zakrzewski), München; **43.1** Thinkstock (Anmfoto), München; **43.2** Thinkstock (Yashkin Dmitry), München; **43.3** Thinkstock (marcociannarel), München; **43.4** Thinkstock (Ingram Publishing), München; **43.4** Thinkstock (Rebecca Brockie), München; **43.6** Thinkstock (diego cervo), München; **43.7** Thinkstock (36clicks), München; **43.8** Thinkstock (nigelb10), München; **43.9** Thinkstock (cyano66), München; **43.10** Thinkstock (moodboard), München; **43.11** Thinkstock (LDProd), München; **43.12** Thinkstock (Ryan McVay), München; **44.1** Hochschulsport Münster; **46.1** Thinkstock (Louis-Paul St-Onge), München; **47.1** Hochschulsport Münster; **50.1** Thinkstock (tonefotografia), München; **50.2** Shutterstock (Robert Kneschke), New York; **50.3** Studentenwerk Frankfurt am Main/MainSWerk; **51.1** Shutterstock (Pakkad Sah), New York; **51.2** Shutterstock (Pakkad Sah), New York; **51.3** Shutterstock (Pakkad Sah), New York; **51.4** Shutterstock (Pakkad Sah), New York; **51.5** Shutterstock (Pakkad Sah), New York; **51.6** Shutterstock (Pakkad Sah), New York; **51.7** Shutterstock (Pakkad Sah), New York; **51.8** Shutterstock (Pakkad Sah), New York; **52.1** Shutterstock (zeljkodan), New York; **54.1** Fotolia.com (nikolayshubin), New York; **54.2** Shutterstock (Manuel Ploetz), New York; **54.3** Fotolia.com (Edenwithin), New York; **54.4** Fotolia.com (Minerva Studio), New York; **55.1** Shutterstock (bikeriderlondon), New York; **55.3** Fotolia.com (alephnull), New York; **55.4** Klett-Archiv (Andreas Kunz), Stuttgart; **55.5** Shutterstock (Luis Santos), New York; **55.6** Shutterstock (focal point), New York; **55.7** Thinkstock (Christian Müller), München; **55.7** Shutterstock (Fretschi), New York; **55.7** Fotolia.com (A_Bruno), New York; **55.8** Thinkstock (KatarzynaBialasiewicz), München; **58.1** Thinkstock (Top Photo Corporation), München; **58.2** Klett-Archiv (Ilse Sander), Stuttgart; **60.1** Fotolia.com (ISO K° - photography), New York; **62.1** Thinkstock (Tantoon Studio), München; **66.1** Thinkstock (Pontus Edenberg), München; **66.2** Thinkstock (Leonid Andronov), München; **66.3** Shutterstock (Alexander Chaikin), New York; **66.4** Shutterstock (Wei Ming), New York; **66.5** Shutterstock (dnaveh), München; **67.1** Fotolia.com (cantas), New York; **67.2** Fotolia.com (DigiClack), New York; **68.1** Fotolia.com (Henry Schmitt), New York; **70.1** Shutterstock (Mihai-Bogdan Lazar), New York; **71.1** ullstein bild, Berlin; **71.2** Paul Klee, Farbtafel (auf maiorem Grau), 1930,33, Pastell auf Papier auf Karton, 37,7 x 30,4 cm, Zentrum Paul Klee, Bern; **71.3** Paul Klee, Harmonie der nördlichen Flora, 1927, 144, Ölfarbe auf Grundierung auf Karton auf Sperrholz; originale Rahmenleisten, 51,6 x 77,2 x 6,7 cm, Zentrum Paul Klee, Bern, Schenkung Livia Klee; **82.1** Universität Tübingen; **84** Thinkstock (Gary Ombler), München; **84.1** Thinkstock (Gary Ombler), München; **84.2** Thinkstock (papa42), München; **84.3** Fotolia.com (rukanoga), New York; **84.4** Thinkstock (michelle junior), München; **84.5** Fotolia.com (Studio Gi), New York; **84.6** Thinkstock (hadkhanong_Thailand), München; **84.7** Fotolia.com (DigitalGenetics), New York; **84.8** Thinkstock (privilege84), München; **84.9** Thinkstock (Comstock), München; **84.10** Thinkstock (goir), München; **85.1** Shutterstock (Gabriele Maltinti), New York; **91.1** Shutterstock (Sabelskaya), New York; **91.2** Thinkstock (Marina Lohrbach), München; **95.1** Thinkstock (Jupiterimages), München; **102.1** Von der VVS GmbH und der SSB AG zur Nutzung freigegeben. Gestaltung: Reform Design; **102.2** Von der VVS GmbH und der SSB AG zur Nutzung freigegeben. Gestaltung: Reform Design; **102.3** Von der VVS GmbH und der SSB AG zur Nutzung freigegeben. Gestaltung: Reform Design; **102.4** Von der VVS GmbH und der SSB AG zur Nutzung freigegeben. Gestaltung: Reform Design; **104.1** Fotolia.com (Mariia Pazhyna), New York; **105.1** © Würth Group; **106.1** Freilichtspiele Schwäbisch Hall/Jürgen Weller; **111.1** Shutterstock (Nadino), New York; **112.1** Thinkstock (Louis-Paul St-Onge), München; **113.1** Thinkstock (Martin Poole), München; **116.1** Studentenwerk Frankfurt am Main/MainSWerk; **121.1** Thinkstock (bulentozber), München; **122.1** bpk - Bildagentur für Kunst, Kultur und Geschichte, Berlin; **130.1** Shutterstock (Ilia Torlin), New York; **130.2** Shutterstock (Alla Shcherbak), New York; **133.1** BERNMOBIL, Bern 14; **133.2** BERNMOBIL, Bern 14; **133.3** BERNMOBIL, Bern 14; **133.4** BERNMOBIL, Bern 14; **137.1** ullstein bild, Berlin; **137.2** Paul Klee, Farbtafel (auf maiorem Grau), 1930,33, Pastell auf Papier auf Karton, 37,7 x 30,4 cm, Zentrum Paul Klee, Bern

Textquellen

S. 10:	zitiert nach: Unicum – Das bundesweite Campus Magazin, 3/2015, S. 8f.
S. 50/S. 116:	MainSwerk – Studentenwerk Frankfurt am Main
S. 63:	„Was die Waschmaschine sagt" von Friedl Hofbauer. In: Wischiwaschi Wäsche waschen © G & G Verlagsgesellschaft, Wien
S. 69:	Grafik „Warum möchten deutsche in der Schweiz leben oder arbeiten?" © TNS Infratest 2008, in: Spiegel online, 25.03.2008
S. 81:	Grafik: „Beliebte Studienfächer in Deutschland" © Statistisches Bundesamt 2015
S. 90:	Artikel „Kamera", aus: PONS Kompaktwörterbuch Deutsch als Fremdsprache, © PONS GmbH, 2012
S. 95:	Grafik „Wie finanzieren Studierende in Deutschland ihr Studium?" © Reemtsma Begabtenförderungswerk e.V., Institut für Demoskopie Allensbach 2014

Q Quellen

CD-Impressum

Aufnahmeleitung: Ernst Klett Sprachen GmbH, Stuttgart
Produktion: Bauer Studios GmbH, Ludwigsburg
Sprecher: Coleen Clement, Kim Engelhardt, Andrea Frater-Vogel, Sabine Harwardt, Anuschka Herbst, Stefan Moos, Marcelo Rodríguez, Mario Pitz, Stefanie Plisch de Vega, Mary Ann Poerner, Ingrid Promnitz, Laila Richter, Inge Spaughton, Michael Speer, Ulrike Trebesius-Bensch, Martin Trenner, Johannes Wördemann
Tontechnik: Bauer Studios GmbH, Ludwigsburg
Presswerk: optimal media GmbH, Röbel / Müritz